祁新龙——

著

建隆元年

U0644729

The Very First Year
of
The Song Dynasty

人民东方出版传媒
People's Oriental Publishing & Media
东方出版社
The Oriental Press

图书在版编目（CIP）数据

建隆元年 / 祁新龙著 . — 北京：东方出版社，2023.1
ISBN 978-7-5207-2729-7

Ⅰ . ①建… Ⅱ . ①祁… Ⅲ . ①中国历史－北宋－通俗读物 Ⅳ . ① K244.09

中国版本图书馆 CIP 数据核字（2022）第 058482 号

建隆元年

JIANLONG YUANNIAN

作　　者：祁新龙
策　　划：王莉莉
责任编辑：赵　琳　贾　方
产品经理：赵　琳
出　　版：东方出版社
发　　行：人民东方出版传媒有限公司
地　　址：北京市东城区朝阳门内大街 166 号
邮　　编：100010
印　　刷：北京明恒达印务有限公司
版　　次：2023 年 1 月第 1 版
印　　次：2023 年 1 月第 1 次印刷
印　　数：1—6000 册
开　　本：710 毫米 ×1000 毫米　1/16
印　　张：23
字　　数：351 千字
书　　号：ISBN 978-7-5207-2729-7
定　　价：59.80 元
发行电话：（010）85924663　85924644　85924641

目 录

从忠心耿耿到篡位自立

公元 960 年，干支纪元为庚申年，是生肖猴年。在大宋王朝，这一年是建隆元年。

这一年，也是后周显德七年。显德是周世宗柴荣的年号，就在半年前，周世宗驾崩，他七岁的儿子柴宗训继位，沿用周世宗显德年号。然而，后周王朝在这一年仅维持了四天。正月初四，赵匡胤登基称帝，建立宋朝。因此，严格意义上讲，这一年是宋朝建立的一年，所以沿用宋朝年号更为贴切。

事实上，很多人对宋朝的建立，至今依然停留在公元 960 年赵匡胤陈桥驿兵变的教科书阶段。众所周知的也仅仅是陈桥驿兵变的结果：赵匡胤取代后周，建立宋朝。但是，陈桥兵变如何进行的？中间又经历了怎样的变故？知道的人相对就很少了。要知道，一个武将想要夺取政权，如果没有周密部署，想要成功是非常难的。且赵匡胤建立宋王朝后，并未重蹈五代以来政权频繁更迭的覆辙，让宋王朝国祚延续了 319 年，成了中国古代继汉王朝以后，存在时间较长的王朝之一。这足以引起人们的兴趣。

要揭开这一切的谜底，就要求我们了解赵匡胤的人生经历。如此，我们才能合理解释赵匡胤为何能成功兵变，建立了一个经济、文化、科技等领域领先全球的国家。

赵匡胤，公元九二七年二月十六出生于洛阳夹马营（在今河南洛阳瀍河回族区桥东），小名香孩儿。据说赵匡胤出生时，浑身散发着扑鼻香气，他父亲所在的夹马营香了三天三夜，故而被人称为"香孩儿"。

后唐天成二年，生于洛阳夹马营，赤光绕室，异香经宿不散，体有金色，三日不变。[1]

赵匡胤成长的时期，正好是五代十国混乱期，各种政权在较量中洗牌，南北方都在上演着各种纷乱。一些拥有兵权的人跃跃欲试，踩着时代浪潮，迎接着人生一个个高潮迭起的命运。有些人也因为命运不济，在大浪淘沙的洗牌中，输掉了祖宗积累下来的家业。相较于同一时代的绝大多数人，赵匡胤要比他们幸运。赵匡胤出生于官宦世家，是典型的官二代，曾祖父、祖父、父亲分别是唐、后唐、后周等朝代大将。

> 高祖朓，是为僖祖，仕唐历永清、文安、幽都令。朓生珽，是为顺祖，历藩镇从事，累官兼御史中丞。珽生敬，是为翼祖，历营、蓟、涿三州刺史。敬生弘殷，是为宣祖。周显德中，宣祖贵，赠敬左骁骑卫上将军。宣祖少骁勇，善骑射，事赵王王镕，为镕将五百骑援唐庄宗于河上，有功。庄宗爱其勇，留典禁军。汉乾祐中，讨王景于凤翔，会蜀兵来援，战于陈仓。始合，矢集左目，气弥盛，奋击大败之，以功迁护圣都指挥使。周广顺末，改铁骑第一军都指挥使，转右厢都指挥，领岳州防御使。从征淮南，前军却，吴人来乘，宣祖邀击，败之。显德三年，督军平扬州，与世宗会寿春。寿春卖饼家饼薄小，世宗怒，执十余辈将诛之，宣祖固谏得释。累官检校司徒、天水县男。与太祖分典禁兵，一时荣之。卒，赠武清军节度使、太尉。[2]

这一段记载，就是赵匡胤的家族史。赵匡胤的童年尽管少了颠沛流离，过得无忧无虑，但他的祖先们并没有身处权力核心区，所以，整个赵氏家族并未从根本上改变地位。赵家需要有一个德才兼备、能力出众的人带领一家人改变现状。而这时候，有希望实现这一目标的只有赵匡胤兄弟几人。

少年时代的赵匡胤，并未显示出超乎常人的天赋异禀。即便是那些后世史籍

1《宋史》卷一。
2《宋史》卷一。

资料的记载，也都有虚假粉饰之嫌。

> 既长，容貌雄伟，器度豁如，识者知其非常人。学骑射，辄出人上。尝试恶马，不施衔勒，马逸上城斜道，额触门楣坠地，人以为首必碎，太祖徐起，更追马腾上，一无所伤。又尝与韩令坤博土室中，雀斗户外，因竞起掩雀，而室随坏。[1]

这段话大致意思是赵匡胤长得五大三粗、身材雄伟、箭术超群。有恶马难以驯服，赵匡胤骑恶马，被撞在门楣上无事。又经常与韩令坤在屋内博土，往往会把房屋弄坏。

这期间，赵弘殷曾将赵匡胤送到少林寺，让他在少林寺学习武艺。由于自幼在军营长大，赵匡胤对武学充满喜爱。他钻研各类武学典籍，探索新的拳法。最终，赵匡胤创造出了一套拳法，共有三十二式，史称"太祖长拳"。后世对太祖长拳更是推崇备至。这一身武艺的习得，为他游走天下，提供了很大帮助。

学有所成的赵匡胤，回到了洛阳夹马营。因为这时候，他还有另外一件事需要做——成家，这是每个成年男子必经之事。成家之后，有一段时间，赵匡胤过着相对安稳的日子，他的老婆生下了儿子赵德秀，不过这个孩子夭折了。这时候的赵匡胤心智未开。

此后，这种风平浪静的日子持续着，赵匡胤也从一个懵懂的少年开始变得懂事。这人一旦觉醒，就会变得愈加通透。赵匡胤对世界的认识和见解发生了变化。这是他心智逐渐成熟的表现，此前认为理所当然的事情，他开始考虑为什么理所当然。

公元947年，已经成家的赵匡胤，不愿意继续浑浑噩噩地生活，决意离开父母妻儿，到处游历，增长见识，获得阅历。这是那个年代有志青年常常做的事情。其实，赵匡胤完全可以凭借父亲赵弘殷的影响，在军营里谋得一官半职。可

1《宋史》卷一。

赵匡胤就是不愿意在家啃老。他不想依靠父亲的势力，进入官场。这样会让别人不齿，连自己也瞧不起自己。

然而，他这个决定几乎家里人都不同意。倘若是太平年间，赵匡胤这么做尚可，但在五代十国乱局时期，到处都有局部战争爆发。在这样的背景下闯荡，无疑是拿生命冒险。赵匡胤此举，即便在今天看来，也非常大胆。不过赵匡胤就是这样的人，一旦自己认定了一件事，便会付诸行动，而不会受周围人的意见左右。这种果断也将他与那些官宦人家的孩子区分开来，养尊处优是人的天性，尝试苦难才是伟人异于常人之处。

所幸的是，赵匡胤决意闯荡江湖的决定，得到了赵弘殷的大力支持，有可能赵匡胤一直视父亲为自己的榜样。这自然更加坚定了他游走的决心。于是，赵匡胤选择了离家出走，到外面的世界去寻找自己真正的追求。

从一个衣食无忧的少年离开避风港，一下子进入非常陌生的地方，赵匡胤有好奇，也有畏惧，毕竟外面的一切充满了不可预知。他既然出来了，就得到处游历一番，长知识，增阅历，即便是吃亏也非常值得，他相信人生的每一步路，都不会白走。此时的赵匡胤如离巢之鸟，开始寻找他飞翔的天空。

抱着坚定信念的赵匡胤，开始从北向南行进。在此过程中，他见识了许多从未见识过的人，经历了很多从未经历过的事。也正是这段游历，磨砺了赵匡胤的品性，让这个不谙世事的年轻人，一步步成长起来。

随着赵匡胤不断在各地游走，他看到了社会的种种弊端，连年战乱、礼乐崩坏、人心不古、人口流失、土地荒芜……尤其是对底层人的命运有了彻骨的感受。似乎从这时候起，赵匡胤便有朦朦胧胧一统山河的意识。他要改变战乱不休、百姓如刍狗的社会。然而，这也仅仅是他心中闪过的一个念头而已。毕竟此时，他不过是一介布衣，尽管有一身武艺，但要想展露才能，还得有个平台。夜明珠也只有到了夜里被人捧出，才能释放耀眼的光芒。想要在五代十国的乱局中，寻找一展身手的平台并不容易，因为你根本不知道，下一秒自己的平台还在不在。如此，赵匡胤想到了熟人，于是，他投奔到他父亲的两个手下的帐下。但这两个人看到赵匡胤这般不思依靠祖荫（关系），而欲凭借一己之力闯出一番事业，百思不得其解。赵匡胤若凭借赵弘殷的威望，远比一个人在社会中摸爬滚打强出许多。他们难以理解赵匡胤，也不想"耽搁赵匡胤的前程"。因此，赵匡胤就被拒绝了。于是，他继续游走，寻找着可以发现他这匹千里马的伯乐。

最终，赵匡胤投奔于后汉大臣郭威名下。郭威成了赵匡胤的伯乐。

> 汉初，漫游无所遇，舍襄阳僧寺，有老僧善术数，顾曰："吾厚赆汝，北往则有遇矣。"[1]

和所有不解赵匡胤离家出走的人一样，郭威对于赵匡胤的投奔也一头雾水。按说赵匡胤本可以依靠赵弘殷的势力，为自己的前途铺出一条大道。郭威看得出，赵匡胤并不想依靠父亲，他想通过自己的努力，去实现抱负。看到赵匡胤志气不小，郭威觉得似曾相识，似乎看到了年轻时的自己。总之，赵匡胤这个人，很符合郭威的胃口。

> 会周祖以枢密使征李守真，应募居帐下。[2]

郭威询问赵匡胤想当一个什么样的军官，赵匡胤当即表示，自己愿意从士兵干起，脚踏实地，不想一上来就当一个军官。赵匡胤的话，多少让郭威有些吃惊。郭威本想着给赵匡胤一官半职，毕竟他是赵弘殷的儿子，不过郭威又从赵匡胤身上看到了一种倔强。赵匡胤既然想从最普通的士兵做起，那就遂了赵匡胤的愿。于是，郭威准了赵匡胤的要求。但赵匡胤这一系列的举动，给郭威留下了很深的印象。

此时，后汉的创立者刘知远病故，皇位由其子刘承祐继承，史称隐帝。从此以后，郭威的日子也就不好过了。毕竟刘承祐年轻，而郭威已经功高盖主，一个刚刚继位的皇帝，面对可能动摇根基的老臣，心里只有一件事，那就是对郭威不

1《宋史》卷一。
2《宋史》卷一。

放心，得时刻盯着。

事实上，刘承祐忌讳每一位后汉权臣，而且不惜诛杀了杨邠、史弘肇、王章三人。这或许是给郭威看的，因为此时的郭威已经成了刘承祐的心头大患——手握兵权。

> 丙子，诛枢密使杨邠、侍卫都指挥使史宏肇、三司使王章，夷其族。[1]

后来，鉴于郭威势力不断壮大，刘承祐对郭威越来越忌惮，害怕郭威功高盖主，最终夺了他的皇位。于是，刘承祐因忌惮郭威逐渐产生了杀心。加上有人从中调唆，为了提防郭威，刘承祐诛杀了郭威在京的家属。

> 十一月丁丑，威遂举兵渡河……隐帝得威奏，以示业等，业等皆言威反状已白，乃悉诛威家属于京师。[2]

这种深仇大恨，让郭威不能继续安坐如常。最终，郭威被逼得举起反抗大旗，以清君侧名义杀了刘承祐，灭了后汉，进而建立了后周政权。

赵匡胤亲眼所见了郭威黄旗加身的过程，兵变在他眼前演绎了一回。赵匡胤记下了这次兵变全过程，继续低调做人。不过在短短几年的时间里，他已经从一名小小的士兵，进入后周低中级将领中。

这一时期，赵匡胤还结识了杨光义、石守信、李继勋、王审琦、刘庆义、刘守忠、刘廷让、韩重赟、王政忠九人。这九人也被赵匡胤豁达、豪放的性格所折服，表示愿意跟着赵匡胤闯荡出一番事业。最后，这九个人与赵匡胤结为异姓兄弟，史称"义社十兄弟"。

> 太祖义社兄弟，保静军节度使杨光义，天平军节度使、同平章事兼侍

1《旧五代史》卷一百三。
2《新五代史》卷十一。

中石守信，昭义军节度使兼侍中李继勋，忠武军节度使、同平章事、中书令、秦王王审琦，忠远军节度使、观察留后刘庆义，左骁卫上将军刘守忠，右骁卫上将军刘廷让，彰德军节度使韩重斌（赟），解州刺史王政忠。[1]

而此时，这些人和赵匡胤一样，都是后周最底层的将领。

时隔不久，赵匡胤凭借自己出色的军事才能，已经成了东西班行首，拜滑州副指挥使。短短几年时间，赵匡胤实现了一般武将无法做到的升迁。这也归结于赵匡胤为人坦荡、武艺高强、智慧超群。机会难以预测，但掌握技能、培养心性、一待时变、机会自然降落在自己头上。

此时，按照正常思维，赵匡胤就应该跟着郭威继续发展，为自己将来不断升迁打好基础。但是赵匡胤偏偏就是个不按常理出牌的人，他竟然拜别郭威，投奔了郭威的养子柴荣。

世宗尹京，转开封府马直军使。[2]

赵匡胤此举超出了所有人的预料，大家对赵匡胤的选择，也充满了惋惜。每天跟在皇帝身边，及时了解皇帝的想法，为自己谋前途，是千万人梦寐以求的事情，可赵匡胤却不想做这样的工作。

即便是皇帝郭威都一脸疑惑，他想不明白赵匡胤到底意欲何为。但郭威明白，赵匡胤这个年轻人有想法、品格好，但也执拗，他认准了的事，一般人改变不了。其实，赵匡胤有自己的打算，他之所以选择柴荣，是因为他看到了柴荣身上的与众不同。此时郭威虽然是皇帝，但他年事已高，继续做皇帝的时间不会太久，而反观郭威养子柴荣，正值壮年，跟着柴荣要比跟着郭威更有前途。赵匡胤甚至相信，柴荣一定会继承皇位，将后周的事业发扬光大。此时的赵匡胤，已经展露出他深谋远虑的一面了。

1《宋朝事实》卷九。
2《旧五代史》卷一百三。

　　面对赵匡胤的选择，郭威尽管不明其意，但还是准了赵匡胤的请求。毕竟赵匡胤这个人才，到哪里都能出人头地。况且柴荣也的确需要赵匡胤这样的年轻人去辅佐。最终，郭威放赵匡胤离开朝廷，让他到澶州投奔柴荣。

　　对于赵匡胤的投奔，柴荣有些意外，但也没有问赵匡胤缘由。和赵匡胤打交道这些年，柴荣看出了赵匡胤的与众不同，甚至对赵匡胤有了一种英雄相惜的感觉。

　　赵匡胤投奔柴荣之后，两人相互扶持，为共同的事业做着努力。赵匡胤与柴荣之间，形成了刘备说的"如鱼得水"之情。赵匡胤这匹千里马，遇到了另一个伯乐。赵匡胤对柴荣的知遇之恩，无以言表。当然，赵匡胤也为当初离开郭威选择柴荣而喜不自胜。也就是从此时起，赵匡胤迎来了他真正意义上的辉煌时期。

　　公元 953 年，身体一直不见好转的郭威开始挑选继承人。由于郭威家人全部被刘承祐杀死，郭威没有了儿子，便认柴荣为养子。按说郭威去世后，柴荣就会成为名正言顺的继承人。可柴荣继承大业之路并不顺利，因为有希望继承皇位的还有两个人：一个叫张永德，此人是郭威的女婿，战功赫赫；另一个叫李重进，他是郭威的外甥，也颇有功业，对后周政权的巩固有大功。

　　郭威似乎在这三个人当中犹豫不决，不知道该选谁来继承自己的霸业。但郭威是五代以来少有的雄主，对国家的延续看得比较长远。

　　郭威考察了三人一番后，觉得张永德欠缺最高领导人的魄力，李重进有勇无谋，不足以托付大事。而后周需要一代代延续下去，不能再重蹈覆辙，出现五代多数国家短时间亡国的危险。能替自己避开前朝覆辙的人，只有柴荣。也正是基于这些考量，最终郭威确定柴荣为继承人。也是唯一继承人，外甥与女婿毕竟是外戚，皇位也不能落入外戚手中，否则容易引起动荡。

　　皇储身份确定后，柴荣被安置在开封府尹岗位上。而作为柴荣的亲信，赵匡胤也被提拔为开封府马直军使。这是跟着柴荣享受到的一种恩惠，不过这种恩惠是赵匡胤早就料到的。当年若不是执意投奔柴荣，赵匡胤短时间内，恐怕难以连续升迁。自从跟了柴荣，赵匡胤走上了一条仕途捷径。

　　不久，郭威去世，柴荣继位，成为后周第二位皇帝。柴荣素有大志，其理想是统一全国。柴荣听从了王朴[1]"先南后北、先易后难"的建议，开始了他雄心勃勃的统一大业。赵匡胤作为新崛起的禁军将领，颇受柴荣器重，每一次出征，柴荣都将赵匡胤带在身边。

当然，此时的赵匡胤尽管有些战功，但没有扬名天下的丰功伟业，赵匡胤急需一场战争来证明自己。

这个机遇很快降临在了赵匡胤身上。公元954年，在一个叫高平（今山西高平）的地方，后周大军与北汉、契丹联军进行了一场激烈的战斗，史称"高平之战"。

> 北汉主知帝自临陈，褒赏张元徽，趣使乘胜进兵。元徽前略陈，马倒，为周兵所杀。元徽，北汉之骁将也，北军由是夺气。时南风益盛，周兵争奋，北汉兵大败、北汉主自举赤帜以收兵，不能止。杨衮畏周兵之强，不敢救，且恨北汉主之语，全军而退。……时北汉主尚有余众万余人，阻涧而陈，薄暮，词至，复与诸军击之，北汉兵又败，杀王延嗣，追至高平，僵尸满山谷，委弃御物及辎重、器械、杂畜不可胜纪。[2]

这一仗，后周军与联军的实力旗鼓相当，甚至后周大军还处于些劣势，整个军营里弥漫着一种紧张的氛围。周世宗便将后周大军分成左中右三路，左右两路从两面冲击北汉大军。可战斗打响以后，后周的右路军溃逃和投降，让周世宗所处的中军处于危险境地。这时候，护卫周世宗的赵匡胤和张永德，不顾一切保护周世宗的安危。两个人带领中路军猛烈冲击联军，赵匡胤虽然身上多处受伤，但依然奋战不止。这让处于劣势的后周大军的被动局面得以扭转。联军见势不妙，瞬间败退。赵匡胤上马追击，斩杀联军。

此战让赵匡胤一举成名。柴荣看到了赵匡胤超强的军事指挥才能，更对赵匡胤器重有加。班师后，赵匡胤便从一个中级军官，升迁到殿前都虞候的高位，成

---

1 王朴，后周大臣，素有才华，柴荣为镇宁节度使时，担任节度掌书记。柴荣即位后，王朴献《平边策》，主张"攻取之道，从易者始"，先取江淮，再逐一消灭南方割据势力，最后平定北汉。

2《资治通鉴》卷第二百九十一。

了后周禁军里面的主要高级将领之一。

> 北汉来寇，世宗率师御之，战于高平。将合，指挥樊爱能等先遁，军危。太祖麾同列驰马冲其锋，汉兵大溃。乘胜攻河东城，焚其门，左臂中流矢，世宗止之。还，拜殿前都虞候，领严州刺史。[1]

当然，这次战争也让柴荣发现后周军队管理机制的不足，仍然有很多需要改进的地方。他既然决定要一统天下，就得培养出一支战无不克的大军。而要培养这样的一支大军，首先得培育出一大批优秀的军事人才，否则所谓统一全国的大业就是空中楼阁。

然而，要进行军制改革，不是一件容易的事情，须得有个值得信赖的人来做才行。作为皇帝的柴荣，不可能事事亲为，更不可能去操练大军。这时候，柴荣将目光放在了赵匡胤身上。这个比他小几岁的年轻人，是在他的眼皮子底下一步步成长起来的军官，把改革禁军的任务交给赵匡胤，最合适不过。

于是，赵匡胤参与了后周禁军的整顿和改制工作。赵匡胤开始调整军队，把那些军队中拔尖的军人全部挑选出来，建立了一支新的殿前军。这支队伍素质高，战斗力强，是周世宗非常期待的强大的禁军。

也就是从此时起，赵匡胤不断地发现新人，提拔有才干的将领。后周殿前诸班里许多的中层将领，都是赵匡胤一手培养起来的。这也为他后来在陈桥驿发动兵变，奠定了人员基础。

随即，柴荣两次南征南唐，意图消灭南唐，将整个南方划归后周版图。在这两次南下攻打南唐之战中，赵匡胤都冲锋陷阵，不畏生死，立下了汗马功劳。此时的柴荣更加器重赵匡胤，将赵匡胤提拔为殿前都指挥使、定国军节度使。在第二次征讨南唐以后，又加封赵匡胤为忠武军节度使。

> 三年春，从征淮南，首败万众于涡口，斩兵马都监何延锡等……还，拜

1《宋史》卷一。

殿前都指挥使，寻拜定国军节度使。

四年春，从征寿春，拔连珠砦，遂下寿州。还拜义成军节度、检校太保。……五年，改忠武军节度使。[1]

三十几岁的赵匡胤已经成为后周为数不多的几个建节之人。

到了公元 959 年春，南唐已经称臣，整个南方安定，雄心勃勃的周世宗将目光对准了契丹。自石敬瑭将幽云十六州无偿献给契丹之后，夺回幽云十六州，成了周世宗实现全国统一的一个短期目标。周世宗希望用三十年来统一全国，为此，他专门制订了一个三十年工作计划。这便是用前十年统一乱世，中间十年休养生息，最后十年开创太平盛世。

寡人当以十年开拓天下，十年养百姓，十年致太平足矣。[2]

赵匡胤作为周世宗非常器重的手下，也受到周世宗雄心壮志的影响，一心要帮助周世宗实现统一大业。此时的赵匡胤，想尽一切办法给周世宗表功，唯恐周世宗不能发现自己的忠心。

这次的北伐，其实只是统一大业的第一步。周世宗迫不及待地想要拿下幽云十六州，为自己开创霸业创造一个良好的环境。于是，这次北伐柴荣以韩通为陆路都部署，赵匡胤为水路都部署，他则亲自率后周大军向契丹进军。这次北伐，赵匡胤一直跟在周世宗身边，目睹了周世宗北伐的过程，也对周世宗中途因病撤军充满了惋惜，毕竟举全国之力北伐绝非易事。但周世宗的健康大于一切，只能将北伐大计向后延缓，等待再次举兵。

即便周世宗去世，赵匡胤仍遵从了朝廷的安排，到地方任职。在周世宗带领大军班师时，赵匡胤还是如卫士一般，守卫在周世宗身边，表现得忠心耿耿，随时准备为后周牺牲自己。

1《宋史》卷一。
2《旧五代史》卷一百一十九。

可半年之后，面对周世宗去世小皇帝难以服众的状况，赵匡胤忠于后周的念头一点点消退。毕竟那个皇位被谁抢去都是抢，张永德、李重进、李筠等人是地方要员，他们只要拥兵自重，短时间内谁也平定不了叛乱。而自古以来，都是胜者为王败者为寇，只要能夺得政权，一切的历史，只能任由后人评说。因此，赵匡胤在地方驻扎的时候，开始与书记官赵普等人秘密策划一场政变。公元九六〇年正月，赵匡胤在陈桥驿发动了兵变，建立了宋朝。

那么，赵匡胤为什么不选择在周世宗去世时发动兵变，而是选择半年后发动兵变？在这半年时光中，赵匡胤经历了怎样的思想变迁，从一个誓死忠于后周的都点检，变成了大宋的开国皇帝，进而平定李筠、李重进叛乱，开创了一个三百余年的宋朝？这些问题将在本书中为大家一一解惑。

第一章

天降大任

每个人的生命中都有一段历史，观察他以往的行为的性质，便可以近似于猜测地预断他此后的变化，那变化的萌芽虽然尚未显露，却已经潜伏在他的胚胎之中。

——英国剧作家莎士比亚

1. 世宗北征

公元九五九年三月，暮春时节，汴京城一片繁华，游人如织。十年的太平时光，让这座都城逐渐消减了刀光剑影的血色，呈现出一派勃勃生机的景象。

人们在一些酒肆里进进出出。汴河上，船只穿梭，源源不断的物资运往汴京。这时候，如果拿高倍望远镜对准皇宫，就能发现有一个将领在官门口来回巡逻。这个人就是后周忠武军节度使赵匡胤，他在等朝廷里面的议事结果。他是被周世宗专门从汝州调回来的。在到达汴京后，赵匡胤才知道，周世宗要有大动作了。

此时，朝堂上正在议论着一件事——北伐。这是周世宗在公元959年制订的最大计划。原来，南唐已向后周称臣，整个南方已定。此时，周世宗柴荣与大臣商议北伐事宜。这是周世宗一生中急于想完成的事情。尽管周世宗制订了三十年统一大业的计划，但他已经迫不及待了。早一天拿下北汉和幽云十六州，他就能早一天安心，也只有收复了幽云十六州，他才能安心收拾南方那些小国家。

此时的周世宗做了两手准备。若能重创契丹，将他们赶往草原深处，不让他们继续骚扰边境线，保证边境安宁，是最好的。但是这一目标不一定能实现。秦始皇统一全国，对于草原游牧民族依然没办法，只能修筑长城，防止草原游牧民族入侵；汉武帝不惜穷兵黩武也要攻打匈奴，但最终的结果，依然只是将匈奴赶走而已。重创契丹的目标如果不能实现，那就只能退一步，收回幽云十六州。这涉及长城防线的问题，若幽云十六州一直被契丹占领，等于整个长城防线都掌握在契丹手中，如此，整个河北之地，都将暴露在契丹的铁蹄之下，契丹随时都可能骚扰河北之地。

赵匡胤得到的消息是，周世宗决定再次御驾亲征。这些年来，周世宗的每一次御驾亲征，都取得了意想不到的成果，所以，这次议事的结果也是御驾亲征。这让赵匡胤振奋不已，对于武将而言，打仗总是件振奋人心的事情。他在等待着周世宗的进一步指示。

接下来，就要选留守之人。周世宗最初预想的留守之人是王朴，之前亲征南唐时，周世宗就让王朴担任东京留守，为他镇守大后方，及时提供他需要的一切。

然而，计划往往赶不上变化。三月十五这天，王朴与前任宰相李谷谈工作时，突然昏倒，不省人事。等大夫赶到时，王朴已溘然长逝。这无疑打乱了周世宗的计划。王朴去世，让周世宗悲痛不已，他对着王朴的灵柩，痛哭流涕。

但北伐事宜不能耽搁，最终，周世宗选择让宣徽南院使吴延祚为权东京留守，负责大后方驻守事宜，并以张美为大内都部署，负责殿前事宜。

三月庚申，枢密史王朴卒。甲子，诏以北境未复，取此月内幸沧州。以宣徽南院使吴延祚为权东京留守，判开封府事……以三司使张美为大内都部署。[1]

1《旧五代史》卷一百一十九。

安排妥当留守之事，周世宗开始将北伐大计付诸行动。公元九五九年三月十九日，周世宗命人奔赴沧州（今河北沧州），准备北伐相关事宜。这实际是提前安排北伐对接工作。大将韩通也作为先头部队的守将，率军前往沧州。四月，韩通到了沧州，按照周世宗的部署，命人在沧州修挖通渠，准备水陆并进。

> 补坏防，开游口三十六，遂通瀛、莫。[1]

派出先头部队走了几天后，周世宗也准备率领大军向边境进军。可二十四日这一天，周世宗忽然收到一份紧急奏折，奏折的内容是：钟离县（在今安徽凤阳东北）饿死饥民五百九十四人。这让周世宗停下了进军的步伐来处理这件事，毕竟出现大饥荒对出兵非常不利，有可能会造成混乱局面。周世宗马上召集大臣商议对策，一些大臣被派往钟离县救灾。

> 淮南饥，上命以米贷之。或曰："民贫，恐不能偿。"上曰："民吾子也，安有子倒悬而父不为之解哉！安在责其必偿也！"[2]

北伐因此被延后了好几天。周世宗要解决国内一切不稳定因素，才能放心北上，不会因为任何事情而废掉北伐大计。要知道，准备一场战役，需要协调的事情太多。数天后，周世宗才率领大军从汴京（今河南开封）出发，向北行进。这一次，一直备受重用的赵匡胤跟着周世宗北上，在即将到来的战争中再显身手。

这一路，大军走了整整一个月。

四月十六日，后周大军到达预定地点——河北沧州。这时，韩通已修通水道入辽境，并在乾宁军[3]（今河北青县）南面设立了栅栏，充作工事，等待周世宗到来。周世宗到达沧州之后，并未急着行军，而是命大部队在沧州休整，发动转运

1《资治通鉴》卷第二百九十四。
2《资治通鉴》卷第二百九十四。
3乾宁军距离沧州一百余里。

使给后周大军调配粮草辎重，为大军向契丹开拔提供后勤保障。

半天后，各种物资调配都已完成，周世宗率部继续向北行进。

虽然周世宗表面上看起来并不着急，但此时他内心是焦急的。从他决定北伐后，后周与契丹的战事，就成了天下人关注的焦点。后周大军行军近一月，那些躲在暗处的契丹和北汉斥候，早已知悉了后周攻打契丹之事。北伐之事，或许早就被传至整个北方了。此时的契丹和北汉尽管没有动静，但决然不会坐以待毙。如果不抢占先机，恐怕很难顺利突破幽州。周世宗要以大军压境，给那些幽云地区的辽国守将们施加压力。

四月十七日，周世宗率大军到达乾宁军驻地。后晋天福年间曾在这里设置宁州（今河北青县），驻扎乾宁军。后周大军到此地后，也意味着真正到达了后周与契丹的边境线上。

战争一触即发。

2. 得关南之地

各种消息四处传播，周世宗的进军牵动着世界的目光。不过新转机也随即而来。就在周世宗准备布置兵力对宁州实施攻城计划时，辽宁州刺史王洪听闻周世宗率大军而来，产生了怯战心理。这些年来，周世宗到处拓展疆域的伟绩，已然传遍了世界的角落。王洪作为辽周边境的守将，自然听说了很多关于周世宗的传闻。

此次周世宗带大军来，王洪便动了心思，打算暗地里投奔周世宗。他也是汉人，当初投奔辽，也只是在大争之世无法主宰自己的命运而已。当然，更务实的理由是：这时候，辽军的援军还没有到，若一味抵抗，很难保证在破城之日周世宗会实行大屠杀。尽管周世宗素来治军严明，但当年楚州之战，周世宗亲临城下督军猛攻，后周进攻一个多月没有攻破城池，后周大军损失很大，周世宗非常愤怒。这场战役一直持续到来年正月。最终，楚州内城因为粮草、武器等消耗殆尽，被后周军攻破。一向治军严明的周世宗命人屠城，结果楚州城内的千余人全部被杀死。

鉴于楚州之战的教训，王洪开始审时度势为自己打算。王洪属于识时务者，他看清了自己的处境，不想抵抗。王洪遣人向周世宗送去了降表，表示愿意归附后周。

这件事超出了周世宗的预料，他还曾想过一旦王洪死守宁州，第一个挡在他面前的壁垒就是宁州。想不到王洪自己送上门来了。看到王洪的降表，周世宗爽快地答应了王洪的请求，并表示要厚待王洪。

按照约定，周世宗命人进驻宁州。走在最前面的就是赵匡胤。此时，王洪大开城门，带领着自己的幕僚在宁州城外迎接周世宗等人进城。

契丹宁州刺史王洪举城降。[1]

赵匡胤的先头部队进了城，查了各处部署情况，确保王洪是真心投诚后，周世宗一行人也进入了宁州。后周军不费一兵一卒，就收复了宁州。

顺利的开局给了周世宗无比信心，若宁州顽强抵抗，后周大军进军也不会顺利。如果契丹再派军队支援，可能后周与契丹的大战在宁州就开始了。现在王洪投降，对周世宗来说，无疑是千载难逢的机遇，他必须顺势继续北上，攻取幽州。

周世宗命令大部队在宁州进行短暂修整。王洪打开府库仓门，为后周大军提供了充足的粮草补给。大军得到了补给。周世宗看到准备得差不多了，便准备继续率军北上。临走之前，鉴于王洪的识时务，周世宗让王洪继续担任宁州地方官，负责宁州的治理，同时也留下了几名义上帮助王洪的亲信，实际上监督王洪的一举一动。

后周大军继续前行了五天。

四月二十二日，大军被一条由南向北的河流拦住了。周世宗将大军分为两路，命赵匡胤率一支大军从水路进军，命韩通率领另一支队伍沿着陆路向北而

1《资治通鉴》卷第二百九十四。

行。周世宗本人则坐在龙舟之上，随赵匡胤沿水路而行。

相传当时后周大军的数量壮观，布满了整个河面，达到了"舳舻相连数十里"的规模。

> 乙未，大治水军，分命诸将水陆俱下，以韩通为陆路都部署，太祖皇帝为水路都部署。丁酉，上御龙舟沿流而北，舳舻相连数十里。[1]

四月二十六日，后周水军的先头部队已经到了益津关[2]。这个益津关，又叫草桥关，是河北重要关隘。驻守在此处的辽国守将叫终廷辉，此人已经知悉宁州王洪投靠了周世宗，他也打算投靠周世宗。因此，当后周大军逼近益津关时，终廷辉主动请降，周世宗接纳了终廷辉。

> 契丹守将终廷辉以城降。[3]

这一次，周世宗并未修整，直接率部继续向北而行。

过了此处之后，有条河"上接芦沟，下达东海"，这条河应该与上面提到的那条河有交汇处。据《资治通鉴》记载，等后周军到了这里时，这条河的河面忽然就变窄了。从这里再往西，水面逐渐狭窄，原来的那些大龙舟不能通行，后周水军不能前进。

> 自是以西，水路渐隘，不能胜巨舰。[4]

周世宗便下了命令，让后周将士弃船上岸，改走水路为走旱路。此时，作为水军长官的赵匡胤，身先士卒，带领水军上岸，向前继续行进。后周大军在陆地

1《资治通鉴》卷第二百九十四。
2 唐朝所建，五代后晋石敬瑭于天福元年（936 年）割十六州赂契丹，今已不复存在。
3《资治通鉴》卷第二百九十四。
4《资治通鉴》卷第二百九十四。

上走了一天，也没见着契丹的人影。原来预想契丹大军会阻拦的情况并未实现。此时，赵匡胤率领的先遣队，已经走到了契丹腹地。周世宗则走在后面。

这一路顺利北上，让周世宗犯了一个"孤军深入"的错误，他没有等待大军，而是选择了突飞猛进地行军。这时，周世宗才发现他率领的先遣队不过千余人，更要命的是，不远处还发现契丹的骑兵在尾随。尽管赵匡胤将先遣队聚在一起，将周世宗紧紧裹在中间，但这样的孤军深入是兵家大忌，若不远处的契丹兵来突击，后果不堪设想。周世宗果断采取措施，命人停止前进，在野外宿营，等待后续大军到此处集结。

> 壬寅，上登陆而西，宿于野次，侍卫之士不及一旅，从官皆恐惧。胡骑连群出其左右，不敢逼。[1]

辽军可能并不知道周世宗就在这个先遣队里，故而契丹的那些散兵游勇并未直接对赵匡胤率领的后周军发起攻击。先遣队在极度紧张当中度过了一整天，到了四月二十八日，后周的大军陆续到了周世宗驻扎的地方。三军会于一处，周世宗便命人继续前进。

大军出动之前，赵匡胤已经被周世宗派出去打探消息。赵匡胤率领着一支队伍到瓦桥关[2]时，并没有立即攻打瓦桥关，而是等待着周世宗。这个瓦桥关是重要的关隘，南北各处的商旅每天都川流不息。当然比起商贸活动，瓦桥关的战略地位尤为突出。由此向西可至河北重镇保定，北连冀北军事重镇幽州，南通冀中诸重镇。所以，历朝历代都在此处设卡，重点设防。

赵匡胤也知道瓦桥关的重要性，他率领大军至此时，早就做好了打一场硬仗的打算。整个后周先遣队里，充斥着一种紧张的气氛，毕竟攻打城池不是小事，随时都有可能丧命。《孙子兵法》里说："上兵伐谋，其次伐交，其次伐兵，其下攻城。攻城之法，为不得已。"可见孙子也不主张攻城。

1《资治通鉴》卷第二百九十四。
2 故址位于今河北雄县西南，地当冀中大湖白洋淀之北、拒马河之南，据古代九河下游，河湖相连，水路交通便利。

事实上，赵匡胤率领的后周军紧张的时候，驻守在瓦桥关的契丹守将更紧张。后周的行军速度之快，让守候在契丹边界上的那些州郡守将感到了巨大的压力。加上王洪和终廷辉投降后周，此时，瓦桥关守将姚内斌如坐针毡，他等待着辽国的援军，但迟迟看不见辽军铁骑。姚内斌内心做过何种挣扎，史籍中并无详细记载，不过就在赵匡胤准备攻打瓦桥关的时候，事态再一次发生了一百八十度的大转变。现在后周大军已至瓦桥关，尽管赵匡胤率领的只是一支先头部队，可后周的大军必然会迅速跟进，瓦桥关能守住吗？姚内斌看到后周军气势汹汹而来，也效仿王洪、终廷辉，主动献城投降。赵匡胤顺利接管了瓦桥关的城防，并将瓦桥关姚内斌投降之事报给了周世宗。还在半路上行军的周世宗听闻赵匡胤报来的消息后，马不停蹄地赶到了瓦桥关。

> 癸卯，太祖皇帝先至瓦桥关，契丹守将姚内斌举城降，上入瓦桥关。[1]

随着宁州、益津关、瓦桥关等地的守将纷纷投诚，驻扎在河北边境上的那些契丹守将们心里开始感到恐惧。他们听说过周世宗的威名，也听说过后周大军的骁勇。更让他们感到恐惧的是，求援消息已经发出去了，但从后周大军发兵，一直到攻占瓦桥关，已有一月余，契丹没有派出援军来支援这些边境州郡。若契丹一直不救援，单凭那些固有守军，根本抵挡不了后周大军的进攻。这时候摆在契丹守将面前的路就只有一条，选择投降后周，否则兵败身死，累及全家。

果然，没过几天，莫州刺史刘楚信迟迟等不到契丹援军，便有了投诚的打算。毕竟，他不是第一个投诚的人，也不是他个人愿意做两姓家奴，而是契丹根本不管他们这些守将。在观望了一阵子后，刘楚信便差人向周世宗送去了降表。

> 甲辰，契丹莫州刺史刘楚信举城降。[2]

1《资治通鉴》卷第二百九十四。
2《资治通鉴》卷第二百九十四。

接待莫州投诚的还是赵匡胤，因为他率领的先遣队已经深入辽境。周世宗让赵匡胤全权处理这件事。随即，后周军接管了莫州。至此，幽云十六州后周得其一。

公元九五九年五月初一，驻扎在瓦桥关的周世宗等来了最后一批后周大军。至此，后周的数万主力军全部集结完毕。

侍卫亲军都挥使、天平节度使李重进等始引兵继至。[1]

后周大军在瓦桥关集结，给外界释放出了一种信号：此战后周志在必得。此时，因为莫州已经被后周大军占领，距离莫州不远处的瀛州，就暴露在了后周大军的包围之下。瀛州也就是河间，也是地理位置非常关键的州郡，瀛州与莫州本呈犄角之势，如今莫州已失，瀛州危矣。

不久，周世宗命人包围瀛州，准备攻打瀛州。此时，瀛州刺史高彦晖虽然不想投诚，但眼前的形势不容他继续抵抗。在反复思量之后，高彦晖认为大势已去，不如投降。于是，瀛州再次落入后周手中。

随着宁州、莫州、瀛州等地纷纷投诚，十六州已有三州落入后周手中。后周轻松得到了三州，三州底下所辖十七县，百姓有一万八千三百六十户。

五月乙巳朔，帝驻跸于瓦桥关。侍卫亲军都指挥使李重进及诸将相继至行在，瀛州刺史高彦晖以本城归顺。关南平，凡得州三，县十七，户一万八千三百六十。是役也，王师数万，不亡一矢，边界城邑皆望风而下。[2]

后周收复的这些地方都在瓦桥关之南，被称为关南之地。这些地方的旧属，在赵匡胤建立宋朝之后，将成为以后北宋与辽战争的主要原因。北宋太宗以收回

1《资治通鉴》卷第二百九十四。
2《旧五代史》卷一百一十九。

幽云十六州为主要任务，先后发动了两次北伐，辽宋之间也开始了长达二十五年的战争，直到最后签订《澶渊之盟》才得以休止。

随着整个关南之地都归入后周手中，周世宗对拿下幽云地区充满了向往。周世宗觉得，乘着大军士气正旺，一举拿下幽州，已经成了他此行的主要目的。但是，周世宗攻打幽云地区的想法，却遭到了满朝文武的强烈反对。

3. 周世宗不甘心

幽云十六州，以幽州和云州命名。这里地处游牧区与农耕区交叉地带，土地肥沃。更重要的是这些连绵的山脉上修筑着长城，是中原防止游牧民族南下的防线。当年石敬瑭[1]为了自立，把这绵延几百里的大好山河全部献给契丹，当了契丹的"儿皇帝"，一直被人所不齿。

周世宗继位之后，把收回幽云十六州，作为统一全国的第一要务，所以在南唐向后周称臣之后，周世宗便迫不及待地北伐，想要攻下这片土地，夺回长城防线。

五月二日，周世宗设宴，召集文武大臣参加宴会。周世宗也在宴会上向文武大臣说出自己攻取幽州的决定。但是，这次商议攻幽州的策略，却遭到了满朝文武的强烈反对。

大臣们认为，后周不费吹灰之力攻下了关南之地，已经是不世之功，既然已经收复了关南之地，就应该见好就收，不能贸然再进。尽管此前契丹没有救援莫州和瀛州，但并不意味契丹就没有预防，早有探子已经探知，契丹大军已经在幽州集结，如果贸然进军幽州，势必会引起契丹顽强抵抗，到时已经收取的关南之地，能否保住都很难说。

听到大家不愿意再攻取幽州，周世宗就不乐意了。这是明摆着泼冷水，长他

---

1 公元936年，石敬瑭因李从珂的步步紧逼起兵造反，坐困于太原，遂向契丹求援，割让幽云十六州，甘做"儿皇帝"。随后，在契丹的援助下，灭亡后唐，定都汴梁，建立后晋。

人志气灭自己威风，他认为，为今之计应该趁势而为，而不是畏惧不前。

> 丙午，宴诸将于行宫，议取幽州。诸将以为："陛下离京四十二日，兵不血刃，取燕南之地，此不世之功也。今虏骑皆聚幽州之北，未宜深入。"上不悦。[1]

对于大臣们的建议，周世宗没有采纳，而询问赵匡胤的意见。此时的赵匡胤巴不得向周世宗表功，自然愿意支持周世宗的决定。

攻打幽州已成定势，没有人能够改变得了周世宗的想法。但不妙的事情发生了，当天夜里，周世宗的身体出现了不适，但具体是何病症，并没有详细记载，只有"帝不豫"的记载。

> 丙午，帝与诸将议攻幽州，诸将皆以为未可，帝不听。是夜，帝不豫，乃止。[2]

《资治通鉴》中的记载和《旧五代史》大致一样。《资治通鉴》里记载的大致意思是，周世宗并未听从各位大臣的劝谏，而是决定兵伐幽州。周世宗是个急性子，既然决定兵伐幽州，便一刻也不想等。他派出了先锋都指挥使刘重进率领一部分人先向幽州出发。不久，刘重进便到了固安，而周世宗也率部到达了安阳水[3]。周世宗命人搭建浮桥，准备过河作战。晚上，周世宗又从安阳水边上回到了瓦桥关。夜里，周世宗身体有了不适感，而且这种不适感平时也从未出现过，身体当时应该很不好了。周世宗这才放弃了攻打幽州的打算。

> 是日，趣先锋都指挥使刘重进先发，据固安；上自至安阳水，命作桥，

---

1 《资治通鉴》卷第二百九十四。
2 《旧五代史》卷一百一十九。
3 唐五代时桑干河南支，流经今河北固安、永清两地北。

会日暮，还宿瓦桥，是日，上不豫而止。[1]

周世宗直接放弃攻打幽州这一决定就能够推测出这一次周世宗病得不轻。若是小毛病，周世宗自是不会改变攻打幽州的打算的。

据《五代史补》记载，周世宗打了胜仗以后，河北之地的老百姓都争相敬献粮食、酒肉。当时大军到了一个叫病龙台的地方，周世宗得知那个地方叫病龙台之后，便撤回来了。当晚，他就真病了。

> 顷之，有父老百余辈持牛酒以献，世宗问曰："此地何名？"对曰："历世相传，谓之病龙台。"默然，遽上马驰去。是夜，圣体不豫，翌日病急，有诏回戈，未到关而晏驾。[2]

在当地还流传着这样一种说法，说柴荣姓柴，而幽州为燕地，燕者烟火也，预示着柴荣兵伐幽州不利。

> 初，幽州闻车驾将至，父老或有窃议曰："此不足忧。且天子姓柴，幽州为燕，燕者亦烟火之谓也，此柴入火不利之兆，安得成功。"卒如其言。[3]

这些记载可能都是后人脑补的细节而已。能确定的是周世宗在攻打幽州前得了重病，才放弃出兵幽州。当然，听闻后周攻打幽州的消息，契丹也没有闲着，契丹国主命人带着国书，去联络北汉，准备对后周大军进行骚扰，防止后周大军继续北上。一直到周世宗决定放弃攻打幽州，北汉的骚扰部队才远去了。

> 契丹主遣使者日驰七百里诣晋阳，命北汉主发兵挠周边，闻上南归，

1《资治通鉴》卷第二百九十四。
2《旧五代史》卷五。
3《旧五代史》卷一一九。

乃罢兵。[1]

周世宗暂停攻取幽州的计划，但后周大军并未撤军，而是继续在瓦桥关以南驻扎着。周世宗似在思考着关南之地的防守问题。他明白在他攻取契丹时，契丹之所以没有救援宁州、瀛州、莫州等地，只是因为契丹内部不稳定。现在契丹已经在幽州布防，等后周大军撤退后，契丹一定会率大部队攻打已经被后周夺取的关南之地。既然关南之地已经落入后周，就不可能轻易还给契丹，等他身体康复之后，还要卷土重来，继续攻打幽州。而攻取幽州，关南之地又显得尤为重要，这些地方是大平原，也是粮仓，对后周粮草辎重的补给都起着至关重要的作用。

周世宗在临时行宫里休养时，定州节度使孙行友上报称，他所率部众已经攻下易州，还抓住了易州刺史李在钦。不过孙行友在奏疏中也表示，他想劝降李在钦，可李在钦不识时务，已经被他斩杀于军中。

> 戊申，定州节度使孙行友奏，攻下易州，擒伪命刺史李在钦来献，斩于军市。[2]

得到孙行友的奏报，让一直备受病痛折磨的周世宗感到稍许宽慰。不过孙行友的上报，也提醒了周世宗，让他对整个关南之地的布防有了新的想法。所谓新想法，那便是对关南之地的行政区域进行重新命名。古语说"名不正则言不顺"，只要将这些地方重新命名，就能让关南之地永久地成为后周的土地。别看一个小小名字的改动，这会让关南之地自此摆脱了辽国，成了后周乃至宋朝的固定疆域。

不久，周世宗便将瓦桥关命名为雄州，将益津关命名为霸州，重新界定了后周与契丹的边界线，并将容城、归义两个县也划归到了雄州管辖之下，将文安、大城两个县划归到霸州管辖之下。

1《资治通鉴》卷第二百九十四。
2《旧五代史》卷一百一十九。

> 己酉，以瓦桥关为雄州，割容城、归义二县隶之。以益津关为霸州，割文安、大城二县隶之。[1]

没过几天，周世宗又让李重进领兵过土门，进入到河东地界，作为边境守护的一支重要力量驻守在这里。

> 庚戌，命李重进将兵出土门，击北汉。[2]

就在部署更名的时候，周世宗又得到了一个好消息。据前方传来的捷报，后周先锋都指挥使张藏英在瓦桥关以北与辽军相遇，两军展开了厮杀，后周大军扑向了几百个契丹骑兵，大败辽军，还攻下了辽重要州郡固安县。

周世宗为了进一步巩固攻取下来的这几个州郡，便在滨、棣二州征集丁壮民夫数千人，对霸州州城进行了加固维修，霸州城墙得以加高加宽。

> 发滨、棣丁夫数千城霸州，命韩通董其役。[3]

在划定了地域后，周世宗也为这三个地方选了守将，让陈思让驻守雄州[4]，韩令坤驻守霸州[5]。

做好了这些部署，周世宗还是不想就这么快回去，便命御医们想办法，赶紧将自己身体调理好，他要实施收复幽州的计划。可身体不断发出信号，提示着周世宗切不可大意。

随军的御医，面对从未见过的症状，御医们只能根据往日经验，开出一些药

1《资治通鉴》卷第二百九十四。
2《资治通鉴》卷第二百九十四。
3《资治通鉴》卷第二百九十四。
4《宋史》卷二百六十一：及得瓦桥关，为雄州，命思让为都部署，率兵戍守。
5《宋史》卷二百五十一：俄为霸州都部署，率所部兵戍之。

方，不断尝试着。这让周世宗既恼火又不甘心。

有关周世宗得病之事，史籍资料中记载得较为模糊，不管是《旧五代史》还是《新五代史》，都没有记载周世宗的身体状况，这一次他猛然间得病，也存在诸多疑点。但总归一个结论：周世宗病了，而且病得不轻。这是这次撤军的主要原因，事必躬亲的周世宗不放心将攻取幽州的任务单独交给他手底下的武将。

此时，后周殿前都点检张永德[1]坐不住了，他无法忍受周世宗不回朝。此时，周世宗的病情没有好转的迹象，而这也牵动着整个后周将士的心。那些武将们似乎比任何时候更加敏感了。

4. 张永德劝谏

张永德作为身经百战的武将，深知皇帝的安危大于一切，如今周世宗身体有恙，一旦有不测，整个后周都会出现动荡局面。他认为，为今之计，攻取幽州已不是重点，重点是周世宗应该快速回到汴京，稳住当前的政局。即便周世宗有个不测，在汴京也能提前做好安排，否则……张永德不敢往下想了。

那些高级将领，也都开始担心，这些大臣们不敢直接给周世宗进言，就给张永德吹耳旁风，让张永德去劝阻周世宗认清现实，早点南归。

拗不过这些人三番五次絮叨，张永德决定找一个合适的时机，将大臣们的意见说给周世宗听。

这个机会很快就到了。有一次，张永德看望周世宗时，就表达了大臣们的意见。张永德才对周世宗说，现在天下未定，我们虽然南征和北伐都取得了一定胜利，但我们周围的这些人（那些没有归附后周的政权），唯恐天下太平。当然他们也非常希望陛下出事，这样他们就有机可乘，进而反扑，重新得到被我们攻下来的城池。您的身体重于一切，只要您身体好了，我们再卷土重来。但若您身体

---

1 张永德娶郭威的第四女寿安公主为妻，随郭威起兵，屡建战功。郭威称帝后，拜张永德为驸马都尉。周世宗柴荣时，张永德从征北汉、南唐，在高平之战中，与赵匡胤打败北汉军，立下大功，擢殿前都点检。

不好，万一……加上现在瓦桥关和汴州相距甚远，现在正是南归安抚人心的大好时机，不能因为旦夕之间的功劳而舍弃开封，如果开封有事情发生，我们回救都来不及……许多话张永德没有说出口，但周世宗已经清楚他的意思了。

> 群臣因永德言曰："天下未定，根本空虚，四方诸侯惟幸京师之有变。今澶、汴相去甚迹，不速归以安人情，顾惮旦夕之劳，而迟回于此，如有不可讳，奈宗庙何！"[1]

听罢张永德的话，周世宗良久不语。张永德的话，他何尝不知道，可这样的话出自张永德之口，周世宗便知道，这不是张永德个人的意思，一定是有人教唆的。于是，周世宗问张永德，这是谁叫你这么说的？但张永德矢口否认是别人教唆，而是他自己的意思。

> 永德然之，乘间为世宗言如群臣旨，世宗问："谁使汝为此言？"永德对以君臣之意皆愿为此，世宗熟思久之，叹曰："吾固知汝必为人所教，独不喻吾意哉！然观汝之穷薄，恶足当此！"[2]

看着张永德躲闪的眼神，周世宗就知道，张永德肯定听了别人的意见。这让周世宗心里有些不痛快，张永德是郭威的女婿，而他是郭威的养子，两个人都是郭威的亲人，应该心往一处想，但这时候的张永德明显站在了后周大臣的一边，将周世宗孤立了。

这反映出张永德"有勇无谋"的特点。张永德掌管着中央禁军，此刻冒着大不韪向周世宗进言，周世宗还能怎么办。只能顺应大家的意思，毕竟身体已经不容许周世宗再冒险了。

不过这件事也让周世宗警觉起来，尽管他生病的消息封锁得比较紧，可天下

1《旧五代史》卷一百一十九引《却扫编》。
2《旧五代史》卷一百一十九引《却扫编》。

没有不透风的墙，大家肯定听说了什么。现在他生病了，这些人就坐不住了。他尽管对军队实施了改革，但依然有许多问题没有解决。武将有兵权，他们会做出让人意想不到的事。既然大家都觉得应该南归，那就南归吧。

只是这样的结局让周世宗一点也高兴不起来。周世宗在郁郁寡欢中下令班师回朝。

周世宗的身体越来越虚弱，以至于整个南下的大军，都行动缓慢。周世宗甚至出现了某种幻觉，他经常梦见那些已经死去的人，尤其是郭威，经常在梦里出现。周世宗也梦见儿时到洛阳、开封、郑州等地做生意的往事。这些经历，周世宗在开拓霸业的这些年很少想起，可自从生了病，往事不断涌现在眼前。这让周世宗有了某种担忧，自己难道得了不治之症？

这些困惑折磨着周世宗，这是从未有过的感觉。周世宗感觉到死亡的阴影在笼罩着他。一想到死亡，周世宗内心紧张极了。他的霸业还没有实现，他"以十年开拓天下，十年养百姓，十年致太平"的志愿，一刻都没有放松。可死亡竟然这样紧逼而来。

他想到了死亡，就想到了眼前的大事，他的儿子柴宗训才七岁，很难把控当前的政局。五代以来的乱局，又在周世宗眼前晃动着，同时闪过朱温[1]、李存勖[2]、石敬瑭、刘知远，自己的养父郭威等人。很显然，宗训不是这些手握重兵的武将的对手……周世宗似乎已经看到了老婆和孩子被他手底下的武将们诛杀的场景……

想到这些后果，周世宗便急不可耐地往回赶。很多事情，他都预料到了。

五月二十五日，周世宗已进入河南境内。有一天，正在行营中修整的周世宗接到之前进入河东的侍卫都指挥使李重进的捷报，消息称，后周军在百井打败契丹，斩首两千多人。这件事让一路上闷闷不乐的周世宗眉头舒展了一些。

己巳，李重进奏败北汉兵于北井，斩首二千余级。[3]

---

1 朱温（852—912年），五代后梁开国皇帝，唐王朝的终结者。
2 李存勖（885—926年），后唐开国皇帝，李克用之子。
3《资治通鉴》卷第二百九十四。

这时候，有一个人显得非常低调，就是赵匡胤。他一个劲儿地在向周世宗表忠心，全力维护周世宗的每一个决定，这也让周世宗对赵匡胤有了更多好感。

5. 木板"点检作"

不久之后，周世宗到达了澶州，并在此做了短暂的停留。这个地方是他做节度使时的驻地。他曾在这个地方历练，并不断成长。对于澶州这个地方，周世宗有特殊的感情。

> 广顺元年（951）正月……寻授澶州节度使、检校太保，封太原郡侯。[1]

然而，周世宗的回归之路，并没有预想的那般顺利。这时候，又发生了一件事，让周世宗对张永德产生了警惕心理，联想此前张永德劝谏周世宗不要攻打幽州之事，又被周世宗想起来了。最终，周世宗决定罢免张永德殿前都点检一职。

事件由一块木板引起。

周世宗率领文武大臣们停留澶州期间，发现了一个张永德的"秘密"。

有一天，有人前来报告说，有重要消息上奏。周世宗便召见了来人，但此时张永德及其侍从等人就在周世宗身边，奏事之人竟然不敢说话。无奈之余，周世宗屏退周围侍从和张永德，独独留下了那位奏事官员。这官员才从袖筒里拿出一块木板放在了周世宗面前，那木板上赫然写着"点检作"。周世宗不解，便问其缘由。

原来在周世宗逗留澶州时，有手下在澶州城巡视时发现了一个布编袋子。本来这个袋子也没有稀奇独特之处，但整个布编袋子却藏得极为隐秘，透着一种想让人发现，又不想让人发现的神秘。这就让发现袋子的人更加好奇了。好事者打

1《旧五代史》卷一百一十四。

开袋子，发现袋中有一块长两三尺的木板，木板上还有"点检作"三个字。发现这块木板的人，不知道这是什么意思。

> 一日，忽于地中得一木，长二三尺，如人之揭物者，其上卦全题云："点检作"，观者莫测何物也。[1]

尽管不知道这块木板的意思，但上面提到了"点检"这个字眼，底下的人便不敢私自处理，只能将这块木板呈给周世宗。

看到木板之后，周世宗做了哪些心理斗争已经无从知晓。但"点检作"这三个字是否寓意着什么呢？周世宗一定想到了，这三个字恍如禅语，大有玄机。"点检作"，好似一句没有说完的话，那么点检做什么呢？周世宗忽然想到了"天子"。是的，点检做天子。这样解释就合理了。

"点检作"看似三个字，其实是五个字，后面还应该有"天子"二字。当然，这段记载，在《宋史》卷一《本纪一》当中，就有了特别的寓意，"点检作"，也被改成了"点检作天子"。

> 世宗在道，阅四方文书，得韦囊，中有木三尺余，题云"点检作天子"，异之。[2]

《宋史》是元代脱脱等人编纂，他们和《旧五代史》的编著者薛居正等人还不一样，薛居正是宋代宰相，他们的任务是编纂前代的历史，但必须符合宋代皇帝的口味，所以，这里的"点检作"是否存在隐晦的寓意，不得而知。而脱脱是元代人，他根据前朝的各种史籍资料编纂《宋史》，不会受到统治者的影响。

当"天子"两字从脑海中闪出时，周世宗一定会震惊不已。想到此处，周世宗自然会想到当年继承皇位的往事。当年郭威病重时，有三个继承人可供选择，

1《旧五代史》卷一百一十九。
2《宋史》卷一。

第一个是周世宗柴荣，郭威的养子；第二个是李重进，郭威的外甥；第三个是张永德，郭威的女婿。这三个人都与郭威没有直接血缘关系，似乎选谁为继承人都可以。

可也正因为如此，才不好选。张永德这个人平时做事低调，工作也搞得有声有色，在官场的名声比较好；李重进鲁莽、暴戾，但不失威严；柴荣厚德，综合能力强。比较过后，郭威将皇位接替者确定为柴荣。但李重进和张永德心里有无想法，不得而知，毕竟皇帝人人都想当。

周世宗继承皇位之后，深知李重进和张永德的重要性，笼络人心成了周世宗迫在眉睫的事情。柴荣将李重进和张永德都提拔重用了。以后几年，三个人相处都算融洽，没有任何影响政治的事件发生。但当周世宗将张永德提拔为殿前都点检之后，张永德与李重进之间，总是在明着暗着较劲，相互之间的不睦，已然被周世宗发现，可周世宗秉持了息事宁人的态度，张永德与李重进的冲突，也没有发展到白热化的程度。

不过这个时候，周世宗病了。这便让一切都有了某种变量，似乎大家都知道周世宗病重的事实，他们在等待着时机。这块木板在这个时候出现，意味着什么？难道真如木板的寓意，点检要做天子？

不管怎样，在澶州看到这块木板之后，周世宗内心不能平静了。这是有人趁着他得疾之际要动歪心思。点检做天子，那就是说他的殿前都点检要接替他做天子。这种事情，是周世宗不能忍受的。不管这件事是真是假，都要进行处理。这块木板的出现，无疑说明有人在觊觎皇权。

然而，出现此类事，还不宜声张，越少人知道越好。周世宗感觉到，自从他生病之后，已经有了一种不一样的感觉，身边总有人在盯着他的生活起居。这让周世宗很不舒服，他还没有死，有些力量就已经按捺不住了。这块木板，是挑衅，也是提醒。尽管张永德本人并未表现出任何异于平常之事，但知人知面不知心，防人之心不可无。周世宗相信，只要他还健在，张永德即便有想法，也绝不敢轻易付诸行动。可万一他的病不能治，以后的事情就很难说了。大争之世，谁都想站在时代的最前沿。乱象丛生时，谁都想一统天下，做一个名垂千古的帝王。

不管张永德有无反心，他都要安抚张永德。周世宗将张永德召到自己的大帐之中，摆了一桌酒宴，打发了身边所有的侍卫，就他们两个人坐在一起，谈论了一些事。两个人从跟着郭威打仗说起，一直畅叙到如今攻打契丹的事情。酒宴上，周世宗只字不提捡到木板之事。当然，这也是试探张永德。只是张永德也没有任何不同于往常的表现。对于那块木板之事，似乎根本就不知晓，这让周世宗的内心更加焦虑。

周世宗当下就做了决定，不能让张永德继续担任殿前都点检一职了。不管传言是否属实，张永德都不适合这个岗位了。当然，张永德作为中央禁军的最高领导人，不能罢免他，只能提拔他，让他担任文职，这样一来，就等于罢了张永德的军权，即便他有想法，也很难付诸行动。

不过，由于周世宗还没有回到京城，不宜对张永德的职位进行调整，等到他回到京城，这一切才能实行。周世宗一刻也不想待在澶州了，他要立刻回去。若到了京城，他的病能治好，一切也会如常。如果他的病不能治好，他得第一时间换掉殿前都点检。

周世宗命人马上启程，向汴京进发，从澶州到汴京不过三百余里，几天便可到达。周世宗归心似箭，没用几天，便到达了汴京。

回到宫中后的周世宗，动用了所有的御医，责问他们可有治病良策，这些御医也无计可施，用"从未见过此症状"来糊弄周世宗。脾气暴躁的周世宗冲御医们咆哮起来。

然而，周世宗并没有好起来的迹象，进食量也非常少，偶尔能吃一点流食。周世宗整个人处于一种浑浑噩噩的状态中，分不清白天黑夜。只要稍有睡意，周世宗都强忍着不睡，他怕自己睡着后，便再也醒不来了。一种宿命感，开始在柴荣的内心翻涌。他想到了壮志未酬的秦孝公，想到了霸业未成的陈霸先。历史是一面镜子，可以给统治者提供很多的借鉴。

周世宗不再犹豫了，他选择提拔张永德，这也是将张永德调离殿前都点检的方法。周世宗提拔张永德为"加检校太尉、同平章事"。[1]罢了张永德的兵权。让

1《旧五代史》卷一百一十九。

张永德以挂职宰相的身份，在朝中任职。

虽然提拔了张永德，但周世宗心里的阴影并未退却。他一直在思考着，澶州木板事件的操纵者到底是何人？这个问题搞不清楚，就不知道那些背后的力量到底都有谁参与了。可这时候的周世宗，没有精力再顾及这些了。

木板事情的始作俑者，到周世宗去世，他都没有猜出是谁。

关于木板事件的操纵者，在中国历史上一直争论不休。一些人认为是赵匡胤所为，因为周世宗罢免了张永德殿前都点检之后，直接受益人是赵匡胤。本着谁受益谁作为的原则，赵匡胤自然嫌疑最大。所以这个木板事件的幕后操纵者，就是赵匡胤。即便《旧五代史》里，也剧透一样地记载："至是，今上始受点检之命，明年春，果自此职以副人望，则'点检作'之言乃神符也。"[1]

但也有人持有不同意见，认为即便赵匡胤搞掉了张永德，那么最直接的受益人也不一定是赵匡胤，还有可能是李重进、韩通或者慕容延钊[2]。这几个人当时都是中央禁军的高级将领。命运的橄榄枝，不一定会伸向赵匡胤。

也有人认为是李重进，因为李重进自从知道周世宗得病之后，也有了一些不同想法。况且当时能竞争这个岗位的，只有李重进一人。只要罢免了张永德，李重进便可以担任殿前都点检。不管赵匡胤也好，慕容延钊和韩通也好，都没办法与李重进竞争，李重进和张永德是皇亲国戚，这层身份大过一切。

可也有人提出了质疑。质疑的人认为，此时李重进被周世宗派遣到前线去打仗，不久前还斩首了契丹两千余人，李重进抽不出时间来搞这件事。可我们往往忽略了一个事实，那便是一个人要想成事，没有什么是干不出来的，这是亘古不变之理。

周世宗罢免了张永德殿前都点检的职位之后，这个职位暂时就空缺了下来。但此时，周世宗并未急着任命其他人担任这个职位。周世宗有顾虑，殿前军是他一手培养的新军，谁担任这个职务，都将影响整个后周国家的大局。殿前军是精

---

1 《旧五代史》卷一百一十九。
2 五代末年至北宋初年名将，开州刺史慕容章之子，也是前燕太原王慕容恪的后代。出身将门，善于攻伐，南征北战，戎马一生。以军事统帅的身份，参加后周和北宋初年统一战争，并立下显赫战功。

锐中的精锐，一定要谨慎选择长官，否则，后果不堪设想。

生病期间，尽管周世宗统一全国的信心受到了重挫，但是他依然不甘心。此时的周世宗还是寄希望于御医们，只要他的身体好了，就没有人敢觊觎后周的政权。不管李重进、张永德，还是赵匡胤和韩通，他们绝不敢有任何叛逆的举动。

可是御医对于周世宗的病情依然一筹莫展。

周世宗绝望了，想不到他三十几岁，就遭受命运之神的抛弃。周世宗与命运抗争的力量越来越弱。

更要命的是，这时候，还不断有各种事情，要求周世宗来决断，各种政事扰乱着周世宗不安的心灵。有些小事，完全可以交给那些分管的大臣们去处理，周世宗只需要处理一些大事便可安心休息。但此时的周世宗，因为胡思乱想，以及考虑到不久于人世，便对所有事情都要过问，事无巨细，生怕疏漏了什么。

这不，周世宗刚刚回来，就有重要事情，需要他裁夺。

六月一日，驻守潞州的李筠派人送来奏折，说潞州军攻下了辽州，抓住了辽州刺史张丕。奏折咨询周世宗的意见，周世宗让李筠审时度势妥善处理。

六月乙亥朔，昭义节度使李筠奏击北汉，拔辽州，获其刺史张丕。[1]

六月四日，郑州地方官又上了一道折子，说原武县堤防工程被汛期的黄河冲毁，周围的百姓都受灾严重，征求朝廷的意见。周世宗命人给地方官下了一道圣旨，让宣徽南院使吴延祚迅速组织人将黄河决口的地方重新堵上，避免造成第二次洪灾。

丙子，郑州奏河决原武，命宣徽南院使吴延祚发近县二万余夫塞之。[2]

不久，据守在南方的留从效听闻周世宗从北征途中回到汴京，便派人拉着贡

1《资治通鉴》卷第二百九十四。
2《资治通鉴》卷第二百九十四。

品，到汴京面见周世宗，并给周世宗上书，请求周世宗允许自己到汴京为官，还想将自己的家人也带到汴京来。鉴于南唐向后周称臣，而留从效属于南唐的附属，为了搞好与南唐的关系，周世宗打算拒绝留从效到汴京为官。思来想去，周世宗命人草拟了一道诏书，传达了自己的意见，大致意思是："南唐刚刚被我们收服，如今正在设法安抚，你作为南唐的附属，理应长期侍奉南唐，现在南唐已经是后周的附属，你服侍南唐，就是服侍后周，切不可有其他想法。如果让你进京为官，势必引起南唐的不满。爱卿远道而来进奉贡品，足以表达忠诚勤勉，努力事奉旧日君主，应该一切如故。这样的话，对于爱卿来说可以加深始终如一的情义，对于朕来说可以尽到安抚四方的义务，希望你通情达理，体谅明白朕的心意。"

> 唐清源节度使留从效遣使入贡，请置进奏院于京师，直隶中朝。戊寅，诏报以"江南近服，方务绥怀，卿久奉金陵，未可改图。若置邸上都，与彼抗衡，受而有之，罪在于朕。卿远修职贡，足表忠勤，勉事旧君，且宜如故。如此，则于卿笃始终之义，于朕尽柔远之宜，惟乃通方，谅达予意。"[1]

留从效的使臣，拿着周世宗的诏书回去了。留从效至此不敢再表示进京。可半年之后，赵匡胤在陈桥驿发动兵变，留从效又动了进京为官的想法，向赵匡胤上书，却依然被赵匡胤拒绝了。

时隔不久，南唐国主李璟也派遣他的儿子纪国公李从善与钟谟一道入朝进贡，探听周世宗的病情，也探听后周对南唐的态度。周世宗尽管生病在身，但依然接见了南唐的使节。

周世宗试探性地问钟谟："这段时间，江南也在操练军队进行备战吗？"钟谟不知道周世宗这么问到底是什么意思，他猜想周世宗这么问，是不放心南唐，害怕南唐趁周世宗北征时，想要反叛自立。当下钟谟便对周世宗说："我们既然已经向周称臣，绝不敢私自操练军士。"周世宗对钟谟说："不对，昔日周与江南是

1《资治通鉴》卷第二百九十四。

仇敌，今日已成一家，我朝同你们国家的名分大义已经确定，保证没有其他变故；然而人生难以预料，至于后世，则事情更不可知晓。回去对你家君主说，可以趁着朕在的时候加固城郭，修缮武器，据守要塞，为子孙后代着想。"听到周世宗这么说，钟谟长长舒了一口气，并表示一定将周世宗的话带给江南国主李璟。后来，钟谟回到江南便将世宗的话禀告了李璟。李璟便命人修建金陵城墙，补充军士。

> 唐主遣其子纪公从善与钟谟俱入贡，上问谟曰："江南亦治兵，修守备乎？"对曰："既臣事大国，不敢复尔。"上曰："不然，向时则为仇敌，今日则为一家，吾与汝国大义已定，保无它虞。然人生难期，至于后世，则事不可知。归语汝主：可及吾时完城郭，缮甲兵，据守要害，为子孙计。"谟归，以告唐主。唐主乃城金陵，凡诸州城之不完者茸之，戍兵少者益之。[1]

当然，这也为赵匡胤后来收编南唐，留下了难题。重新维修后的南唐城墙，比原来坚固了许多，兵力也比原来强。

这次会见，周世宗竭尽全力表现出一副身体并无大碍的样子，让钟谟和李从善猜不透周世宗的意思。同时，为了稳固江南那些地方势力，又给了江南进奉使李从善、两浙进奉使吴延福一些物质上的赏赐，安抚他们好好为后周效力。

> 赐江南进奉使李从善钱二万贯，绢二万匹，银一万两；赐两浙进奉使吴延福钱三千贯，绢五千匹，银器三千两。[2]

又过了两天，晋州节度使杨廷璋上奏说，他在进入河东地界后，充分运用了内部瓦解方式，派自己人渗透到那些河东市镇里面，招降了城堡营寨十三座，周世宗甚喜。

1《资治通鉴》卷第二百九十四。
2《旧五代史》卷一百一十九。

辛巳，建雄节度使杨廷璋奏击北汉，降堡寨一十三。[1]

···········

这些事，事无巨细地被汇报到了周世宗面前，也损耗着周世宗的生命。周世宗的身体已禁不住这样的折腾，他应该放下所有的国政，安心休养，尚可减轻痛苦，身体或可好转。但是，越是到了这时候，周世宗便越对身边的人不放心，事必躬亲，这也加速了周世宗的死亡。

就在周世宗处理这些事情时，赵匡胤却躲在汴京城，等待着机会。周世宗的病情，他已经知道，也告诉了自己的那些幕僚们。赵普[2]、苗训[3]、楚昭辅[4]等人，都不断地给赵匡胤出谋划策。如果周世宗没有生病，赵匡胤会一直忠于后周，可这时候，随着周世宗的病重，他和那些武将们一样，在等待着事态的进一步发展，也在为他的将来思考。曾经的誓死效忠与如今的安排后路其实并不冲突。

6. 安排后事

这些无休无止的政事，让周世宗的身体每况愈下。周世宗的病情一天天加重，全身疼痛感折磨着他。

周世宗最终没有抗争过病魔的折磨，他的身体已经很消瘦了。饮食也比以前更少了。昔日叱咤风云的英武天子，短短不到一月时间，就被病魔折磨得不成样子，眼眶塌陷、颧骨突出。唯有胸中跳动着的心没有变。符氏看到周世宗的样子，也在悄悄抹眼泪，一个小女人，只想安安静静生活在周世宗身边。可天不假

1《资治通鉴》卷第二百九十四。
2 赵普（922—992 年），北宋开国功臣，赵匡胤的幕僚，成功策划赵匡胤发动陈桥驿兵变。
3 陈桥驿兵变的参与者。
4 陈桥驿兵变的参与者。

年，谁能阻挡得了病魔的侵蚀？

不断恶化的身体，提醒着周世宗是时候安排后事了。

死亡已经将他笼罩，这个坎儿，他似乎已经难以迈过去。壮志未酬的周世宗，与命运之神做着最后的较量。可谁能阻挡得了命运之神的左右呢？先帝郭威在弥留之际，也非常希望能多活一段时间，可以将天下捋顺，然后再放心地交给继承者，但老天没有给郭威机会。周世宗目睹了郭威的死亡，所以，他对这种命运的不公，有一种难以抵抗的委屈。

然而，再怎么委屈，周世宗已然病危。繁杂的国事，让周世宗彻夜失眠。他有诸多放心不下的事。柴宗训才七岁，在武将林立的后周王朝，七岁的柴宗训能干什么呢？想到儿子，周世宗内心有些愧疚，这么多年，他一直戎马生涯，对柴宗训的关心不够。这个孩子很小的时候母亲就去世了，一直由孩子的姨母符氏照看，想来符氏在宫中多年，却连一个合适的名分都没有得到，难能可贵的是，符氏从未向他讨要过什么，这点让他对这个小姨子非常感激。由符氏，周世宗又想起了符彦卿，这个历经五代的武将，在军队中威望很高，后周朝很难找到几个能与符彦卿一样有分量的武将了。安抚符彦卿，也是重中之重。

一个清晰的后事安排思路，已经在周世宗的脑海中形成。虽然病魔折磨着他的身体，但在这人生的最后几天里，他的头脑反而要比平时清醒得多。他要在临死之前，给儿子营造一个安稳的环境，选一些靠得住的顾命托孤大臣，在他死后，帮助儿子柴宗训稳住政局。

周世宗部署的第一步，是立符氏为皇后。此前他妻子宣懿皇后[1]符氏去世时，曾让他纳妹妹为妃，好照顾年幼的儿子。周世宗答应了符氏的要求，三年来，符氏的妹妹一直负责抚养柴宗训。他虽与这位小姨子有夫妻之名，但他常年在外，很少给她男人的安慰。现在他要死了，必须给符氏的妹妹一个明确的名分。于是，周世宗封符氏的妹妹小符氏为皇后，史称小符皇后。

---

1 周世宗的皇后，素有贤德。后来，周世宗要率兵征讨淮南，带着皇后前往，这期间皇后身染重病，回到京师后，于显德三年（956年）七月二十一日去世，终年二十六岁。

　　癸未，立皇后符氏，宣懿皇后之女弟也。[1]

　　当然，册立符氏为皇后，也是政治所需，对于自己的病，周世宗比任何人都明白。小姨子已经跟着他多年，现在必须确定皇后人选，即便他有不测，皇后亦可主持大局。

　　册封了皇后，接着就立太子，给外界释放出一种安排大事的信号。公元959年六月九日，周世宗降了一道圣旨，加封皇长子宗训为特进、左卫上将军，梁王；让另外一个儿子宗让担任燕王，领左骁卫上将军。

　　立皇子宗训为梁王，领左卫上将军，宗让为燕王，领左骁卫上将军。[2]

　　安抚天下的两件大事，被周世宗安排好了。

　　周世宗在察看群臣的情绪时，并未发现有不同的声音。也就是说，册立皇后和太子，已经得到了众人的认可。大家对周世宗的这种安排，也全盘接受了。

　　到了六月中旬，潞州李筠派人押解着俘虏张丕等进京，并上奏，祈求周世宗给一个处置办法，周世宗对李筠的做法不满意。这个李筠为了表忠心，竟然将这些俘虏押解到了汴京，周世宗无奈之余，只能下令让李筠释放了这些潞州的俘虏。

　　戊子，潞州部送所获辽州刺史张丕等二百四十五人以献，诏释之。[3]

　　周世宗那么强势，李筠都不惧怕，对周世宗的诸多安排也都阳奉阴违。周世宗身体健康时，对李筠采取了忍耐态度，但此时的李筠，是否有其他心思，不得而知，周世宗也不愿意追究。他让李筠在潞州管好自己的一亩三分地。当然，这个李筠此时还对周世宗装作认可，但当赵匡胤发动陈桥驿兵变后，他是第一个举

1《资治通鉴》卷第二百九十四。
2《资治通鉴》卷第二百九十四。
3《旧五代史》卷一百一十九。

起反抗大旗的地方节度使。

皇储和皇后都确立后，接着，周世宗开始寻找托孤大臣，也就是朝中的文臣。眼下，有几个人是必须继续使用的，比如王溥、范质。这都是他一手提拔起来的能臣，由他们辅佐宗训，最为恰当。这些人深受皇恩，理应报效朝廷。

当然，对于朝中的那些大臣们，周世宗重点起用的人还是有选择的，不可能所有人都能进入周世宗的视野里。比如周世宗很看重魏仁浦这个人，此人做事严谨，为人低调，胸怀若谷，是宰相的最佳人选。一直以来，周世宗都希望立魏仁浦为宰相。但魏仁浦有个致命的弱点——他不是科班出身。而历朝历代，位居宰相的人，无不是科考登第之人。贸然起用魏仁浦，是否会带来朝政不稳，周世宗不得而知。不管怎样，周世宗心里还是非常欣赏魏仁浦的。

不久，周世宗就召集几个重要的大臣商议托孤之臣的人选。果然，周世宗提出要让魏仁浦担任宰相时，遭到了大臣们的强烈反对。

上欲相枢密使魏仁浦，议者以仁浦不由科第，不可为相。[1]

他们反对的原因就是魏仁浦不是科举及第出身。

对于大臣们的反对，周世宗早就想好应对之策。周世宗劝解众人：自古那些帝王召文才武略大臣辅佐，也没有将科第作为第一选择的条件。有些人满腹经纶，却难献经世致用一策；有些人看似粗俗，却胸中有丘壑，有匡扶宇宙之才。听周世宗这么一说，那些大臣们就不说话了。

上曰："自古用文武才略者为辅佐，岂尽由科第邪！"[2]

周世宗的话，非常有前瞻性地指出，英雄不问出处。周世宗的话，稳住了那些想要阻止他任命魏仁浦为宰相的人。

1《资治通鉴》卷第二百九十四。
2《资治通鉴》卷第二百九十四。

不久，周世宗便对自己选中的几个大臣进行了任命。周世宗任命王溥为门下侍郎，范质为参知枢密院事。而让自己一直看好的魏仁浦担任中书侍郎、同平章事，还兼任枢密使。

> 己丑，加王溥门下侍郎，与范质皆参知枢密院事。以仁浦为中书侍郎、同平章事，枢密使如故。[1]

魏仁浦、王溥、范质这三个人作为托孤大臣，执掌着整个后周的国家走向。他们也将在不久之后赵匡胤发动政变时，产生一定的作用。

魏仁浦担任宰相之后，深知自己出身的影响，虽然掌握着宰相大权，为人处世却都很谦虚谨慎。他在处理公事上，不偏不倚，在宰相职位上，如履薄冰。

此后，周世宗因为病症，以及预感自己将不久于人世，性情大变，但凡遇到那些不同意自己安排的大臣，周世宗总是会举起屠刀，动辄就要杀人。往往这时候，都是魏仁浦出面，将罪责揽在自己身上，保住了那些触怒周世宗的大臣。后来，有好事者统计，从魏仁浦担任宰相到周世宗去世不到一个月的时间，魏仁浦竟然保住了十多人，使他们免于周世宗的屠刀。一时间，魏仁浦的美好品德，得到了大家的一致认可。

> 仁浦虽处权要而能谦谨，上性严急，近职有忤旨者，仁浦多引罪归己以救之，所全活什七八。故虽起刀笔吏，致位宰相，时人不以为忝。[2]

且说周世宗选定了托孤文臣后，对那些武将们也进行了调整，将一些武将从原来任职地调往他处。比如，周世宗对永兴军和凤翔两个重要的地方守将进行了调整。周世宗又让吴延祚为枢密使，行左骁卫上将军。对张永德的处理，是让他

1《资治通鉴》卷第二百九十四。
2《资治通鉴》卷第二百九十四。

担任侍卫亲军副都指挥使，并挂宰相"同平章事"。让另一个侍卫亲军都虞候韩通也挂宰相。

> 丁亥，以前青州节度使李洪义为永兴军节度使，永兴军节度使王彦超移镇凤翔。……以宣徽南院使吴延祚为枢密使，行左骁卫上将军。[1]

不久，周世宗又对枢密使等岗位的人选进行了调整。

> 辛卯，以宣徽北院使、判开封事昝居润为左领军上将军，充宣徽南院使；以三司使、左领卫大将军张美为左监门卫上将军，充宣徽北院使，判三司。[2]

经过一系列的人事调整，周世宗基本上对整个后周的高层领导都进行了大换血，以达到群臣相互之间不会形成朋党的目的。

如此，后事基本安排到位。

7. 选定殿前都点检

最后，只剩下了殿前都点检的职位。

自从罢免张永德以后，这个位置就一直空着。周世宗比任何人都清楚殿前都点检这个职位的重要性。因此，选这个岗位的继任者，一定要慎之又慎，之前张永德还是亲戚，都有做天子的意思（其实是被人陷害）。周世宗和任何一个临死之前的帝王一样——多疑，不相信身边的任何一个人。

而此时，现实需要他确定殿前都点检的人选。这便难住了周世宗，毕竟这么

1《旧五代史》卷一百一十九。
2《旧五代史》卷一百一十九。

重要的岗位，一旦选错，后果将不堪设想。五代以来的乱局，将会再一次上演。

可不选也不行，一旦他撒手人寰，政局会更乱。他必须选出一个可以担任此职，并能够稳住大局的人。韩通掌管侍卫亲军司，是响当当的大人物，可以颠覆国家的禁军长官。选出殿前都点检，也就是为了制衡韩通，让殿前都点检和侍卫亲军司之间形成一种相互制衡的格局，谁也别想着叛乱。

李重进是皇亲国戚，最有资格担任这一职务。可"点检作"那块木板，到底出自谁人之手，周世宗也是有怀疑的。李重进看似皇亲国戚，其实与柴家一点关系都没有，他们不过都是郭威的亲戚而已。历史上为了皇位之争，即便是至亲，亦能举起屠刀。一旦让李重进担任殿前都点检，万一他举兵自立，将没有人能抵抗得了李重进的势力，比如，高平之战足以说明李重进的勇猛。所以，让李重进担任殿前都点检很显然不合适。非但不合适，还得提防着李重进，若李重进依靠旧部，为自己谋取政治利益，没有人能遏止他。

那么在中央禁军的高级将领之中，殿前都点检的备用人选，就只剩下慕容延钊和赵匡胤等少数几个人了。

可慕容延钊与赵匡胤到底该用谁，难住了周世宗。这两个人，都是他一手提拔起来的。周世宗对他们是熟悉的，可正因为这种熟悉，周世宗才有隐隐的担忧。赵匡胤是禁军出身，有一身好武艺，为人正直，也对他忠心耿耿，而且赵匡胤本人在中央禁军中威望很高。这支叫作殿前军的队伍，正是出自赵匡胤之手。

"点检作"木板事件，总是在周世宗眼前晃动着。这块木板让周世宗想到了李重进，也想到了赵匡胤。可这只是一种直觉，没有任何依据，若此事是赵匡胤所为，那么在他罢免了张永德的军权后，赵匡胤完全可以争取这个职位，但赵匡胤没有提，继续做着他的节度使，对周世宗的每一个指令，都能很好地完成。周世宗完全看不到赵匡胤身上有反叛的意思，赵匡胤留给周世宗的印象，永远是一副唯命是从的样子。可这反而让周世宗不安，赵匡胤跟着他南征北战好几年，赵匡胤个人的能力，绝不比周世宗差。

难道赵匡胤一直在刻意隐忍？周世宗不敢往下想了，因为此刻，他觉得，除了赵匡胤，没有人更适合坐殿前都点检的位子。其一，赵匡胤是他一手提拔起来的，赵匡胤对他怀有知遇之恩，报答他的知遇之恩，应该是赵匡胤此生活着的目的。其二，赵匡胤为人正派，不如那些武将们心眼多，做人也厚道，这样的人是不会轻易去反叛的，只要柴宗训不学刘承祐，赵匡胤就不会反周。其三，还有韩通、李重进等人，也握有兵权，只要赵匡胤有不轨之象，他们便可以立即剿灭赵匡胤。

做出这样的决定太艰难了，在周世宗戎马一生的政治生涯中，没有任何事情，让他这样纠结过。即便是选宰相的时候，也是他直接任命魏仁浦，并未听取那些大臣反对的意见，可在殿前都点检的人选上，周世宗迟迟不能下决定。周世宗非常清楚，这个决定一旦做出，由此带来的所有结果，都没办法想象。可是身体在痉挛着，死神也即将来临。即便是再艰难，他也得做出决定。

基于这一系列的考虑，周世宗决定起用赵匡胤，毕竟赵匡胤这个人就是一把双刃剑，用好用坏，全在个人手里握着，伤人伤己，也全凭自己握剑的方向和力度。最后，周世宗觉得，应该赌一把。只要他善待赵匡胤，赵匡胤断不敢起兵反周。

就在周世宗决定起用赵匡胤时，有大臣上书，说某处有一江湖术士，道行深，善做法事，有驱鬼辟邪之功能。周世宗对方术也非常痴迷，他曾经让自己的得力手下王朴钻研方术，给他做事提供参考。当时王朴安慰周世宗说，他还可以再活三十年，周世宗听了之后是非常高兴的。现在看来，王朴也是欺君罔上之人，若不是他早亡，周世宗便可以治他的欺君之罪。

> 世宗志在四方，常恐运祚速而功业不就，以王朴精究术数，一旦从容问之曰："朕当得几年？"对曰："陛下用心以苍生为念，天高听卑，自当蒙福。臣固陋，辄以所学推之，三十年后非所知也。"世宗喜曰："若如卿言，寡人当以十年开拓天下，十年养百姓，十年致太平足矣。"[1]

周世宗听罢，便生了病重乱投医的想法，将此江湖术士请进宫，要求搞一个

---

[1]《旧五代史》卷一百一十九引《五代史补》。

祭祀活动，想延续自己的生命。

此时，这个江湖术士称，将有方脸大耳之人代周自立。这一说，马上引起了周世宗的警觉，如今他病入膏肓，便有人想自立。周世宗不问青红皂白，找出了那些朝廷中方脸大耳之人，悉数诛杀。

一时间，诛杀方脸大耳的消息在官场中疯传，许多脸面比较宽大的人，则日日提心吊胆。这些方脸大耳之人当中，唯有一个人，处变不惊，等待着即将到来的暴风雨，他便是赵匡胤。自从入伍以来，赵匡胤便以方脸大耳的形象著称，这时候，朝廷诛杀方脸大耳之人，明显是针对赵匡胤的。周世宗非常熟悉赵匡胤的面容，自然知道赵匡胤也是方脸大耳之人，可周世宗竟然没有诛杀赵匡胤。

至于周世宗为何没有诛杀赵匡胤，已经很难找到史籍资料佐证。就《宋史》里的简单记载来分析，有夸大成分。赵匡胤在建立宋王朝之后，对众人称，帝王自有天命，而他就是那个天命之人，所以周世宗没有杀他。

> 帝王之兴，自有天命，周世宗见诸将方面大耳者皆杀之，我终日侍侧，不能害也。[1]

这种说法非常勉强。按照周世宗当时的神志来说，诛杀赵匡胤也并非不可能。至于赵匡胤是如何操作的，史籍中并无记载，后人也不便猜测。但只有一个结论，那便是一直以来，赵匡胤都深得周世宗的信赖，故而没有被杀。

弥留之际，周世宗已经选定赵匡胤为殿前都点检了。

不久，周世宗便将赵匡胤宣进宫，在病榻前和赵匡胤进行了一次畅谈。周世宗说起了从他到澶州时，赵匡胤就跟着他打天下的情景。其实这时候，赵匡胤已经猜到了周世宗的目的。周世宗说他死去之后，后周的天下将面临着主少国疑的局面。周世宗问赵匡胤的意见，赵匡胤表示，陛下对他有知遇之恩，将他提拔为禁军高级将领，为了后周，他万死不辞。

周世宗又学了刘备当年托孤时的一招，表示儿子能辅佐，就请赵匡胤好好辅

---

[1]《宋史》卷一。

佐，如果不能辅佐，赵匡胤可以自立为帝。听闻周世宗这一说，赵匡胤当时就跪倒在地，表示披肝沥胆，万死不辞，保证后周大业永久昌盛。

得到了赵匡胤的保证，周世宗放心了。

如今，整个后周的文臣武将，周世宗均已经安排妥当，即便撒手人寰，也可以安然闭目了。儿子宗训有这些他亲自选的人来保护，后周国家可能会有小动荡，但一定不会被人颠覆。

可周世宗忽略了重要的一点，按照史籍资料记载，后周的殿前军是赵匡胤一手培养起来的。一旦赵匡胤得势，其实力远非韩通、李重进之流可比。

冥冥之中，历史似乎将重整山河的重任压在了赵匡胤身上。他将作为开启宋朝三百余年太平的人，在历史上留下浓墨重彩的一笔。

第二章

有预谋的开始

何甚乎郑伯？甚郑伯之处心积虑成于杀也。

——《榖梁传·隐公元年》

1. 主动到归德军任职

安排好了所有的后事，周世宗终于有些撑不住了，仿佛压缩的弹簧忽然断了。

公元九五九年六月十九日，周世宗身体出现了强烈不适，御医们进进出出。那些顾命大臣们，也都在焦急地等待着御医最后的努力。整个皇宫中，所有人的脚步都是匆忙的。大家都在尽着最大力，挽救周世宗的生命。不过大家都清楚，这次忙碌只是尽人事知天命罢了。

周世宗病情加剧恶化，他挣扎着，命人召见了王溥、范质等人，给他们宣布顾命任务。

癸巳，大渐，召范质等入受顾命。[1]

1《资治通鉴》卷第二百九十四。

这算是最后一件事了，这几个人是他亲自选的顾命大臣，因此才把对他们的任命留在了最后。

王溥、范质等人早就在宫外候着，尽管他们的任命文件还没有颁布，但他们已然是后周颇有实权的重臣了。

此刻，皇帝召见他们，一定会给他们交代最后的事情。王溥、范质等人火速赶到了周世宗的病榻前跪倒，嘴里言不由衷地说着"希望官家尽快好起来"的话。

周世宗强忍着疼痛，对眼前的几人说："王著是朕早年在藩镇府第的老人，朕若一病不起，应当起用他为宰相。"

上曰："王著藩邸故人，朕若不起，当相之。"[1]

王溥、范质等人面对着周世宗的殷切眼神和话语里的不舍，他们只能先答应周世宗。他们向一个即将离开人世的皇帝，说了最后一次谎话。

为何说王溥、范质等人对周世宗说了谎话呢？因为此时王溥、范质等人有自己的打算。尤其是范质这个人一向以强势著称，他觉得王著人品有问题，终日醉生梦死，不问朝政，根本不是宰相的最佳人选。周世宗竟然不顾他们的感受，让这样的人担任宰相，这将置他们于何地？

王溥、范质等人出了皇宫后，范质对和他同行的人说出了自己的顾虑，还与这些人相互串供说，周世宗虽然这样交代了，但只要他们不将这个消息泄露出去，便谁也不知道。

质等出，相谓曰："著终日游醉乡，岂堪为相！慎勿泄此言。"[2]

---

1 《资治通鉴》卷第二百九十四。
2 《资治通鉴》卷第二百九十四。

不久，便从内廷传来消息，周世宗病危，符皇后请几位大臣到内廷议事。几位大臣屁股都没坐热，便火速赶往皇宫。此时的周世宗，已然病入膏肓，气若游丝，不能言语。但周世宗似乎还有许多事情要交代，他有很多的事放心不下，他挣扎着要表达内心的想法，却已经无法说出口了。

公元九五九年六月十九日，成为后周最灰暗的日子，正是这一天，周世宗驾崩，时年三十九岁。正是开创事业的年纪，老天却过早地收去了他的生命。周世宗带着遗憾走了，他一统天下的愿望，终结在了公元九五九年六月十九日这天。

> 癸巳，帝崩于万岁殿，圣寿三十九。[1]

皇宫各处，已经跪倒一大片，到处都是哭泣之声。有宦官大喊"大行皇帝驾崩了……"，这声音震颤着后周皇宫的每一根房梁、每一个柱子、每一座亭台楼阁……整个皇宫瞬间沉浸在一种悲痛当中，尽管很多人都已经预料到这个结果，可当这个结果到来时，大家还是慌乱了。

几位宰相则坐镇指挥，动员所有人准备周世宗的丧葬事宜和新皇柴宗训的登基事宜。这两件事都须立即执行，不能有丝毫的差池。尤其登基事宜更是重中之重，不能有丝毫闪失。国不可一日无君，哪怕这个君只是个七岁的小孩子，也应该将他扶上位，坐镇国家权力中心。

按照周世宗的遗愿，长子柴宗训即位成为迫在眉睫之事，只有立起来皇帝这个权力象征，其他的事情才能顺利进行。于是，在六月二十日这天，由小符皇后召集群臣商议柴宗训继位之事。王溥、魏仁浦、范质等文臣首先到了内殿，一切安排妥当之后，命人将有资格面见小皇帝的人都召集在大殿。

小符皇后让宦官当着大臣的面宣读了遗诏，申明柴宗训继承大统。随即，梁王宗训在周世宗灵柩前即皇帝位，是为恭帝。满朝文武跪倒一大片，向新皇帝行礼。恭帝继位之后，国家一切都按照周世宗在世时制定的制度运转。

1《旧五代史》卷一百一十九。

甲午，宣遗制，梁王于枢前即皇帝位，服纪月日，一依旧制。[1]

新皇帝即位后，按照旧制，朝廷制定了诏书，向天下人宣布周世宗去世的消息。此消息一出，举国哀悼。

紧接着就是一个月的守制，为周世宗服丧。文武大臣所做的事，便是披麻戴孝，守在周世宗的灵柩前，陪着周世宗的英灵。这时，还专门成立了一个负责周世宗丧葬事宜的领导小组，由几位主要的大臣担任负责人。

癸卯，范质为大行皇帝山陵使，翰林学士窦俨为礼仪使，兵部尚书张昭为卤簿使，御史中丞边归谠为仪仗使，宣徽南院使、判开封府事昝居润为桥道顿递使。[2]

国家机器在三位宰相的运筹帷幄中运转正常。不过鉴于目前新皇登基根基不稳，加上对武将们的忌惮，几位宰相已经在着手准备将朝中武将调往外边。

到了七月十九日，周世宗过了大祥，一切的人事调动也都开始启动。柴宗训作为皇帝，在几位顾命大臣的帮助下，对后周的几个高级武将的任命进行了调整。朝廷命侍卫亲军都指挥使李重进兼领淮南节度使[3]，副都指挥使韩通兼领天平节度使[4]，赵匡胤兼领归德节度使。任命山南东道节度使、同平章事向拱为西京留守。将他们都安置在朝廷外面，以防发动政变。

秋，七月，壬戌，以侍卫亲军都指挥使李重进领淮南节度使，副都指挥使韩通领天平节度使，太祖皇帝领归德节度使。以山南东道节度使、同平

1《旧五代史》卷一百一十九。

2《新五代史》卷十二。

3 唐朝时期淮南道的行政长官。淮南节度使长期管辖扬州、楚州、滁州、和州、庐州、寿州、舒州，这些地方相当于今江苏、安徽长江以北、淮河以南的地区。

4 唐朝藩镇节度使。唐元和十四年分淄青节度使置郓、曹、濮三州节度，赐号天平军，治郓州，在今山东东平西北十五里，中和初朱瑄占有其地，后并于朱全忠，宋亦置天平军节度使。

章事向拱为西京留守。庚申，加拱兼侍中。拱，即向训也，避恭帝名改焉。[1]

这份武将人员安置计划是几位宰相群策群力的结果，赵匡胤、韩通、李重进等人，自然知晓其中的曲折。只是，这种由宰相操作，皇帝盖大印的诏书，任何人都不可违背，否则欺君之罪就会扣在头上，让人无可辩驳。

赵匡胤身边的智囊团们，则不断给赵匡胤建议，让他离开汴京。如今的汴京，聚集着天下所有的不稳定因素，离开汴京是最好的避难。赵匡胤听从了智囊团的建议。

其实，赵匡胤本是殿前都点检——中央禁军殿前司的最高领导，完全可以在中央任职。但现在皇帝将他安置在了归德军，他就得去那里上任。当然，这种上任必须是心甘情愿的，不能带有个人情绪的，否则朝廷一旦察觉赵匡胤有不满情绪，他的职位可能会因此不保。且到地方任职，还不能带家人，必须将家里人留在汴京，生活在皇帝的眼皮底下，如此，朝廷才会对武将们放心。

对此，赵匡胤非常理解，在朝廷宣布他担任归德军节度使之后，赵匡胤便给朝廷上了一份奏折，表示他将尽快到归德军去任职。刚刚继位的柴宗训根本不懂这些，一切事宜都由三位宰相处理。小符皇后才二十多岁，对很多政事不懂，也只能求教于三位宰相。宰相说如何做，小符皇后便让人颁布懿旨。

此时，赵匡胤既然拥护朝廷的决定，就能看出赵匡胤没有拥兵自重的意思。三位宰相商议了一番后，准许赵匡胤立即到归德军任职的请求，还夸赞赵匡胤顾大局，是朝廷难得的将才。

不久，赵匡胤离开了汴京，同时带走的还有他的智囊团成员如赵普、楚昭辅、王仁赡[2]等人。这些人，都将在接下来的半年内，为赵匡胤发动兵变精心策划。

看赵匡胤赴任了，韩通和李重进自然也坐不住了。比起赵匡胤，韩通和李重进都更资深一些，如今，赵匡胤带头去地方任职，他们若还无动于衷，朝廷会怎

1《资治通鉴》卷第二百九十四。

2《宋史》卷二百五十七：少倜傥，不事生产，委质刺史刘词。词迁永兴节度，署为牙校。词将卒，遗表荐仁赡材可用。太祖素知其名，请于世宗，以隶帐下。

么想? 不久，包括韩通、李重进等被外调的大将们，都到各自属地去上任了。

朝廷将这些手握重兵的节度使都打发走了以后，宰相们觉得朝廷安宁了，便开始给小皇帝柴宗训出一些主意，颁布一些有利于黎民百姓的大策，赢得天下对柴宗训的认可。比如，不久之后，朝廷就大赦天下，让老百姓真正感受皇恩浩荡。

这些收买人心的举动，得到了全国百姓的热烈拥护。其实换不换皇帝，对于老百姓而言并没有什么影响，他们重视的只是自己的那点点小利益不被朝廷剥夺。大赦之后，一些犯轻罪者，都回到了家，那些曾经的作奸犯科者，也有了重新做人的机会。再之后，在三位宰相的帮助下，小皇帝开始驾驭着国家机器，慢慢上了轨道。一切看起来运转缓慢，但一切总归动起来了。

不久，赵匡胤便到了归德军。开始了自己隐忍的节度使生活。此时，赵匡胤身边的智囊团们，开始不断地在赵匡胤耳边吹风，鼓动赵匡胤发动兵变。赵匡胤脑海中也闪过这种冒险的念头，但对于兵变这件事，赵匡胤还不敢有太多的想法。每当谋士们给他建议这些事情时，赵匡胤总是以周世宗对他有知遇之恩而拒绝谈论。但这些谋士们的建议，已然开始在赵匡胤心中泛起涟漪。

那些谋士们说得非常有道理。一个七岁的皇帝，如何让天下信服? 尽管此前周世宗进行的许多制度改革，极大地推动了历史发展的进程，即将结束自中唐以来两百多年的割据动荡局面，结束那个兵祸连年、饿殍遍地、满目疮痍的乱世。可周世宗的离世，让后周又陷入了一种危机四伏的状态中。孤儿寡母，主少国疑，让这些手握重兵的节度使们虎视眈眈，朝廷再次陷入危局当中。

赵匡胤可能有意代之，但依然有顾虑。这一步一旦迈出去，就没办法收回了。一旦失败，就是谋逆大罪，会祸及家族。

然而，在柴宗训继位的这半年内，尽管国家没有发生大规模的不稳定事件，但这并不意味着就没有意图取而代之的力量在酝酿。周世宗死后，后周会经历怎样的政治变革，谁也不敢妄下结论。

这时，看似平静的后周王朝，正在酝酿着一场大变动。

在这场大动荡中，每个身处其中的人，都注定了不可能置身事外。而赵匡胤则将成为这场大变动的推动者，因为他看到了主少国疑的危险，看到了五代以来乱象丛生的警示。史籍资料记载，这一时期，谣言四起，其实并不准确，只是那些颠覆后周王朝的各种力量，开始在不为人知的地方聚集、成型，等待着爆发。原来那个一心要报效后周的赵匡胤，自然也看到了这些影响后周政权的力量，因此他自己也是这些力量当中的一支。

这时候的后周王朝，已经很难形成周世宗时代的团结局面了。赵匡胤的忠心发生了变化，他开始为自己的将来考虑。

当然，他还有深埋心中多年的远大理想，就是还天下一个太平，结束自五代以来中国社会五十几年混乱的悲惨局面。如果柴宗训不是小孩子，是个雄主，赵匡胤可能会继续忠心耿耿，一辈子侍奉后周。但事与愿违，这个七岁的孩子根本不知道天下的秘密。时代将他推到了最前沿，赵匡胤会付诸怎样的行动呢？

2. 加官晋爵

赵匡胤效忠后周的心理发生了微妙变化，他有意代之的想法在一帮臣僚的怂恿下，越来越不受控制。但是，想要取代后周自立并不是件简单的事情，至少眼下赵匡胤还做不了。他连回到京城的机会都没有，只能在归德等待时机。

那么，此时的朝廷内部正在经历着什么呢？

其实，周恭帝六月二十即位以来，除了搞了一场大赦天下的举动，下半年并未做出什么可以载入史册的事。

这一点也能理解。其一，周恭帝年幼，不懂朝政，符太后年轻，对诸多政事也一知半解，这时候整个后周大政，基本都由王溥、范质、魏仁浦三位宰相操持。这三个人久经官场磨炼，对于政事处置手到擒来，他们只是沿着周世宗制定的大政方针走，因此，国家机器也在正常运转。

所以，公元959年的下半年，便没有多少事情发生。其实也没有多么重要的事情来做，大臣们能做的就是盼着周恭帝尽快长大，尽快接手后周的一大摊子家业。让一个七岁的孩子尽快成长起来，需要时间，也需要成长环境。不过，后周的国情会允许周恭帝慢慢成长吗？

主少国疑的阴影笼罩着后周皇室。赵匡胤派人到处调查全国的情况，收集着各种消息。

即便这样，三位托孤大臣还是竭尽全力地悉心教导着周恭帝。这个七岁的小皇帝怎么也不明白，三位宰相的进进出出意味着什么。不过他也明白自己的处境，一切大事就得按照这三个老头儿说的做。

在三位宰相眼中，国家虽然有些不稳定的因素存在，但好歹周恭帝继位了。这第一个过渡，尽管艰难，却也算是迈出去了这一步。周恭帝在宰职群体的帮助下，开始和大臣们一起开展为期一个月的守制工作。

周恭帝非常听从符太后的话，尽管符太后不是他的生母，可符太后养育了他。周恭帝对他生母的印象非常模糊，反而对符太后有种难以割舍的母子之情。这样一来，小皇帝便唯符太后命是从，而符太后又非常倚重三位宰相。因此，小皇帝也就对这三个老头儿的教诲言听计从。

这一时期，后周的大臣们在宰相的带领下，披麻戴孝，为周世宗守制。所有人都表现得极为恭敬，所有人都在尽心尽力地陪大行皇帝最后一程。

最终，宰职们决定集中守制一个月，然后让各位大臣都各归其位，以保证国家机器正常运转。

一个月的守制结束后，七岁的周恭帝在一帮托孤大臣的操作下，开始了他的执政生活。符太后听政，小皇帝只是按照符太后的意思，不断地肯定或者否定某些事。

所以，公元959年的下半年，在《资治通鉴》《旧五代史》《新五代史》《宋史》等史籍资料中能找到后周的记事不多。

但有几件事，还是做了记载。

第一件事便是维持稳定。这是每一个刚刚接替皇位的人必须做的事。不管是能力超群的成年皇帝，还是幼小不懂事的皇帝，都需要这么做。如此方可收拢人心，稳固大局。一切稳定了，才能谈发展。这时候不是开疆拓土之时，而是要保持国家稳定。如此，百姓才能安居乐业，社会各行各业才能自行其是。

维稳是三位顾命宰相教给年幼皇帝做的第一件事。而维稳的前提是稳住人，社会中所有的不稳定因素都是由人引起的，故而赏赐大臣成了维稳的第一要素。满朝文武，一个不落地奖赏，该加官晋爵就加官晋爵，该物质赏赐的就物质赏赐，决不吝惜官和钱。尽管有些人根本没有功勋，但赏赐还是少不了。尤其是对那些武将们，不能吝惜钱财，要让他们对后周忠心耿耿，钱财和官职都是最好的礼遇，非如此，可能会造成某些动乱的局面。

三位宰相学着先帝继位时的旧制，拟订了一个安抚重臣的方案，征求符太后与小皇帝的意见。符太后对此不懂，全权由三位宰相负责，所谓给皇帝和太后提供的赏赐方案，不过是让一切更合乎祖宗之法罢了。

方案获得许可后，三位宰相开始准备加封和赏赐工作。这对他们来说，已经是轻车熟路。尽管之前，他们从未主持过此事，可这些事情早有祖制，他们只是按照先人的路子操作罢了。

于是，公元九五九年七月，加官晋爵和赏赐之事在三位宰相的操作下开始了。朝廷首先对武将们进行了加官晋爵。其中有赵匡胤、李重进、韩通、张令铎、高怀德等人。此举也能看出三位顾命大臣的高瞻远瞩，他们把武将安抚工作放在了第一位，也是为了给国家营造和平稳定的环境，以防五代以来武将谋逆的事情发生。

到了七月底，天气骤变。全国不少地方突降大暴雨，河水暴涨，洪灾严重，受灾面积大，受灾人口多，一些地方老百姓的房子被洪水卷走了。

> 是月，诸道相继奏，大雨，所在川渠涨溢，漂溺庐舍，损害苗稼。[1]

三位宰相马上组织人员进行抢险救灾工作。好在暴雨并没有持续下去。受灾百姓也都得到了安置。这样一来，其他大臣的安置工作，向后推迟了一些时日。

到了八月份，加官晋爵、赏赐大臣之事延续。毕竟七月份只是对重要武将们进行了赏赐和加官晋爵，朝中文臣们也同样需要安抚，如此，整个国家才能安定下来。

1《旧五代史》卷一百二十。

这次几乎能叫上名的人，都被朝廷提拔或者赏赐了。即便是吴越王钱俶，也被后周赏赐了。

> 庚辰，天下兵马都元帅、守尚书令、兼中书令、吴越国王钱俶加食邑一千户，实封四百户，改赐功臣。[1]

赏赐钱俶，其实是为了稳定南方吴越地区。吴越地区在周世宗时，就表现出了要归附周世宗的意向。周世宗南下攻打南唐时，吴越钱俶就出兵五万，配合周世宗来完成对南唐的夹击。此时，安抚钱俶，也是外交的一种策略，尽管吴越小地不足以引起朝廷的重视，可吴越若联合北汉、南唐等地，对后周的边境进行骚扰，势必会将后周继续卷入战争旋涡。到那时，契丹再从北面威胁，整个后周便陷入腹背受敌的境地当中。

所以，赏赐吴越钱俶，非常符合当时后周的国情。即便再不情愿，只要将其纳入盟友的行列当中，就少了一个潜在的敌人。

三位宰相继续赏赐和加封朝中的大臣们。接下来，就轮到了符彦卿。

这个符彦卿就是符太后的父亲，周恭帝的外公。在后周一朝，没有人比符彦卿更德高望重了。况且，此时的符彦卿还是天雄军节度使，镇守着后周北面的大门。半年前周世宗亲征契丹，在收复了瓦桥关、益津关等地后，对这些地方进行了更名改制，瓦桥关改名雄州。这一次，三位宰相将符彦卿提拔成了检校太师、中书令，还封符彦卿为后周的魏王。

> 天雄军节度使、检校太师、守太傅兼中书令、魏王符彦卿加守太尉。[2]

让符彦卿继续担任天雄军节度使，自然是为了提防契丹突然率兵南下。在与契丹不断交战的过程中，符彦卿曾经出力最多，对契丹人非常熟悉。

1《旧五代史》卷一百二十。
2《旧五代史》卷一百二十。

除了契丹铁骑，党项人也逐渐成了威胁中原安宁的一个重要因素。在夏州等地居住的党项人，出于对周世宗的惧怕，一直与后周关系非常微妙。此刻的党项人心怀不轨，想在后周主少国疑的气氛中分一杯羹。所以对后周来说，笼络住党项人，也是重中之重。

为了搞好与党项人的关系，后周对党项人的首领李彝兴进行了安抚。给了李彝兴和符彦卿差不多的职务。这样一来，李彝兴便不会带领党项人四处生事。

夏州节度使、检校太师、守太保、兼中书令、西平王李彝兴加授太傅。[1]

安抚了吴越钱俶、党项李彝兴以及符彦卿之后，后周还对荆南地区的统治者高保融也进行了赏赐和加封。

荆南节度使、检校太师、守中书令、南平王高保融加守太保。[2]

以此可以看出，三位宰相安抚邻国、巩固边境的高超手段。不管是夏州、吴越还是荆南，都远离后周政治中心。周世宗在位时，这些地方惧于周世宗，表示愿意归附。可如今周世宗去世，他们是否会如以前一样愿意归附，诚心当周恭帝的臣子，就不得而知了。所以，他们也是影响整个后周稳定的因素。

安抚了这些人，还有那些七月份没有加官的文武大臣，也都一并进行了加官晋爵。最后，三位宰相的加官晋爵也被提上了议程。

秦州节度使、西面沿边都部署、检校太师、守中书令、褒国公王景进封凉国公，徐州节度使、检校太师、兼中书令郭从义加开府仪同三司，鄜州节度使、检校太师、兼中书令、邢国公武行德进封宋国公，永兴军节度使、检校太师、兼侍中李洪义加开府仪同三司，凤翔节度使、检校太尉、兼

1《旧五代史》卷一百二十。
2《旧五代史》卷一百二十。

侍中郭崇加检校太师，潞州节度使、检校太傅、兼侍中李筠加检校太尉，朗州节度使、检校太尉、兼侍中周行逢加检校太师。甲申，寿州节度使、检校太师、同平章事、韩国公杨信封鲁国公；邠州节度使、检校太师刘重进，庐州节度使、检校太尉赵赞，邓州节度使、检校太尉宋延渥，并加开府仪同三司；泾州节度使、检校太尉白重赞，河中节度使、检校太尉张铎，并加阶爵。丙戌，易定节度使孙行友、灵州节度使冯继业、府州节度使折德扆，并自检校太保加检校太傅，进阶爵，以延州留后、检校太傅李万全为延州节度使，进封开国公。庚寅，皇弟特进检校太保、左骁卫上将军、燕国公、食邑三千户宗让加检校太傅，进封曹王，改名熙让；熙谨可光禄大夫、检校太保、右武卫大将军，封纪王，食邑三千户；皇弟熙诲可金紫光禄大夫、检校司徒、左领卫大将军，封蕲王，食邑三千户。制下，即令所司择日备礼册命。以晋国长公主张氏为晋国大长公主；以前陕州节度使、检校太尉药元福为曹州节度使，进阶爵。甲午，守司徒、同平章事、弘文馆大学士、参知枢密院事范质加开府仪同三司，进封萧国公；门下侍郎兼礼部尚书、同平章事、监修国史、参知枢密院事王溥加右仆射，进封开国公；枢密使、中书侍郎、同平章事、集贤殿大学士魏仁浦加兼刑部尚书，依前枢密使；检校太傅、右骁卫上将军吴延祚依前枢密使，进封庆国公；以左武卫上将军史佺为左金吾上将军致仕。乙未，以陇州防御使王全赟为相州留后。戊戌，宣徽南院使、判开封府事昝居润，宣徽北院使、判三司张美，并加检校太傅。己亥，前司空李谷加开府仪同三司、赵国公，以前太傅、少卿朱渭为太仆卿致仕。[1]

这些人当中，既有三位宰相，也有各类文臣武将，还有周恭帝的弟弟柴宗让。所不同的是，这次不仅仅是为柴宗让加官晋爵，也是为柴宗让改名字。周世宗去世时，次子柴宗让封燕国公。这年八月，周恭帝便令柴宗让更名为熙让，加封其为曹王。赵匡胤发动政变之后，柴熙让不知所终。

1《旧五代史》卷一百二十。

在加官晋爵的这些人当中，有几个是必须提一下的。比如郭崇和孙行友这两个人，他们这次被提拔之后，不久便被派往关南之地驻扎，守卫后周北方门户。赵匡胤发动兵变时，战报就是这两个人从前方传来的。还有几个人也受到了朝廷的恩惠，他们是慕容延钊、高怀德、韩令坤、石守信、王审琦等。因为这些人是武将，在周恭帝即位后，他们的岗位有些没有动，有些只是做了简单调整。

其中，慕容延钊[1]接任赵匡胤的副手职位，成为宋朝的副殿前都点检，铁骑右厢都指挥使、领果州团练使高怀德担任侍卫马军都指挥使[2]，霸州都部署韩令坤担任侍卫亲军马步军都虞候[3]，石守信早在赵匡胤被提拔为殿前都点检时，便被任命为殿前都指挥使，而王审琦则是殿前都虞候[4]。

这几个人都是赵匡胤的心腹或者好朋友。石守信和王审琦是赵匡胤"义社十兄弟"的成员。慕容延钊和赵匡胤一直在中央禁军任职，关系非常好。韩令坤也与赵匡胤相识较早，关系非同一般。张令铎后来将女儿嫁给了赵匡胤的弟弟赵光美，而高怀德后来也娶了赵匡胤的妹妹……

这些错综复杂的关系，没有引起人们的注意。毕竟赵匡胤不过是殿前都点检，他的头上还压着三位宰相。况且赵匡胤主动前往归德军任职。国家的一切都由三位宰相掌舵。这就让中央逐渐忘却了还有这么一位殿前都点检。

这段时间里，唯独一个叫袁彦的武将被赶出了中央禁军将领的队伍，到地方任职。此人在中央任职期间，与赵匡胤不睦，这也是后周大将中少有的几个与赵匡胤合不来的武将之一。既然不为赵匡胤所用，就只能被赶出中央，这也是赵匡胤排除异己的一种做法。

剩下的两个人是赵匡胤压制不住的，他们基本上与赵匡胤平级，也不是赵匡胤的好朋友。一个是李重进，另一个是韩通。这两个人，不论是背景和资历，都远胜赵匡胤。

---

1 《宋史》卷二百五十一：恭帝即位，改镇宁军节度，充殿前副都点检，复为北面行营马步军都虞候。

2 《宋史》卷二百五十：恭帝嗣位，擢为侍卫马军都指挥使、领江宁军节度，又为北面行营马军都指挥使。

3 《宋史》卷二百五十一：恭帝即位，加检校太尉、侍卫马步军都虞候。

4 《宋史》卷二百五十：恭帝即位，迁殿前都虞候、领睦州防御使。

尽管他们是同时被朝廷加封为节度使，到地方任职的，可赵匡胤在这两个人面前，显得年轻而资历不够。只是周世宗在位时，对李重进颇为忌惮，便把李重进发配到南方担任淮南节度使。韩通这个人，深得周世宗器重。周恭帝继位后，虽然也将韩通调出京城，让他在山东担任天平军节度使，但是只要京城有异样，韩通便可以随时进京。

不可否认的是，此时，除却李重进和韩通，整个后周的禁军，基本上被赵匡胤控制住了。赵匡胤不动声色地将高层领导换成自己的人，不是常人所能及的。

这不由得让人对赵匡胤的手段感到吃惊。赵匡胤虽然在归德军上任，但他对朝廷里的人事变动非常熟悉，就在这短短半年时间里，他将自己的亲信和好朋友全部都安插在了中央禁军的领导岗位上。而这些悄然的人事变动，后周的大臣们全然不察。

当然，这些事也不是说没有人察觉到。赵匡胤这种培植亲信的做法，已让一些人开始警觉。毕竟有些事，一旦做了便没办法消除掉存在过的痕迹。

其实早在周世宗时代，有个叫杨徽之的人就发现了赵匡胤在军中威望很高，他当时的职务是左拾遗，可以适当给皇帝提一提意见。他就曾提醒过周世宗，说赵匡胤这个人在军中人际关系处理得非常得当，这样的人不适宜担任禁军要职。但当时赵匡胤极力向周世宗示好，周世宗也非常喜欢赵匡胤，而且赵匡胤打仗有自己的过人之处，周世宗也非常倚重赵匡胤，他要依靠赵匡胤为自己统一全国出力。于是，周世宗就没有把杨徽之的话当一回事。

周世宗去世后，还有个叫郑起的人也发现了赵匡胤的种种举动。作为士大夫，他的目光是敏锐的。看到赵匡胤在军中的威望，他便对宰相范质说了自己的担忧。郑起甚至给范质建议，不宜让赵匡胤担任要职。但范质觉得郑起杞人忧天，也没有听。不在其位不谋其政，郑起有些僭越了。当然，这些都可以忍受，最不能忍受的是郑起仗着自己文采出众，比较狂傲，不把任何人看在眼中。范质对郑起的品性非常熟悉，这样一来，作为宰相的范质，把郑起的话也当成了耳旁风。但郑起说的话却被赵匡胤知道了。赵匡胤震惊之余，便决定将郑起排挤出朝廷，不然，郑起若在三个宰相身边，不断地给宰相们灌耳音，迟早有一天，会引起宰相们的重视。这个郑起在中央就是个麻烦，不如将其外放，远离朝廷。不久，赵匡胤使用手段，利用郑起桀骜不驯的性格，制造了一起事故，借范质之手将郑起贬黜到河西当县令。

> 初，显德末，起见太祖握禁兵，有人望，乃上书范质，极言其事。又尝遇太祖于路，横绝前导而过，太祖亦弗之怒。及延范奏至，出为河西令。[1]

第三个发现赵匡胤有反心的人，是韩通的儿子，真名不详，人称"橐驼儿"。这个橐驼儿身残志坚，他读过很多书，即使不出家门，也对天下的大事有所知晓。因为赵匡胤与韩通同为禁军长官，韩通也经常对人说起赵匡胤。橐驼儿便对赵匡胤关注起来。橐驼儿也发现赵匡胤威望很高，劝谏父亲早点将赵匡胤除掉，以免留下祸患，但韩通"寡谋"，没有理会儿子的劝诫。

> 其子颇有智略，幼病伛，人目为"橐驼儿"。见太祖有人望，常劝通早为之所，通不听。[2]

对于韩通儿子其人，赵匡胤也早就听说过，也知道这个橐驼儿对他一直持有敌意。可对于韩通，赵匡胤也非常了解。只要不对韩通造成不好的印象，橐驼儿的话，韩通是不会听从的。这也是赵匡胤没有对橐驼儿下手的原因。

总之，这一时期赵匡胤有兵变危险的苗头，并没有引起当局的注意。这就为赵匡胤的政变提供了契机。

不久之后，后周的西边守将们还对秦州（今甘肃省天水市秦州区）、凤州（今陕西省凤县）实施了一次进攻，意图拿下这些地方。不过这次进攻，也仅仅是小规模局部战役，没有持续多长时间便结束了。

> 周人之攻秦、凤也，蜀中恼惧……会周兵退而止。[3]

1《宋史》卷四百三十九。
2《宋史》卷四百八十四。
3《资治通鉴》卷第二百九十四。

3. 北方的消息

公元九五九年腊月，比任何一年都要寒冷一些。从黄河上刮来的风，抽打着汴京城的房屋、树木、河流，也钻进大街小巷，吹得锦旆摇摆不定。此时，尽管汴京城商铺林立，但行人都脚步匆匆。对于老百姓而言，腊月就已经进入了年关。这是一个没有战争的太平年，很多人已经着手准备过年的东西了。

这时候，有两个人回到了汴京。一个是韩通，一个是赵匡胤。按照周制，地方官是不能轻易进京的。但这两个人，还兼任中央禁军的领导职务，他们要在新年到来之前向枢密院述职。所以，他们进京了。

宰相们对于他们进京也习以为常，只要过了年，他们还得去各自建节之地。这样，韩通和赵匡胤两个人便都留在了汴京。

他们也和家里人一起，准备度过一个平安的新年。

韩通的儿子橐驼儿再一次劝父亲提防赵匡胤。但韩通以为赵匡胤和他一样，大半年都在地方驻守，并未发现赵匡胤有不轨行为。

橐驼儿提示了朝中几个重要武将的人事变动。韩通却认为这是朝廷的决定，并不是赵匡胤从中动了手脚。

其实，赵匡胤在地方节度使任职时，他的智囊团早就开始准备一切了。那时候的准备只是计划，具体操作还得到汴京才能实现。

赵匡胤一一拜访了在中央禁军任职的几个好朋友，话友情，说兴盛。半年多没见面了，肯定有很多话需要一起交流。因为现存的史料中，很少有这段时间赵匡胤在汴京的记载。所以，我们也很难找到一丝蛛丝马迹。但从陈桥驿兵变的过程来看，赵匡胤回到汴京的时候，兵变工作已经开始着手准备了。

公元九五九年腊月，对于后周的任何人来说，都是值得过一个安稳年的时刻。可对于赵匡胤来说，这也是他运筹帷幄的重要时段。他要按照部署，准备好一切事宜。

时间大踏步地进入了公元九六〇年。这是周恭帝登基后的第一个新年，一些惠及天下的大策，正在政事堂策划着。无论如何，在新年的时候，周恭帝要发布一些好政策，让百姓们感受皇恩浩荡，还要赏赐群臣，让他们继续为朝廷效力。所不同的是，周恭帝并没有改元，而是延续了父亲的年号。

就在全国上下准备新年的时候，赵匡胤的策划工作也悄然开始了。

公元九六〇年正月初一，按照旧制，京官们要为皇帝贺岁，祝贺周恭帝继承皇位后的第一个新年安定团结，四方无事。这是既定动作，每个新年到来之前，大臣们都会这么做，而皇帝也会给百官赏赐一些礼品，权作过年慰问之物。

然而，这个新年的正月初一，似乎与以往有些不同。当众臣向皇帝贺岁完毕时，一份从前线传来的战报，打破了新年的宁静。战报声称，契丹联合北汉，准备进攻后周关南之地。

> 春正月辛丑朔，镇、定二州言契丹入侵，北汉兵自土门东下，与契丹合。[1]

《续资治通鉴》卷一的记载与《续资治通鉴长编》类似，"先是辛丑朔，周群臣方贺正旦，镇、定二州驰奏，辽师南下，与北汉合兵"。

上报这个消息的就是前文提到过的孙行友和郭崇。但根据后来学者考证，这个消息本身就是假的，是赵匡胤派人放出的烟幕弹，目的就是迷惑后周的文武大臣。因为镇州郭崇和定州孙行友根本不是赵匡胤的人，他们不会帮助赵匡胤给朝廷谎报军情。

那么，这份来自镇、定二州奏报的真伪，就值得推敲了。首先，这份情报的确来自前线的镇、定二州，可谁能瞒着被杀头的危险，给朝廷提供这样一份假情报呢？这份从前线传来的奏疏并不假，假的是契丹联合北汉攻打后周之事。那么，还有一种可能，便是探知北汉和契丹联合攻周消息的斥候，一定是赵匡胤的人。他们释放了一个假消息给郭、孙二人，这两个人并未核实的消息来源，便第一时间将消息上报给了朝廷，造成契丹和北汉攻打关南之地的假象。

这份情报震惊了朝野。契丹和北汉攻周是意料之中的事情，毕竟周世宗去

---

[1]《续资治通鉴长编》卷一。

世，后周面临着很多不稳定因素。可他们没有在周恭帝刚刚继位时攻打后周，反而选择了这样一个时间，难道就是因为此时的后周正在过春节，国内处于一种松弛状态吗？

有些朝中大臣已经开始抱怨。他们刚刚享受了半年的和平，就又得重新部署战事。不过所有人都清楚，抱怨没有任何意义。既然契丹、北汉要攻打后周边境，还得尽快选出抗击之人，带领大军去阻挡契丹与北汉的铁蹄。

可选谁作为带兵打仗之人，又难住了朝中大臣。即便是三位宰相，也不知道该选谁去。他们开始在武将中寻觅适合本次出征的人选。选李重进、韩通还是赵匡胤？这三个人最有威望。选中赵匡胤的概率应该有三分之一。毕竟李重进和韩通也非常有可能被选中。万一这一次宰相们选中的人不是赵匡胤，那么赵匡胤策划的兵变，岂不会胎死腹中？

尽管被选中的概率有三分之一，但有时候，选择将领也不一定依靠概率。当然，即便宰相间有分歧，赵匡胤也会极力促成这件事。运筹帷幄之事，岂能因为选不中自己为出征之人而作罢？

这时便是赵匡胤动用一切资源的时候了。相传朝廷的宰相魏仁浦，关系与赵匡胤不一般。而王溥与赵匡胤的交情也不浅，即便范质有些执拗，只要王溥和魏仁浦两位宰相倾向于赵匡胤出兵，范质是孤掌难鸣的。

至于赵匡胤有没有找魏仁浦帮忙，史籍中并无记载。但可以想见，赵匡胤一定是找王溥与魏仁浦帮忙了。因为魏仁浦还兼任枢密使，可以直接提议出征人选。赵匡胤要将这次建功立业的机会留给自己。当然，还有王溥也得拉拢过来。如果这时候魏仁浦与王溥建议，让赵匡胤出兵阻击契丹和北汉，范质会反对吗？

赵匡胤出征的事情，一定也在朝中引起了议论。但目前李重进、赵匡胤、韩通三位主将必须分开。李重进居于扬州，目的是守住整个南方，毕竟南唐虽然表示臣服，但他们臣服的是周世宗，并非周恭帝。如果后周与辽发生战乱，南唐会不会乘机脱离后周？甚至会挥师北上，与后周发生冲突？思前想后，李重进的这股力量不能撤。而京城也必须有个武将镇守，京城的安危其实远比预防南唐重要得多，也比抵御辽国进攻后周重要得多。韩通作为侍卫亲军司的长官，驻守京城义不容辞。如此一来，抗击北汉与契丹的任务，自然而然落在了赵匡胤身上。恰巧此时，赵匡胤就在京城，一切因素综合起来，赵匡胤作为出征之人，就成了必然。

最终，大家把目光投向了赵匡胤。因为赵匡胤还有一个特点，是李重进和韩通所不具有的，那就是赵匡胤年轻，而且赵匡胤在近几年打仗时，都能做到攻必克，战必胜。所以，出征的重任最终落在了赵匡胤身上。

> 周帝命太祖领宿卫诸将御之。[1]

这其实不是周帝的选择，而是三位宰相的选择。

而这一切都按照赵匡胤与其智囊团的策划顺利进行着。事态也朝着他们期待的方向发展。不管是《续资治通鉴长编》《宋史》，还是其他史籍资料中，都在开头就说了，赵匡胤执掌禁军六年，有威望，所以，这时候选赵匡胤是众望所归。而且，当时军中就有"拥戴赵匡胤为帝"的议论。

> 太祖自殿前都虞候再迁都点检，掌军政凡六年，士卒服其恩威，数从世宗征伐，洊立大功，人望固已归之。于是，主少国疑，中外始有推戴之议。[2]

还有一种可能，那就是三位宰相早就知道赵匡胤在军中有威望，将赵匡胤留在京城，会让他们感到不安。恰巧辽国联合北汉进攻，将赵匡胤支走，让他远离京城，这样就解除了京城的威胁。因为按照当时的情况，三位宰相不可能轻易罢了赵匡胤的兵权，殿前军是赵匡胤自己一手建立的，贸然罢赵匡胤的兵权，会不会引起赵匡胤的不满，进而让他产生逆反心理？所以，最好的办法自然是派赵匡胤出征。

只是所有人都忘了十年前郭威黄旗加身的先例。

---

1 《续资治通鉴长编》卷一。
2 《续资治通鉴长编》卷一。

这一切的不合理，在当时其实都是合理的。

4. 部署兵力

朝廷选定了赵匡胤，三位宰相便找赵匡胤谈话。这是大军出发前，交代一切事宜的例行谈话。赵匡胤虽然是统帅，但依然要接受宰相们的领导。况且三位宰相还有顾命大臣的身份。

三位宰相约见了赵匡胤。

三位宰相召见他，赵匡胤已猜透了宰相们想要表达的意思。但赵匡胤得表现出并不知道这件事的前因后果的样子。人生就是扮演各种演员角色，面对不同的人，演出不同的面孔。

所以赵匡胤从容而恭敬地面见了三位宰相。

王溥、范质、魏仁浦三个人和赵匡胤在政事堂见了面。魏仁浦兼任枢密使，而王溥和范质都有一个参知枢密院事的头衔。这时，他们召见赵匡胤，名正言顺。

三人便与赵匡胤谈起了北方传来的消息，并直截了当地指出，朝廷已经选中了赵匡胤为北征之人，希望赵匡胤不要辜负朝廷厚恩，迅速带领人北上抗击联军。

三位宰相抛出了观点，看着赵匡胤作何反应。

赵匡胤当即表示，对于朝廷的任命，他全力以赴，也义不容辞，报先帝忠陛下是作为臣子的本分。

三位宰相见赵匡胤爽快答应了，心中悬着的石头也落地了。他们满意地点着头，只要赵匡胤答应出兵，一切都会迎刃而解。

然而，赵匡胤虽然答应出兵，但有条件。赵匡胤面有为难地表示，自己不过是殿前都点检，他这次出征，殿前军不可能全部跟着他北上，还得留一部分镇守京城，这样一来，他就兵微将寡了，根本不能打败北汉与契丹的联军……赵匡胤甚至表现出了一种心有余而力不足的怪表情。

赵匡胤这样的回答，一时让三位宰相不知如何是好。他们面面相觑，在思忖着赵匡胤话里的弦外之音。按说赵匡胤已经掌握了殿前军，几乎占了中央禁军的二分之一。而且殿前军是后周中央禁军的精锐，都是经过层层选拔后得到的集智慧与聪明、狡诈及忠诚等于一体的综合性人才。这队伍的战斗力，远胜于那些地方节度使的牙军[1]。

这样，谈话也就僵持住了。

三位宰相对赵匡胤的生平，也非常熟悉，不管是攻打契丹，还是征服南唐，赵匡胤当年都打过多次以少胜多的战役。在滁州之战、涡口战役中，赵匡胤都是以少胜多，扭转战局的关键人物。可此时，赵匡胤竟然说自己兵微将寡。赵匡胤的话尽管有悖常理，可不给赵匡胤足够的人马，赵匡胤恐怕难以出兵。而前线的战事不容拖延。若错失战机，周世宗夺回的关南之地被契丹和北汉继续攻取，就得不偿失了。

军情紧急，宰相们不能忍受赵匡胤的这种推脱之词。然而，三个人棘手之处在于赵匡胤是他们向朝廷推荐的，这时候赵匡胤发难，他们很为难。但不能再临时换帅，否则让朝臣觉得三位宰相识人不准。可赵匡胤说自己兵微将寡，言外之意，很显然是还想要三军的统领权。

这一点，三位宰相们已经想到了。眼下若不给赵匡胤三军统领权，赵匡胤怕很难出兵。

三位宰相有顾虑，为了有效管理军队，不管是郭威，还是周世宗，都试图把国家的军队管理权分开，以达到相互制约的目的。此刻，赵匡胤讨要三军的管理权，这就让三位宰相们不得不思考赵匡胤的目的了。

此时，赵匡胤做了解释，之所以要三军的指挥权，其实也是为了打胜仗，等将契丹与北汉击退以后，他自然退还军权。如果他没有统一管理权限，到时候大军各自为战，必然会给辽军制造机会。

赵匡胤的解释并不能完全说服三位宰相，他们还是隐隐有些担忧，三军统帅

---

1 五代十国的牙兵，虽骁勇善战，但又恃宠而骄，桀骜难制，他们翻手为云、覆手为雨，成为祸乱之源。

权被赵匡胤拿走之后，他就能调动一切的军队，这必然对抗击北汉与契丹联军有益处，但击退了北汉与契丹联军后，赵匡胤真的会将三军统帅权上交给朝廷吗？若到时候尾大不掉，赵匡胤将会成为朝中最危险的人物。

凡事最怕仔细推敲，三位宰相内心已经有些紧张了。但他们必须面对一个事实，那就是赶紧动员赵匡胤出兵。赵匡胤是三位宰相推荐给符太后和皇帝的，他们此刻不能回去给符太后禀报，说赵匡胤嫌自己兵微将寡，不愿意出兵。

那么，就剩下最后一个方法了，那便是满足赵匡胤的要求，让他暂时拥有三军的调度权，等击败了契丹和北汉联军，再收回兵权。

这里简单介绍下后周的军制。后周的兵士分为两大类，第一类就是地方节度使拥有的军队，他们可以在自己的属地管辖军队，这些军队就是牙军。另一类是中央禁军，而中央禁军又分为两部分，一部分是殿前司，另一部分是侍卫司。

此时的赵匡胤，只是殿前司的主要将领，他能调动的也只有殿前司的大军。不过此时，赵匡胤显然有自己的打算，他想拥有三军指挥权，这样，他计划的所有事情操作起来才有十分把握。如果没有三军的调度权，仅仅凭借殿前军，也可能会成事，但一定会付出巨大代价。

于是便有了上面的一幕。

面对着赵匡胤的发难，三位宰相无计可施，只能尽可能地满足赵匡胤的要求，给赵匡胤三军管理权，让他全权负责调度军队。

赵匡胤得到了三位宰相的许可后，表示立即部署兵力，为了后周大业，万死不辞。

三位宰相看着赵匡胤信心满满，心里多少有些安慰。当然，他们心中的担忧也一直存在着。当年后唐李嗣源讨伐叛乱，在出兵途中，就被手下拥立为皇帝了。五代政权变动的画面，在他们眼前闪动着。

赵匡胤得到了自己想要的结果，便部署兵力，准备出兵讨伐契丹和北汉联军。

赵匡胤明知道联军攻打后周是假，但这一次，他还是要表现出积极部署的样子，最起码他要做给朝中的大臣们看。如此，谎言才能继续下去。否则赵匡胤拥有三军的调度权，立刻会让后周大臣们寝食难安。

但是，对于整个大军的部署，赵匡胤也有自己的计划。他必须让一切都按着自己的计划来，不能出现任何变故。这些计划是赵匡胤与智囊团不断论证的结果，几乎接近完美。

回到殿前司之后，赵匡胤抑制住自己的兴奋，与他的亲信团们进行了商议，制订出了可行计划。正月初二，赵匡胤命自己的副手，也就是殿前副都点检慕容延钊等人带领先头部队出发，力争快速到达前线，与定州郭崇和镇州孙行友会合。

　　壬寅，殿前司副都点检、镇宁军节度使太原慕容延钊将前军先发。[1]

对于这样的安排，那些大将们觉得赵匡胤也不过尔尔。先派出先头部队，随即大部队跟进，但凡有个将领，都能做到。殿前都点检让副都点检带人先行，慕容延钊只能听从命令。军人以服从命令为天职，不管是当今时代还是古代，没有纪律约束的军队，就是一帮乌合之众。而慕容延钊作为禁军的高层领导，一步步从一个普通士兵成长为殿前司的二把手，他当然知道服从命令的重要性。

既然赵匡胤的部署是让他带着先头部队出发，他能有什么理由不去呢？况且，此时边境上或许已经有了战事，或许契丹与北汉的联军已经越过了边境线，在后周边境上烧杀抢掠。契丹的骑兵，有穿梭于河北之地的优势，甚至能到某一个地方抢掠以后，顺利返回长城防线以北，而后周对此却毫无还手之力，因为后周的骑兵不成规模，还无法与契丹铁骑对峙。

对于此次契丹与北汉联军攻打后周边境之事，慕容延钊深信不疑，他相信边境将士不会谎报军情。于是，慕容延钊带领一部分殿前军于正月初二早上出发了。

赵匡胤让慕容延钊带兵出发以后，他自己却并未立即出发。

这或许也是赵匡胤的一种策略。慕容延钊和赵匡胤都是后周禁军的主要将领，两个人的关系也非常好。但慕容延钊并不是赵匡胤最亲信的人，可此时的赵

1《续资治通鉴》卷一。

匡胤要密谋一件大事，留在身边的人必须都是可信之人。慕容延钊虽与赵匡胤交好，主要是他们在同一个系统，而且是上下级关系，所以，两人才相互知道彼此秉性、脾气等方面的情况。

也正是因为如此，赵匡胤对慕容延钊这个人多少有些不放心，毕竟慕容延钊也握有兵权。所以，对于慕容延钊能否为己所用，赵匡胤一时半刻还不能确定，他不敢拿自己的计划做赌注。一切部署，都必须稳扎稳打，即便如此，也会有很多意料不到的问题，会在他举事时，让人难以应付。最好的办法就是先支走慕容延钊，等到他成功的时候，慕容延钊即便心里有想法，也只能接受现实。否则，一旦事情泄露，慕容延钊有可能站在正义的一方，而将矛头对准自己。那样一来，他们曾经的关系会破裂，彼此也会成为两个阵营里的人，这是赵匡胤不希望看到的。

于是，赵匡胤支走了慕容延钊，留在京城的大军都由赵匡胤一个人调动。当然，除了调动自己的殿前军，对侍卫司的人，赵匡胤也做了安排。反正此时，他拥有三军的调度权。让谁出发，他一个命令就可以做到。

赵匡胤将侍卫马军都指挥使高怀德、侍卫步军都指挥使张令铎、侍卫步军虎捷左厢张光翰、右厢都指挥使赵彦徽四个人也确定为此次出征的将领，到时候随他出征。选了出征的大军后，赵匡胤对京城的布防工作也做了安排，尽管京城有韩通率领的侍卫司保护，但赵匡胤还是将自己的亲信石守信、王审琦两个人留在了汴京，美其名曰：让石守信和王审琦配合韩通做好京城的守护工作。

这个部署看起来天衣无缝，殿前司和侍卫司都出了人马，这也符合后周军制调动的要求。朝中那些大臣们，也没有挑出任何毛病。

可仔细思考，就会发现这其中还是有很多猫腻的。只是这些猫腻不显山不露水，一般人也很难发现。赵匡胤将高怀德、张令铎、张光翰、赵彦徽四人选定为跟随大军出征的副将。这些人都是侍卫司的高级将领，赵匡胤将他们从韩通身边抽走，就等于去掉了韩通的左膀右臂，也预示着他一旦有动作，韩通身边就没有可用的大将了。赵匡胤给韩通釜底抽薪，令他孤掌难鸣。

而王审琦和石守信是赵匡胤的人，这两个人是殿前司的高级将领，他们率领部分殿前军留在汴京城，看起来属于韩通管辖，但真正的目的，则是做内应。

此时，韩通并未看出其中的猫腻，"韩瞪眼"[1]还沉浸在一片喜悦之中不能自拔。毕竟此时朝廷的安危系于他一人。

至于李重进，继续在扬州屯兵，以防南唐北上骚扰后周边境。张永德被贴上了永久标签，动弹不得。

整个部署用了一天时间，几个主要随军同行的大将开始调配自己的人马。其实这种调配，一炷香的工夫完全可以完成，但赵匡胤却将出兵之日推迟了一天。因为赵匡胤还要选一个日子出兵。黄道吉日，才能诸事顺利。

朝廷对于赵匡胤的安排，也都比较满意。

赵匡胤将出征的日子选在了次日，也就是正月初三。他准备正月初三一大早，带领后周大军出行。他之所以选择这一天，其实还是为了给自己提供方便，等慕容延钊的大军行军一天后，一定会走出一百多里地，加上正月初三一天，怎么也得行军二三百里，指不定能到达澶州。这样，赵匡胤预定在陈桥驿发动兵变，就不会遭受慕容延钊的阻拦。

5. 惊人的流言

这种事无巨细的安排，让一切看起来井井有条，三位宰相，也都放下了悬着的心。赵匡胤的这种部署，也是他们希望的。他们心中最迫切的就是：赵匡胤你快点走！越早走越好！

然而，就在赵匡胤出兵之前的正月初二夜里，在汴京城里发生了一件大事，让整个汴京城里的百姓都陷入一种惶惶不可终日的状态中。

这件大事由一个流言引起。据说当天晚上，汴京城里流传着一个消息，就是等到大军出动之日，殿前都点检赵匡胤将会成为新天子。

---

1 韩通性格暴躁，有勇无谋，在军中被人戏称"韩瞪眼"。

> 时都下欢言：将以出军之日，策点检为天子。[1]

这种流言，已无法查询源头。但毫无疑问的是，流言一经传开，就让汴京城炸开了锅。

为什么这个时候，会出现这样一种流言？所有人都在思考着。

流言恍如长了腿，奔走于汴京的大街小巷。一时间，整个汴京城都知道了赵匡胤将要当天子的事情了。

这让刚刚有了安定生活的汴京城里的人，一下子陷入了巨大的恐惧当中。这些人经历了数次政变，对政变后的种种遭遇，都早有经历。那些发动政变者，无不在政变成功之后，便纵容士兵们烧杀抢掠，视百姓的性命为草芥。若这流言是真的，那么赵匡胤一旦发动兵变，整个汴京又将会成为人间地狱。因此，汴京人恐惧了。他们要在政变发生之前，远离汴京，躲过不该承受的灾难。

流言甚嚣尘上。一传十，十传百，就连那些居住在汴京城比较偏远地方的人，都知道赵匡胤要当天子了。

正月初二晚上，赵匡胤成了汴京城里的热点新闻人物。关于赵匡胤的生平，也被各种人经过不断加工，变成了神乎其神的传说，香孩儿的往事，再一次被人们口口相传。

可奇怪的是，整个汴京都传遍了赵匡胤要当天子，但皇宫里对民间传说的这些事，却并不知晓。

> 士民恐怖，争为逃匿之计，惟内庭晏然不知。[2]

或许是因为在晚上，皇宫大门早就关了，所以，皇宫内并不知道大街小巷的流言。

史籍中没有更详细地记载这件事是否有人有意为之。但从赵匡胤后来发动兵

1《宋史全文》卷一。
2《宋史全文》卷一。

变的事实来分析，这种流言应该是赵匡胤提前派人放出去的消息，其目的就是要在京城释放出一种信号。

如此这般惊人的消息传出，任何人都不能安稳入睡了。

赵匡胤作为始作俑者，对此事自然了如指掌，但他也开始按照计划部署，表现出了一种紧张而慌乱的样子。

据说在军营的赵匡胤，也听说了流言。惶恐不安的赵匡胤奔回家。向家里人讨主意：外面流言来势汹汹，恐对我不利，我该怎么办？

> 太祖闻之惧，密以告家人曰："外间汹汹宫如此，将若之何？"[1]

赵匡胤想寻求家人的庇佑，但遭到了姐姐的强烈反对。赵匡胤的姐姐看到赵匡胤这个样子，便跑进厨房拿起擀面杖，冲到了赵匡胤面前，给了赵匡胤几擀面杖。

相传赵匡胤当时就愣住了，他回家里来是讨主意的，却没想到遭到姐姐一顿暴打。赵匡胤撒腿便跑，赵匡胤的姐姐还不依不饶，大声呵斥赵匡胤：大丈夫一旦决定要做一件大事，就立即去做，这样畏首畏尾，跑回家里来吓唬妇孺，是何道理？

> 太祖姊或云即魏国长公主，面如铁色，方在厨，引面杖逐太祖击之，曰："大丈夫临大事，可否当自决胸怀，乃来家间恐怖妇女何为邪！"[2]

赵匡胤被姐姐训斥后，不敢继续待在家里了，便很不高兴地离开家，回到殿前司。毕竟他还要负责抗击契丹与北汉联军。当然，这个版本出自司马光的笔记《涑水记闻》，后世学者认为里面有很多地方存在着材料造假。有学者通过考查赵匡胤的家谱，就提出了不同意见。这种意见认为，此记载中的赵匡胤的姐姐，

---

1 《涑水记闻》卷一。
2 《涑水记闻》卷一。

其实早亡故了。根据赵匡胤的族谱，赵匡胤同辈总共有兄弟姐妹七个人，赵匡胤排行老二。其他成员分别是：大哥曹王赵匡济（早亡）、三弟太宗赵匡义、四弟魏王赵廷美、五弟岐王赵光赞、姐姐恭献大长帝姬、妹妹恭懿大长帝姬。

《涑水记闻》中的赵匡胤姐姐，应该是恭献大长帝姬。据《宋史》记载，这个人还没有到及笄年龄，便亡故了。后来的恭献大长帝姬是追授的。既然这个姐姐都未成年，那么那时候的赵匡胤也应该是很小年纪了。而公元 960 年赵匡胤已经 33 岁了，所以《涑水记闻》里的时间有出入。

但赵匡胤还有个妹妹，那么这次拿着擀面杖追打赵匡胤的是不是这个妹妹呢？

> 秦国大长公主，太祖同母妹也。初适米福德，福德卒。太祖即位，建隆元年，封燕国长公主，再适忠武军节度使高怀德，赐第兴宁坊。[1]

赵匡胤的这个妹妹，后来嫁给了高怀德，并于开宝六年（973 年）十月去世。"开宝六年十月薨，太祖临哭，废朝五日，赐谥恭懿。真宗追封大长公主。元符三年，改秦国。政和四年，改封恭懿大长帝姬。"也就是说，即便这次拿着擀面杖追打赵匡胤的人是他的妹妹，但赵匡胤听闻京城传言他要被册立为天子后跑回家之事，显然与实际不符。

发动兵变之事，是赵匡胤和智囊团策划已久的事情。任何事都没有这件事重要。而京城里不过只是出了一个流言，赵匡胤就被吓跑回家？很显然，这种说法与现实不符。这种记载，或许只能出现在各种野史和小说当中，现实中的赵匡胤，拥有无比强大的内心。

整个兵变已经箭在弦上不得不发。对于政变前的准备工作，赵匡胤一定做得滴水不漏。不过，关于京城流传点检做天子的事情，应该有其事。诚如上文所言，这种流言一定是赵匡胤和智囊团策划的一个环节。况且赵匡胤在军队中有威望，此时他还统领三军，故而京城流传点检做天子的消息，也不足为怪。

1《宋史》卷二百四十八。

可能流言的传播面并不广。

也有一种可能，便是赵匡胤的智囊团故意放出这个消息，为赵匡胤进行陈桥驿兵变做某一种警示。自古那些政变者，无不是为自己的政变找由头。陈胜、吴广起义的时候，为了号召天下人都参与当中，就用丹砂在绸子上写下"陈胜为王"放在别人所捕的鱼的肚子里。士兵们买鱼回来烹食，发现鱼肚子里面的帛书，士兵们就觉得这是天意。陈胜又暗地里派吴广到驻地旁边丛林里的神庙中，在夜间提着灯笼，作狐狸嗥叫的凄厉的声音大喊："大楚将兴，陈胜为王。"士兵们整夜惊恐不安。第二天，士兵议论纷纷，指指点点，互相以目示意陈胜。

> 乃丹书帛曰："陈胜王"，置人所罾鱼腹中。卒买鱼烹食，得鱼腹中书，固以怪之矣。又间令吴广之次所旁丛祠中，夜篝火，狐鸣呼曰："大楚兴，陈胜王！"卒皆夜惊恐。旦日，卒中往往语，皆指目陈胜。[1]

武则天当年准备当皇帝时，也曾搞出了"冀州雌鸡化为雄"的怪相。

这些都是政变者为了实现政变而故意为之的事情。即便后周皇室知道了京城流传的消息，也面临着主少国疑的问题，柴宗训能不能罢免赵匡胤尚且难说。所以，对于京城流传的这些事，赵匡胤本人是不担心的。但唯独有一个人，让赵匡胤放心不下。不管京城里流言是真是假，都会引起这个人的警觉，而赵匡胤所要做的，就是打消这个人的警觉心理，为他的政变争取更多的机会。

这个人就是韩通，侍卫司的最高长官。

此时，因为整个京城都流传着"点检做天子"的传言，朝中的那些大臣们一定也听说了。韩通作为侍卫司的最高长官，时刻关注着后周的一举一动。况且韩通身边还有个绝顶聪明的儿子。橐驼儿更会紧盯着赵匡胤的一言一行。

赵匡胤预感到了一些危险在靠近，他必须将这些危险消灭，即便不能消灭，也得压到最低。这样，一旦他发动政变，京城里的人才能免遭涂炭。

于是，赵匡胤选择主动出击。他找韩通解释京城里流传的事情，打消韩通的

---

[1]《史记·陈涉世家》。

顾虑。当然，若等到韩通预料到什么之后，他才连夜进宫，向符太后和小皇帝禀明流传于市井当中的流言，赵匡胤的出兵统帅资格就会被剥夺，甚至有可能被打入天牢，从此不得安宁。到时候，精心策划的政变，就会胎死腹中。即便赵匡胤到时候控制不住局面，直接发动武装政变，但那样也势必会引发一连串的血案，这可不是赵匡胤想看到的。顺利兵变，减少流血，是赵匡胤这次兵变的主要策划方向。

于是，赵匡胤独自一人去找韩通，解释那些说不清道不明的流言。对于赵匡胤深夜造访韩通，他手底下的那些智囊团，则表现出了担忧。毕竟韩通不是一般人，赵匡胤就这样只身前去，恐怕凶多吉少。

对于众人的劝解，赵匡胤表现得非常镇定。赵匡胤对众人说，不入虎穴，焉得虎子？况且他只身前去造访，并不想带领一兵一卒，韩通能把他怎么样呢？

赵匡胤一旦决定亲自造访韩通，别人便都不好劝阻。

赵匡胤趁着朦胧夜色，走进了韩通家里。不过那些身边的卫士们，还是担忧赵匡胤的安危，都在韩通家外面的阴暗处等待着。若韩通家里发生械斗，他们能及时破门而入，营救赵匡胤。

6. 面见韩通

对于市井流言，韩通自然也听到了。可是韩通没有做出任何举动，韩通在等待时机，也在观察整个事件的进展。他的儿子囊驼儿怂恿韩通连夜进宫面圣，向符太后和小皇帝说清楚市井流言，也向三位宰相上报情况。如果有可能，就此免了赵匡胤三军统帅之职，另选他人出征。否则，悔之晚矣！

可韩通似乎不相信儿子的警告。他觉得目前事态尚不明朗，市井间的流言，不过是有人故意为之而已，或许这又是对付张永德的那一招——当年周世宗南下在澶州遇见"点检作"木板时，韩通也在身边。尽管当时没有人能够说得清这个木板来自何方，但所有人都有一种被愚弄的感觉。当时周世宗在病重中，也不听任何人的劝解，就对张永德有了一种偏见。那时候的韩通，作为旁观者，目睹了这一切发生的经过。韩通似乎对于这种流言，有了一种天然的免疫力。

当然，韩通也绝不是可以被糊弄的，他想看事态进一步发展，毕竟还没有到千钧一发的时候，若赵匡胤真有谋逆之心，他韩通决不手软，决不留情。

对于韩通的一番见地，儿子橐驼儿坚决反对，甚至极力说服父亲，让父亲对付赵匡胤。橐驼儿认为，赵匡胤之心路人皆知。最为明显的就是京城的流言。但韩通却觉得，京城的流言不过是一个流言而已。万一冤枉了好人，耽搁了后周朝出兵的时辰，契丹与北汉联军攻入关南之地，那就不好说了。

韩通父子为了处置赵匡胤之事，发生了意见冲突，韩通以为可以静观其变，以不变应万变。但橐驼儿主张主动出击，将赵匡胤发动兵变的可能性降到最低。

就在父子两人为了赵匡胤流言之事争论不相上下时，门官报告说赵匡胤求见。

一听到赵匡胤主动找上门来，橐驼儿非常兴奋，他要求父亲埋伏好刀斧手，只要赵匡胤进了门，便以乱刀砍杀，一了百了，彻底消除市井的传言。

太祖将北征，过韩通饮。通子欲弑之。[1]

但韩通没按儿子说的做，对于赵匡胤的深夜造访，韩通也感到惊奇。但此刻，赵匡胤就在门外，韩通不能拒绝赵匡胤的求见，尽管韩通与赵匡胤的关系一般，这样拒之门外，于情于理说不过去。老于世故的韩通，觉得先见见赵匡胤，听听他怎么说，然后再做下一步打算。

橐驼儿继续给韩通做工作，希望借此机会诛杀了赵匡胤，彻底粉碎赵匡胤发动兵变的阴谋。但是韩通不听，并告诉橐驼儿，没有他的命令，不准做任何出格之事。橐驼儿唉唉叹息着，但并不死心。他已经私底下让家里那些卫士们拿着武器埋伏在了整个屋子周围，听他号令，一旦令下，即使赵匡胤武艺高强，也难以抵挡那么多人的围攻。

之后，韩通亲自开门迎接赵匡胤。

1《闻见近录》。

对于赵匡胤的突然造访，韩通似乎已知悉其中奥妙，无非就是解释流言的问题。可这时候赵匡胤既然敢只身前来，韩通也非常佩服赵匡胤的胆量，若韩通借用市井流言，便可以就此将赵匡胤诛杀，而不要任何借口。但赵匡胤进了门之后，韩通就放下了杀心。

韩通出门，笑脸相迎。简单的寒暄之后，韩通便故意问赵匡胤，都点检这时候不在军营安置军队，为明日出征做准备，贸然到舍下所为何事？这一次，赵匡胤已经准备给韩通交个底，让韩打消疑虑。

其实，这时候，两个人都知道彼此为了什么。赵匡胤直截了当地询问韩通是否听了市井间的传言。韩通装出一副完全不知的样子，表示他没有出门，不知道市井间的传言。

这种相互试探，其实也是相互较劲。赵匡胤不想再与韩通兜圈子，不管韩通有没有听说市井流言，他必须摆出自己的态度。而这种态度就是坦诚以待。这是一种明智的举动。当你发现没有任何办法来说谎的时候，坦诚就是利刃，没有任何力量可以摧毁。赵匡胤深知这一点，并习惯于使用诚实来博得那些对他有偏见之人的认识改变。

赵匡胤便将市井间流传"将以出军之日，册点检为天子"的流言，悉数告知了韩通。

韩通表面上半信半疑，甚至持怀疑态度问赵匡胤："点检果以为之？"赵匡胤马上为自己辩白，表示自己怎么样都不会这么做。赵匡胤表示自己深受世宗厚恩，将他从低级军官不断提拔重用，最后在弥留之际，还将殿前都点检这么重要的职位交给了自己，他此生能做的，也就是报先帝以忠恭帝，为后周鞠躬尽瘁，死而后已。

赵匡胤这一说法，逐渐勾起了韩通的回忆。两个人同为禁军首领，辅佐周恭帝成就世宗霸业，在所不辞。赵匡胤念及周世宗对他的恩情，说到动情处，自然地流淌出了泪水。

韩通似乎被赵匡胤说服了。这时候，韩通的儿子端着酒壶进了屋子，不断地给韩通使眼色，要求韩通动手，将赵匡胤诛杀。但韩通还是装作没有看见橐驼儿的眼神。而橐驼儿所做的这一切，都被旁边的赵匡胤看在眼中。

赵匡胤夸赞了橐驼儿一番，说自己早就听闻橐驼儿身残志坚，饱读诗书，是难得一遇的人才，还希望橐驼儿将来为国效力。橐驼儿对于赵匡胤的恭维只是笑笑。橐驼儿知道，赵匡胤当着父亲的面夸赞他，也是让韩通放松心理警惕。橐驼儿自知父亲下不了决心，便从屋子里转了出来。

此时，赵匡胤又搬出了将相和等典故，表示他们两个同为禁军首领，要联合起来，为后周出力，切不可为了一点儿市井流言，就相互猜忌，最终让契丹和北汉得利，那就得不偿失了。

赵匡胤的话，每一句都在理。韩通竟然没想到赵匡胤的口才这么好。这个行伍出身的赵匡胤，给韩通展示了他说服工作的能力。赵匡胤还提出了周世宗在澶州发现的"点检做"板子之事，并给韩通分析了张永德并无反心，而是被别有用心之人陷害了。赵匡胤表示，罢了他的兵权不要紧，这个传言明显是要陷他于不义。赵匡胤还让韩通分析，放出这个消息的人最有可能是谁。韩通苦笑一下，他当然不敢妄加揣测。

此时，韩通的儿子在后屋暗室着急地听着赵匡胤给父亲的洗脑工作。韩通的儿子明白，父亲已然着了道，现在想动员他去诛杀赵匡胤，已经不可能了。他想动用家人诛杀赵匡胤，但这需要得到韩通的同意。

话谈到了一定份儿上，真诚的交流，便起到了巨大作用。就连赵匡胤自己，都被自己说的话感动了。真诚，最终战胜了一切。韩通表示，愿意与赵匡胤一起，把后周的禁军管理好，为国家大业，发挥自己的作用。作为后周老臣，韩通也自然很懂礼仪，这时候他和赵匡胤已经达成了某种共识。于是，韩通让人摆设酒菜，与赵匡胤痛饮。

太祖将北征，过韩通饮。[1]

酒上桌之后，一切都缓解了。这是韩通与赵匡胤这么些年来，坐在一起最长的一次畅谈。

1《闻见近录》。

　　当夜，赵匡胤与韩通喝了不少酒。史籍资料中采用了"痛饮"这个词。或许二人已经开始称兄道弟，说一些曾经跟随郭威和周世宗打仗的往事。总之，这次赵匡胤造访韩通，不但没有被韩通诛杀，反而从根本上改变了韩通对赵匡胤的认识。韩通这个最大的威胁，被赵匡胤的一顿酒化解了。

　　这种皆大欢喜的结果，当然是所有人都希望看到的。酒喝到一定程度后，赵匡胤便跟跟跄跄起身告辞，毕竟第二日早上，赵匡胤要带兵前行，不敢继续在韩通处痛饮。赵匡胤表示，等他凯旋，再与韩通好好喝一顿酒。韩通便将赵匡胤送到了大门外。

　　透过历史的迷雾，我们似乎看到了赵匡胤与韩通挥手告别的场景，韩通执意要送赵匡胤回去，但赵匡胤拒绝了。韩通进了家门，而赵匡胤则出了韩通家里的大门后，就清醒了。据史籍资料记载，赵匡胤的酒量非常好。这次和韩通喝酒，赵匡胤看似喝了不少酒，但以赵匡胤的酒量，再喝几坛酒也可以。赵匡胤之所以要如此做，不过是演了一场戏而已。

　　那么，韩通真没有发现赵匡胤有不同于别人的地方吗？对于儿子的质疑，韩通自己没有质疑吗？很显然，韩通都质疑过。但韩通比儿子成熟很多，经历了那个时代，对诸多事情的复杂性，早就见识过了，很多看起来即将发生的事，或许只是一种流言。

　　作为后周的大将，韩通亲眼目睹了后汉刘承祐不相信郭威，诛杀了郭威一家，导致郭威没有退路，才举兵反叛。而他若将赵匡胤在家里狙杀，势必会引起赵匡胤属下不满，到时候，整个汴京都将会血流成河，这不是韩通希望看到的。杀一个赵匡胤简单，关键是怎么善后？整个殿前军都是赵匡胤选拔出来的，韩通若是杀了赵匡胤，他们愿意吗？

　　正是因为对这一点有清晰的认识，韩通才没有让儿子贸然出来诛杀赵匡胤。

　　韩通甚至想到了他家外面，肯定埋伏着赵匡胤的人，一旦屋子里有杀声喊起，外面的那些人肯定会冲进家里。那么，首先遭殃的应该是他家里的人。

　　总之，韩通认为此时的赵匡胤一点谋逆的痕迹都没有表现出来，平白无故将赵匡胤诛杀，不但阻止不了兵变，反而会催生兵变的可能。仅仅凭借市井流言，将其处死，弊大于利。

况且，诛杀赵匡胤这样的禁军高官，需要征得皇上同意才可施行，一般人怎么可以诛杀大将？而赵匡胤这个人与朝中的大臣们关系也非同一般，若仅仅依靠流言，让宰相府下令捉拿赵匡胤明显很不现实。赵匡胤与宰相王溥的关系也非同一般，这样莫须有的罪名罗织在赵匡胤头上，宰相王溥认可吗？"周显德中，以太祖在殿前点检，功业日隆，而谦下愈甚，老将大校多归心者，虽宰相王溥亦阴效诚款。今淮南都园，则溥所献也。"[1]这段文字出自苏辙的《龙川别志》，也就是说此时赵匡胤与王溥的关系非同一般，就连赵匡胤居住的南都园，都是王溥赠送的。

如此错综复杂的关系组合在一起，就让韩通对赵匡胤"不敢轻易诛杀"。赵匡胤的身份，牵一发而动全身。最好的方式就是对赵匡胤旁敲侧击，表明自己的立场。而这种旁敲侧击，在他与赵匡胤喝酒的时候，就已经达到了，韩通相信通过这次两个人一起喝酒，赵匡胤肯定会有所收敛。

如此，便有了韩通与赵匡胤的那次痛饮。在这场痛饮中，两人看似都醉了，其实都很清醒。赵匡胤和韩通似乎都摸到了对方的底牌。

当夜，赵匡胤回家后，对韩通这个人，也有了新的认识。说韩通有勇无谋，简直是胡说八道。韩通大智若愚，眼睛非常明亮。他与韩通两个人喝酒的时候，韩通旁敲侧击地表示，赵匡胤去抗击契丹与北汉联军，他作为镇守京城的人，一定会照顾好赵匡胤的家人。韩通的这种旁敲侧击，让赵匡胤如芒在背。

于是，赵匡胤对自己家里人进行了安排。因为他很清楚，一旦他发动兵变，韩通首先会对他的家人下手。

7. 安顿家人

赵匡胤对家人的担忧来自早年间的一场政变，那时候，赵匡胤还跟着郭威。当时，郭威受后汉隐帝猜忌，君臣嫌隙越来越大。即便如此，郭威还是没

---

[1]《龙川别志》，见于《全宋笔记》第一编第九册，大象出版社，2003年版。

有反叛后汉，毕竟后汉开国之君刘知远对郭威有知遇之恩，一路提拔郭威。郭威对后汉也有一种特殊感情。但刘承祐不管这些，他面对功高盖主的郭威，内心除了恐惧还是恐惧，加上他身边那些大臣们从中挑唆，郭威的地位越来越尴尬。一个帝王能成功的最重要的品质就是要胸怀大度。这些品质刘承祐并没有。

最终，郭威不得不反叛，但郭威忽视了家人在汴京的事实，结果被后汉隐帝全部诛杀，连幼小婴儿都没有放过。

刘承祐对郭威没有留情面，做到了赶尽杀绝。

郭威虽然建立了后周，但这也导致了储君之选成了困扰郭威的大问题。无奈之余，郭威只能将夫人内侄柴荣收养为儿子，以盼日后能够将其立为储君。然而，后周建立之后，郭威虽然认柴荣为儿子，但最终传位时，也并非一帆风顺。

以上这些事情发生的时候，赵匡胤就在郭威身边，亲眼目睹了这一切。赵匡胤对这些事看得比任何人都要清楚，若郭威有儿子，皇位自然会传给郭威的儿子，一切都顺理成章。可郭威没有儿子，在皇位接替上必然存在隐患。郭威病重时刻，在选择储君问题上，经过了反复思量，才最终确定由养子柴荣继位。而赵匡胤要成功发动兵变，绝不能步郭威的后尘。

所以，在他发动兵变之前，必然先将家里人安顿好，否则即便创下霸业，没有继承人也无济于事，因为他不可能长生不老。有些事既然决定要做，就得部署全面。

可是将家里人安顿在何处呢？

赵匡胤的家里人不能离开汴京，最起码在赵匡胤率领大军出发之前，还得正常生活，给外界制造一种假象。若赵匡胤在出军之日带上家里人，后周高层就能猜到赵匡胤兵变的想法。为了妥善起见，赵匡胤还必须将家里人安置在汴京。

可整个汴京都是危险的地方，到处都是朝廷的眼线。尽管他带走了大部分侍卫司的人马，但韩通依然在守着汴京。稍有不慎，便有灭门之灾。

想来想去，赵匡胤都没有想到合适的地方。有谋士给赵匡胤出主意：可以躲在寺庙当中。赵匡胤觉得寺庙当中也不安全，且汴京城里的寺庙鱼龙混杂，将家里人安置在寺庙中，也有许多不便之处。

但事实上，当时除了寺庙，赵匡胤似乎没有其他地方可选。即便是选择寺院，也难住了赵匡胤，因为汴京城寺院有很多，到底该将家里人寄居在何处，一时间并不好抉择。

毫无疑问，安顿家人的寺院要偏僻，一般人不容易找到。而且寺院的住持必须找一个可靠之人，否则，韩通若来搜山，寺院住持是没办法抵抗的。

这时候，有人给赵匡胤说起一个叫明马儿的人。赵匡胤这才恍然大悟。没有人比明马儿更适合照顾家里人了。这个明马儿在汴京一个比较隐蔽的地方当住持。这个地方叫定力院，寺院不大，香火也没有相国寺那么旺，但这正好是藏人的好地方，而且不易被人发现。

最终，赵匡胤将目光锁定在定力院，出身行伍的赵匡胤，此前与明马儿有没有具体交集不得而知，而这个明马儿为何弃盗出家也无可考究。

太夫人杜氏、夫人王氏方设斋于定力院。[1]

但此时，明马儿的确是定力院的住持。赵匡胤决定将家里人安顿在此处。而明马儿也允许赵匡胤将家人寄居在此处，并负责看护。由此，也能反映出两个人的关系非同一般。如若不然，谁愿意冒着被杀头的危险，收留赵匡胤的家里人呢？

据说，赵匡胤将家里人寄居在此处，还是被人发现了。毕竟让家里人全部都上寺院去，也不合常态。而韩通一定会紧盯赵匡胤家里人的举动。赵匡胤走了之后，他们一家人便都上了定力院去拜佛烧香，这也不符合常态。一般烧香拜佛，不可能全家都去，而且此时汴京烟火最旺的地方是大相国寺，而不是定力院，那么，赵匡胤的家人全都去定力院，只能有一种解释：行踪可疑。

据史料记载，赵匡胤在陈桥驿兵变之时，赵匡胤的母亲，也就是后来的杜太后正在向僧人布施粥饭。明马儿听说了赵匡胤的兵变，便赶紧将赵匡胤家眷藏了起来，并整天守候在藏匿地方，"誓以身蔽"。赵匡胤陈桥驿兵变成功后，便赏

1《涑水记闻》卷一。

赐了明马儿，给了他一个"的乳三神仙"的封号。

> 太祖陈桥时，太后方饭僧于寺，惧不测，寺主僧誓以身蔽。上受禅，
> 赐"的乳三神仙"。[1]

不过这个记载有漏洞，赵匡胤家里人作为被保护对象，自然越少人知道他们的踪迹越好。杜太后在寺院里为众僧侣施粥舍饭的行为太招摇，难道不会引起其他僧人的惦记吗？若一旦韩通或者后周禁军至此，即便住持明马儿想隐瞒此事，难道其他僧侣同样会隐瞒吗？故而，陶谷在《清异录》中的记载，存在着明显的不合理之处。

赵匡胤将家人藏在定力院的事情，并不是只有《清异录》里才有，多种资料都显示，赵匡胤的家眷的确到过定力院。那么，根据这种相互印证以后的结果，便能推断出，赵匡胤的确将家里人安置在了定力院。

只是，赵匡胤的家眷远没有史料记载的那般逍遥自在。在寄居于定力院的这几天，应该是赵匡胤家里人生命中最黑暗的日子。他们一定会被住持藏在最隐蔽的地方，不能见人。他们不知道赵匡胤的兵变，到底成功了没有。他们在焦虑和煎熬中等待着赵匡胤从前线传来消息。

而在另一本笔记《曲洧旧闻》中，对赵匡胤家人在定力院的事情，也有详细记载。大致意思是，赵匡胤奉命北征，大军行至陈桥驿，被三军拥立为皇帝。当时杜太后等人都在定力院躲避，而后周朝廷已经知晓了这件事，派人去找赵匡胤的家人。这便如前文所述，后周的禁军们找到赵匡胤的家里，发现除了看门人，并没有家眷，他们便询问赵匡胤家人踪迹，有好事者便指出，赵匡胤的家人在赵匡胤率军离开京城以后，便都集体出动，去定力院为赵匡胤祈福去了。于是，后周禁军便找到了定力院。

> 太祖在周朝，受命北讨，至陈桥为三军推戴。时杜太后眷属以下尽在

1《清异录·释族》。

定力院，有司将收捕，主僧急令登阁，而固其扃？[1]

定力院住持见周军来搜查，便将赵匡胤家里人安顿在了一间常年不住人的柴房里，后周禁军行至此处时，见阁楼蛛网满布，灰尘很多，鲜有人迹。住持对这些禁军们百般讨好，还声称此处乃柴房，多年积攒杂物，已经弃之不用了。禁军们或许也没有实心找，只是到柴房边上看了看，果真如住持所说，便撤退了。赵匡胤家里人这才躲过了一劫。

俄而大搜索，主僧绐云："皆散走，不知所之矣。"甲士入寺升梯，且发钥，见虫网丝布满其上，而尘埃凝积，若累年不曾开者，乃相告曰："是安得有人？"遂皆返去。有顷，太祖已践祚矣。[2]

这种记载的可信度相对较高一些。毕竟赵匡胤家里人一起上定力院，必然引起朝中的重视。如果他们只是单纯为出征的赵匡胤祈福，倒也无可厚非。可事实并非如此，他们是为了躲避祸乱，才躲到了寺院。

在另一本笔记《挥麈录》中，也有类似记载，这个里面的内容，记载得比较详细，大致内容是：太祖在陈桥驿发动兵变，韩通听闻后，便寻觅赵匡胤的家人，这才探听出来赵匡胤的家人已经都上了定力院去焚香祭拜祈福，韩通便带领人去追击，被寺院的住持拦住，并将韩通糊弄过去，最终韩通没有找到赵匡胤的家人，悻悻而去。

太祖仕周，受命北伐，以杜太后而下寄于封禅寺。抵陈桥，推戴。韩通闻乱，亟走寺中访寻，欲加害焉，主僧守能者，以身蔽之，遂免。太祖德之，即位后，极眷宠之。年八十余，临终，语其弟子曰："吾即泽州明马儿也。"马儿，五代之巨寇也。[3]

1《曲洧旧闻》。
2《曲洧旧闻》卷一。
3《五季泛闻录》。

可这种说法，也有漏洞，韩通何等人物，岂能被一个定力院的住持阻挡？

以上三部史籍资料，记载的大致内容相差无几。可并未记载赵匡胤安置家人的具体过程。宋朝的正史对此事忽略不提，让人根本看不到具体的操作过程。当然，这种只字不提，也是避免让后世对赵匡胤发动兵变产生误解，让人认为兵变就是《宋史》里记载的那样。幸亏宋代大包容的政策，可以允许各类人著书立说，否则今天我们便很难知道赵匡胤当时安排家眷的事情了。

今天我们通过各种记载细微之处的资料，便能发现蛛丝马迹。赵匡胤在大军出征之前，一定是将家里人安置妥当后，才开始率军北征的。郭威不仅给赵匡胤上演了一幕兵变的大剧，也给赵匡胤一个巨大的经验：保护家里人非常重要。

当时，赵匡胤家里有老人，也有孩子。他父亲赵弘殷去世得早。家里只剩下母亲，还有妻子王氏、弟弟妹妹以及孩子们。在这种情况下，赵匡胤需要做的第一件事就是要将家里人安顿好。这样，他才能腾出手来，做具体的兵变工作。无论如何，家里人都不能出事。一旦家人的生命受到威胁，赵匡胤的兵变将处处掣肘。

只是，《宋史》也好，宋代的史籍资料也罢，都将这一过程抹掉了。毕竟提前安置家人，那就预示着赵匡胤发动兵变是早有预谋的。而这与后来史籍中赵匡胤被三军胁迫当皇帝的记载显然不相符。

所以，安置家人的这些记载，便没有出现在各种官方确定的正史中。即便是司马光的读书笔记《涑水记闻》中，也是简简单单记述了一笔，至于整个事件背后的故事，我们只能凭借自己的想象去还原。

若按照正史记载，当时赵匡胤出征，并没有叛变的打算。那么他一定不会安置家里人，毕竟，他若不反后周，家里人就安然无恙。可事实上，赵匡胤已经在做陈桥驿兵变的准备了。

这便发生了我们看到的一幕，公元九六〇年正月初二，赵匡胤便已经将家人的安置方案想好了。正月初三早上他带兵出征，而家里人则全部去了定力院，并隐藏其中，等待着赵匡胤兵变成功的消息。

在综合研究赵匡胤兵变的过程当中，这些疑点也是一点点暴露出来的。若单纯去翻阅《宋史》，我们很难发现这样的记载。

不得不承认，在陈桥驿兵变这场大剧中，赵匡胤一开始就扮演了总导演的角色，他在注视着这场大剧的每一个细节之处。而安顿家人只是一个序幕。他的一幕兵变大剧，即将上演。

第三章

陈桥驿兵变

予观汉高祖及光武，及唐太宗，及我太祖皇帝（赵匡胤），能一天下者四君，皆以不嗜杀人者致之，其余杀人愈多，而天下愈乱。秦、晋及隋，力能合之，而好杀不已，故或合而复分，或遂以亡国焉。

——［宋］苏轼

1. 苗训其人

安顿好了家里人，这场政变大剧，也将按照准备的每一个环节，徐徐推进。点检做天子流言只是第一步，造成汴京恐慌。接下来，赵匡胤带兵出征，继续制造各种他是真命天子的事迹。

在古代，太阳预示着天子，所以，在行军的时候，赵匡胤开始在太阳上面做文章，继续给自己取代后周创造条件。

这时候，有个人帮着赵匡胤做太阳的文章。这个人就像玛雅人预言世界末日一样，预言了赵匡胤在陈桥驿发动兵变乃天命所归。在陈桥驿兵变这场大剧中，他成了第一个出场并被记载在正史中的人。

这个人叫苗训。那么，这个苗训到底是何人物呢？

《宋史》里，对苗训其人有专门的记载。苗训，字光义，潞城宋村人。看到"光义"这个词，极容易让人联想到宋太宗赵光义。但此时，赵光义还不叫赵光义，而叫赵匡义。但苗训是否在以后赵光义执政时期改了名字，以避讳赵光义，并无史籍记载。

　　苗训，河中人，善天文占候之术。[1]

苗训师从陈抟老祖，善天文占候术，以谋略见长。而这一次陈桥驿兵变，他也将自己的天文占候术全部发挥了出来，在意识形态领域，为赵匡胤兵变造足了势，也拉开了兵变的帷幕。

且说苗训因才智过人，聪明好学，深得恩师喜爱。陈抟老祖便将平生之所学，都传给了苗训。苗训本人，也不辜负陈抟老祖的厚望，孜孜不倦，刻苦学习，几乎得到了陈抟老祖的全部真学。

少年时代的苗训，已经文韬武略，满腹经纶。看着苗训孜孜不倦学习的样子，陈抟老祖说不出的开心，也对苗训寄予了厚望。学成之后，陈抟老祖让苗训下山去走访，寻找天地之间的学问，因为此时，他已经没有学问教给苗训了。

陈抟老祖说，世间之学问都是为了经世致用。孔老夫子说"质胜文则野，文胜质则史"，就是告诉人们，所学的知识，要应用到具体实践活动当中去。若单纯地学知识，而不将所学加以使用，为社会进步、百姓安居乐业发挥出应有的作用，这样的知识不如不学。

苗训也知道师父用心良苦，便拜别师傅下了华山，开始了流浪生活。他登高山，进村落，访古迹，看事态，恤百姓，启蒙智……尽一己之力，传播着文明。

然而，时值五代乱世，到处都是战乱，民不聊生。苗训目睹了国破山河的现状，恨自己不能为天下太平做一些事。这时候的苗训，已经不再是一个学有所成的士子，而是一位饱经沧桑的人了。他看到战争不休，苦难不断，对底层人民有了一种更为刻骨的理解。此时的苗训便立志要运用平生之所学，建功立业，造福

1《宋史》卷四百六十一《列传第二百二十·方技上》。

于黎民百姓。[1]

可建功立业绝非一朝一夕就能完成，那需要一大批志同道合者一起努力，才能有所为。所以，寻找志同道合者，也成了苗训这段时间最迫切的任务。苗训相信，这种战乱往往也是酝酿人才的时机。大凡乱世，必有英雄辈出。苗训似乎预料到在这大争之世，将会有扭转乾坤之人正在等待着自己靠近。苗训要做的就是找到这个人，和他一起共谋天下，还世间一个太平，给百姓一份安定，如此而已。

就在苗训到处游览的时候，他发现了一样到处游荡的赵匡胤，并被赵匡胤的雄才大略折服，最终决定跟随赵匡胤开创一番事业。

苗训与赵匡胤的相遇，充满了传奇色彩。据说某一日，已经游荡多日的苗训，在一个叫柳叶镇（属潞城县管辖）的地方发现了赵匡胤。当时，苗训正在餐馆进餐，便听得一阵马蹄声疾驰而来，等苗训定睛看时，发现有个少年策马骑行，气宇轩昂。

苗训便多看了一眼。这时候，策马而行的这个少年也走进苗训所在的餐馆，要了酒肉。

素有识人本领的苗训看到眼前的少年，越发觉得此人不一般，绝非池中之物。苗训思忖：这不就是自己要找的人吗？于是，苗训便故意走近少年，与之交谈。

少年也是豁达之人，见有人主动找他谈话，便招呼苗训一起喝酒。苗训从他的桌子上挪到了少年的桌子旁，两个人相互请教，互相述说志向。侃侃而谈中，苗训这才知道，眼前坐着的少年名叫赵匡胤，是后汉大将赵弘殷的二儿子，因不愿意在家吃软饭，便也到处走访，行万里路，品人间真情，看世态炎凉，想在这大争之世，建一番功业。

苗训也说自己是外出游览，增长见识，了解民间疾苦。两个人一拍即合。让赵匡胤惊讶的是，眼前这个少年竟是陈抟老祖的关门弟子，便对苗训多了几分敬重。

---

1 根据《潞安府志》《潞城县志》整理。

谈话间，二人都有了一种相见恨晚的感觉。他们都是有志青年，立志要在大争之世闯荡出一番事业。当下，两人便决定一起为黎民百姓做点事。这时候，苗训问及赵匡胤的志向，赵匡胤虽不敢隐瞒，但也没有说太大，只言自己想为天下百姓办点事。

最后说及到何处去建功立业，两人意见有分歧。赵匡胤执意向南行进，寻求发展之地，而苗训则打算向北走。

可不久以后，苗训的一番话，彻底让赵匡胤佩服了。赵匡胤最终还是听从了苗训的话。若当时不是遇到了苗训，赵匡胤执意往南走，那么他还会遇到后来的郭威和柴荣吗？

这一切，不能假设。

早年间，赵匡胤游览天下的时候，就曾结识过一个僧人，据说此人有占卜未来的本领，与苗训差不多。当时，赵匡胤打算到南方寻找出路，但是这位老僧建议赵匡胤到北方去。赵匡胤多少有些犹豫，但依然掉转马头，向北方而来。这向北而来的路上，赵匡胤就遇到了苗训。当赵匡胤与苗训相识后，就对苗训说了自己经历的一些事。苗训也建议赵匡胤往北方走，在苗训看来，如今南方安定，人们生活相对安稳，去南方没有前途。而将军若要在这大争之世，开创一番霸业，最好还是去北方，因为北方一直处在大动荡中，去那里，机会更大。苗训还对赵匡胤分析了当下的事态和各种政权之间的斗争。

赵匡胤被苗训的一番话震撼了，他感到茅塞顿开、醍醐灌顶。总之，苗训的话彻底改变了打算去南方发展的赵匡胤。

二人在柳叶镇的交谈，恍如当年刘备与诸葛亮的交谈。

根据《潞安府志》《潞城县志》等史料记载，经过交谈之后，赵匡胤被苗训彻底说服。赵匡胤还夸赞苗训为当代孔明，有匡扶宇宙之才。赵匡胤随即邀请苗训和自己一起去北方创出一番霸业。但这一次苗训拒绝了。苗训想再看看人间疾苦，并表示，等到合适时机他自然会去寻找赵匡胤。两个人便有了一个一起干大事的约定。

苗训拒绝赵匡胤也不是太难理解。无外乎一点，那就是赵匡胤是个有志向的年轻人，却并未显出他多么有志向。苗训似乎还在观察赵匡胤接下来的行动。

当然，苗训对赵匡胤的鼓励也是试探。苗训要看看赵匡胤的志向有多大。这一时刻，他们毕竟彼此了解不深刻，所以苗训没有答应随赵匡胤一路同行。

最终两个人的约定，有如一丝看不见的线，将两人牵住。

临别时，听到苗训仍然要云游四方栉风沐雨，赵匡胤还将自己带着的细软，全部给了苗训。这样，两个人便各奔西东。

后来，赵匡胤投奔郭威，成了一名普通军官，并在郭威的手底下，逐渐凸显出了自己杰出的领导才能。郭威也是人尽其才，不断提拔赵匡胤。

当然，此时的赵匡胤越来越感受到知识的可贵之处，由此，他也对读书充满了向往之情。恨只恨当初游历时，没有好好读书。赵匡胤在不停地搜寻书籍，不断地进行学习，以期达到文武双全的目的。同时，赵匡胤还在寻找一些真正的饱学之士，加入他的阵营当中，为他出谋划策。

这时候的赵匡胤，心里一直想着苗训的下落。正是因为当年苗训的交流，赵匡胤才改变南下的决定，向北而行。在一定程度上讲，苗训在他人生面临重大选择的时候，给他指明了方向。所以，此时已经在郭威手下小有成就的赵匡胤，便想起了昔日这位故友，想起了两个人的约定。只是不知道此刻的苗训身处何方？不管怎样，赵匡胤决定找到苗训，实现几年前两个人的约定。于是，赵匡胤派人到处寻访苗训先生。

不久，赵匡胤便寻到了苗训。这一次，苗训接受了赵匡胤的请求，甘心到赵匡胤身边，做一个谋士，为赵匡胤出谋划策。

之后，郭威病逝，郭威养子柴荣即位，是为周世宗。周世宗继位后，感念赵匡胤能在他没得势时主动投奔他，便对赵匡胤委以重任。

而此时的苗训，不仅仅做着赵匡胤身边的谋士，也在极力为赵匡胤罗织人才。赵匡胤身边也急需一大批人才来辅佐他。苗训做的工作，隐蔽而有意义。

时隔不久，苗训便给赵匡胤网罗了赵普、郑子明等人。这些人才进一步充盈到赵匡胤的身边，有的成为和苗训一样的谋士。与此同时赵匡胤也在物色武将。

赵匡胤已然建立了一个巨大的人才中心，这个中心里有文有武，共同辅佐着赵匡胤。武将陪着赵匡胤打天下，文臣则替赵匡胤出计谋。

这些人当中，最让赵匡胤看重的是身边的那些谋臣，他们位居幕后，却心中有韬略。这一时期的赵匡胤，通过苗训等人的精心谋划、周密运作，身边已形成了文武两大阵营。文臣当中有苗训、赵普、楚昭辅等人，武将当中有潘美、王审琦、石守信、郑子明等人。这两股力量在悄然间已经成了赵匡胤掌握时局的重要筹码。

不久，周世宗病危，苗训等人就期望赵匡胤趁早着手谋大业。这一时期，赵匡胤还是忠于后周的。周世宗临危之际，将赵匡胤提升了级别，让赵匡胤担任殿前都点检一职。这时，赵匡胤便将苗训也推荐上来，让他担任殿前军的指挥使，而且是第一位的殿前指挥使。这个指挥使大概是都点检提议，就会被授予。总之，这一时期，苗训真正成了赵匡胤身边有身份又能辅佐他的人物。

周世宗去世后，后周国家一切都看似正常，但隐匿在暗处的一些不和谐势力在积蓄力量。所有地方节度使，其实都在谋划着自己的打算。主少国疑笼罩着整个后周王朝。

此时，作为谋臣的赵普、苗训等人，就建议赵匡胤不要坐以待毙，应该早做打算。柴宗训的皇位能否保住，很难说。尽管三位宰相在极尽可能地将那些手握重兵的人都调离京城，可这些影响国家不稳定的因素依然甚嚣尘上。

赵匡胤在智囊团的不断劝说之下，对后周的忠心变得脆弱。毕竟那个皇位，对任何人都具有强大的吸引力。五代以来的乱世告诉所有人，天子不是姓氏正统下的人，只要手头有兵权，就能成为天子。正如安重荣说："天子宁有种耶？兵强马壮者为之尔。"

赵匡胤心动了，若要成功兵变，他将是开国皇帝。历史或许也会就此改变。于是，一场酝酿已久的兵变活动，在赵普、苗训等人的运作中开始一步步实施。

赵匡胤的智囊团，将赵匡胤身边的每一个可信之人都进行了职能工作划分，每一个环节都放上了能尽其才之人。

所以，当赵匡胤开始策划兵变时，苗训便作为最早需要上台表演的人，发挥他的作用。

在信奉天象的古代，一切的天象，都是上苍有意安排的。这时候的赵匡胤，便安排苗训拟造了一个天象。

苗训按照赵匡胤的部署，正在准备着他所负责的"太阳事宜"。

2. 天上出现两个太阳

公元九六〇年正月初三的早上，赵匡胤按照之前的部署，带领大军如期出城，北上阻击契丹。

大军出城时，汴京城里的人精神处于高度紧张当中。正月初二流传于市井间的点检做天子的流言，让百姓们无所适从。很多人不明缘由，都已经携款外逃，以躲避即将到来的血流成河的兵变。可正月初二却什么也没发生。

出军之日，赵匡胤也没有做成天子。

赵匡胤带领的大军从爱景门出城，汴京城里老百姓中的大胆好事者跟在大军后面看稀奇。但赵匡胤率领的大军，纪律严整，秋毫无犯。人们发现赵匡胤的大军并没有像流言传说的那样烧杀抢掠。

等赵匡胤率领大军出城后，一直处于紧张状态中的汴京人民才长长吐了一口气。

> 癸卯，大军出爱景门，纪律严甚，众心稍安。[1]

正月初三，一切也如常，市井中的流言，看来也仅仅是流言而已。有时候这样的流言，只会徒增恐惧，扰乱安定和谐的气氛。

那么正月初三的早朝，是否有人将市井当中的流言上报给了三位宰相，以及符太后和周恭帝呢？这一点，史料中并无详细记载。

但作为轰动京城的"点检做天子"流言，在正月初二的早上，火遍了京城。在信息不发达的时代，让一个流言一晚上传至千家万户，也不是一般人所能做到的。

消息之所以传播那么迅速，是因为政变之事涉及千家万户的利益，所以人们

1《宋史全文》卷一。

才会急着传播这样的消息。

而这样一条火遍京城的消息，在赵匡胤带兵出征以后，不可能凭空消失。一定有人上报给了朝廷。虽然事实并未如流言一般发生，但这东西既属于流言，又属于舆情，对周恭帝的统治非常不利。那些京官们肯定要上报给朝廷，然后，朝廷也会搞出一些姓氏正统论的宣传来，再次确定周恭帝天子身份的合法性，同时稳定汴京的人心。

就此事，我们可以遥想九六〇年正月初三后周早朝中的情况：一帮大臣一定展开了激烈的讨论。有人认为应该马上撤掉赵匡胤的三军统帅职权，押回京待查罪状。同时，重新确立一个出征之人，带着大军去抗击北汉与契丹联军。也有人认为，赵匡胤并未表现出叛变的征兆，一切下结论尚早，不如静观其变。

此时的符太后，已然乱了方寸，不知道如何处置才好。只能向三位宰相求教。可三位宰相此时也有不同意见。王溥坚持静观其变，范质则开始担忧，而魏仁浦保持中立。

这时候，便有人建议，可以将赵匡胤的家人先拘押起来，视情况而定。若赵匡胤没有反心，他的家人自然也会平安无事，若他有所举动，便可以用赵匡胤的家人来要挟，让赵匡胤束手就擒，到时赵匡胤肯定也不敢造次。但派出去的士兵，并没有找到赵匡胤的家人。他们将定力院翻了个底朝天，也没有找到赵匡胤的母亲杜氏和赵匡胤的妻子王氏。此事，也就作罢。

把家人都藏起来了，赵匡胤的目的已非常明显。不过，由于此时赵匡胤自己带着大军出发了，他还能接受后周的领导吗？

现场还有人马上提出后汉刘承祐胁迫太祖郭威造反的事情。这件事，后周但凡上了年纪的重臣们都知道。诸多大臣便不再说话了。后周这帮大臣对郭威政变之事都比较熟悉，谁也不愿意让赵匡胤成为第二个郭威。

这时候，还有人提示，后周还有一个重要的人物没有被重视起来。这个人物就是符彦卿，也就是符太后的父亲。作为国丈，也作为周恭帝的外祖父，即便赵匡胤发动政变，符彦卿也不会坐视不理。周世宗去世前，特意提拔符彦卿，其实就是为了留一条后路。周世宗料定，符彦卿不会纵容别人欺负自己的女儿和外孙。当然，此时的符彦卿还在雄州。不过从雄州至汴京，也就几天路程，随时都可以救援汴京发生的政变。这种观点和想法，也非常符合实际，毕竟符彦卿功业甚大，历经五代以来所有大大小小的政变，对那些政变都非常熟悉。即便是契丹人，提起符彦卿，也惧怕三分。

符彦卿是抵挡赵匡胤最强大的一股力量。

然而，这些朝堂之上的人似乎都忽略了另外一件事，那便是符彦卿的小女儿在不久前嫁给了赵匡胤的弟弟赵匡义。不管这是不是赵匡胤有意拉拢符彦卿，符彦卿都不可能对赵匡胤毫无忌惮。

此时的符彦卿不仅与后周有着千丝万缕的关系，与赵匡胤也有着不同寻常的关系。有了这层关系，赵匡胤与符彦卿之间的关系，就有些复杂。若换成别人政变，符彦卿一定会捍卫后周的正统性，可赵匡义是符彦卿的女婿，而赵匡胤是赵匡义的哥哥，他该帮谁？

符彦卿自己恐怕也说不出该帮助谁。他期望如今这般太平继续下去，赵匡胤继续担任殿前都点检，而周恭帝继续当皇帝，就少了很多政局不稳定因素。

后周朝堂之上的这次决议，并未议出结果来，朝廷只能按兵不动，等待事情进一步发展。

这时候的后周朝廷上下，还是处于一种紧张状态中。若赵匡胤真成了天子，那么谁来对抗赵匡胤？

这时候，有人提出了韩通。但是，韩通真的能敌过赵匡胤吗？没有人能说得清。

此刻，大家也只能将目光齐刷刷地投向三位宰相。宰相们也没有什么更好的办法，只能静观其变。当然，三位宰相也极尽可能地为赵匡胤辩解，认为赵匡胤不会发动兵变，因为赵匡胤是他们选的出征之人。但此时，赵匡胤毕竟身边带领着很多禁军。三位宰相还是不放心，便让侍卫司的长官韩通密切关注赵匡胤的动向。

赵匡胤出征之事，牵动着整个后周皇室和文武大臣们的心。但是，正月初三并没有发生任何异常之事。这一天让所有人都战战兢兢。

以上大概就是发生在正月初三后周朝堂上的人心浮动缩影。花开两朵，各表一枝。再说赵匡胤带兵出征之事。

且说赵匡胤带着大军出行后，一路向北。三军将士，阵容强大，让人望而生畏。赵匡胤身着战袍，骑着战马走在三军的最前面。后面跟着步兵、骑兵，还有押送粮草辎重的队伍。

不过这一路，赵匡胤率领的后周大军行进缓慢，完全看不出急行军的样子，也完全看不出前方有战事的情况。

这一天，天气非常好，晴空碧日。临近中午时刻，太阳当头照，此时的温度也让士兵们活跃了许多。大军在行进的过程中走得不慌不忙。

这时候，已经准备多时的苗训开始登上他的舞台，拉开整个兵变的帷幕。据说这天中午，正在行进中的大军被苗训的一番话扰乱了心智。当日，因为天气晴朗，知天文善推算的苗训对着天空看了一阵后，似乎看出了天象异常。不过正如东野圭吾所说，这世间有两种东西不能直视，一种是太阳，而另一种是人心。但此刻的苗训却直视太阳，不知道他的眼睛是否超于常人？

随着苗训观察的不断深入，一个信号就被苗训释放出来了。苗训发现天上出现了两个太阳，而且这两个太阳正在搏杀。关于太阳相互搏杀之事，也不是一般人所能看见的。不过苗训不是一般人。

对于苗训善观天象之事，在军中早有传闻。此次他看见别人看不见的天象，也被视为正常。于是，苗训便对赵匡胤的谋臣楚昭辅说，如今天上出现两个太阳，这必然是暗示上天将再降下一个新天子。

> 军校河中苗训者号知天文，见日下复有一日，黑光久相磨荡，指谓太祖亲吏宋城楚昭辅曰：此天命也。[1]

依照世俗对天象的理解，既然天上出现了两个对打的太阳，必然是不祥预兆。而且新出现的太阳，光芒明显压住了原来的那个。按照正常人的理解，苗训说这话必然是要被杀头的。自古天无二日，国无二主。此时，苗训在军队里竟然声称天上出现了两个太阳，这不是扰乱军心吗？

1《续资治通鉴长编》卷一《建隆元年》。

当然，这一切都是策划好的，首先亮出这个天象，就是为了让赵匡胤率领的士兵们有一个心理准备。上天都预示了眼前的一切，那么，赵匡胤成为天子也就是天命所归，非人力所能左右。

这时候，好奇的士兵们都抬头望着天空，他们看到的太阳除了刺眼，并未发现"黑光久相磨荡"的现象。很多人便对苗训更加钦佩了。

随即，在行动缓慢的大军中，便不断地传播着天空中出现了两个太阳的事情。很多不明就里的士兵们，自然偷着看天，但他们什么都没有发现。

天上出现两个太阳的事情，困扰着赵匡胤率领的大军。将士们边走边看，似乎也要目睹天上有两个太阳的天象。这种流言不知传至赵匡胤耳中后，赵匡胤持什么心态。不过赵匡胤没什么异样，继续骑马走在最前面。

当然，仅仅有这样别人都看不见的天象，还不足以说服所有人。而赵匡胤若要发动兵变，就得不断地造成各种天命所归的假象，让眼前的士兵们信服。

大军走了整整一天，才到了汴京北四十里处一个叫陈桥驿的地方。当时，天色已晚，继续向前已然不太可能，赵匡胤便命人在陈桥驿歇息。

这里便又有问题凸显出来了。为什么赵匡胤偏偏选择了陈桥驿这个地方？按照宋朝军队正常行驶的速度，大军每天可以行进八十到一百里，也就是四十到五十公里。可这一次，赵匡胤率领的大军，一天竟然只走了二十多公里？况且此时，前方战事紧急，赵匡胤应该迅速率兵北上，整个行军速度就应该大于平时的行军速度。可赵匡胤带领的大军竟然晃晃悠悠只走了四十里路，便停下来了。也就是说，这种行军速度，本身就是赵匡胤部署好的。他们计划好了第一夜在陈桥驿安营。唯有如此解释，这样的行军速度才算合理。

当天晚上，军士便在陈桥驿安营扎寨。赵匡胤命人架起炉灶，为将士们准备晚饭。冬日的陈桥驿非常寒冷。一时间，那些将士们，都围着火炉，等待着即将煮熟的饭食。有些士兵们还在继续私底下说着白天出现两个太阳的事情。这样的天象，神秘而具有启迪性。

这时候的陈桥驿看起来安定，安营扎寨不过是行军过程中最普遍的事情而已。

可一切真的安定吗？事实证明，这一晚并不太平。既然赵匡胤决定在此处实施兵变，那么，这注定会是个不眠之夜。所有那些幕后操纵者，要在这一晚，按照提前部署好的方案，一步步实施政变。

3. 幕后动员工作

事实上也确如此，就在赵匡胤让部众在陈桥驿安营扎寨的时候，整个兵变的过程，开始启动。

将士们围着火炉在烤火，普通士兵坐在一起，将领也坐在一起。当夜，赵匡胤命令用最好吃的饮食，招待三军。

不久，那些中层以上的将领们便吃完了饭。随后，他们商谈前方的战事，尤其抱怨在大冷天，契丹和北汉竟然兵犯边境，害得他们连个安稳的新年都没能过。

话题由此拉开，很多人便都说起了这次出兵的事情。这时候，赵匡胤的智囊团安排的人开始登场了。这个人对大伙儿说："当今的皇帝是个小孩子，不明事理，整日躲在深宫大院，我们为了他去和北汉与契丹联军打仗，他哪里知道前线三军将士的辛苦。我们若是打了胜仗，他会以为这是我们的分内之事，我们若是战败了，责任怕是要我们这些人担待。"那些武将们便都随声附和，觉得此人说得非常有道理。这人又接着说："为今之计，以我之见，不如我们先册立咱们三军统帅赵匡胤为天子，然后跟着赵匡胤去攻打北汉与契丹辽军，也为时未晚。"

> 是夕，次陈桥驿。将士相与聚议曰：主上幼弱，我辈出死力，为国家破贼，谁则知之？不如先立点检为天子，然后北征，未晚也。[1]

至于这个人是谁，史籍中并无记载，但要拥立赵匡胤为皇帝，必须有人先提出这样的想法，再通过谈话深入将领中间，最终激发他们的决心，才能达到目

1《宋史全文》卷一。

的。《宋史》里很含糊地记载，这是一帮将领们一起商议的结果。

当有人将拥立赵匡胤为天子的事情说出来以后，有些与赵匡胤关系比较亲近的将领也随声附和，这个话题就开始在中层将领之间讨论起来，大家各抒己见，相互说着拥立赵匡胤为天子后的利弊。

于是，一帮中层将领商讨拥立赵匡胤的可行性。那些被安排之人，当然要极力促成这件事，他们不断地给这些中军将领们灌输拥立赵匡胤为皇帝的好处。同时，大家说起了前天晚上汴京城里的流言和今天白天天上出现两个太阳之事。话里话外透露着这是天意，是上天要让赵匡胤当天子。最终，拥立赵匡胤为天子的提议，得到了当时将领们的一致同意。这才有了"将士相与聚议"。

但这个提议，只是一些将领们之间的商议，并没有征得赵匡胤的同意。毕竟，他们愿意册立赵匡胤为天子，不见得赵匡胤一定会答应。若赵匡胤不答应，他们这种商议就成了谋逆。

此时，为了继续鼓动人心，赵匡胤身边的那些策划者继续给众将敲边鼓。这些人认为，他们在私底下这样议论政变，此事一旦泄露出去，他们不仅会害了自己，也会牵扯家人。到时候，可是诛灭九族的谋逆之罪，谁也承受不起。

那么，这些商议册立赵匡胤的将领该怎么办？

有人提出了一条可行策略：既然大家商议不出结果来，不如先不将此事告知赵匡胤，而是先与赵匡胤的几个心腹说，看他们的表现，若赵匡胤的几个心腹都同意这么做，那到时候，即便赵匡胤不同意，他们可以学着周太祖郭威的样子，黄袍加身。等到了那时这个天子赵匡胤做也得做，不做也得做。

于是，这些将领们便找到了当时赵匡胤的副官——都押衙李处耘，并将诸将的想法告诉了李处耘。这个李处耘本是没有品级的随身侍从，可深得赵匡胤的喜爱。所以，当这些武将找到了李处耘，并将诸将拥立之意都告知了李处耘，希望李处耘代为转达。李处耘自知兹事体大，不敢有丝毫懈怠，便去寻找赵匡胤的弟弟赵匡义和书记官赵普，将众将们底下商议的事情，都告诉了二人。

都押衙李处耘具以事白匡胤弟供奉官都知匡义及归德掌书记赵普。[1]

赵匡义和赵普听完李处耘汇报后，非常震惊。诸将商议拥立赵匡胤之事，是谋逆之罪。若此事被泄露出去，那可是要被诛灭九族的。但李处耘表示，众将们已经在商议这件事，且一定要促成这件事。赵匡义打发了李处耘，并让李处耘赶紧疏散这些将领们，以免走漏风声，祸及家人。李处耘出了赵匡义的大帐之后，便对众将领说了赵匡义的态度。这些将领们思考了大半个晚上的事情，竟然被赵匡义给拒绝了。此时，那些武将们多少有些不甘心，他们要面见赵匡义，大家一起给赵匡义说此事的好处。李处耘打发不走这些人，便带着他们走进赵匡义的大帐当中。对于诸将的造访，赵匡义意料到了。看着眼前站了一大片禁军将领，赵匡义和赵普便都站了起来，不知如何应对。

语未竟，诸将突入，称说纷纭，普及匡义各以事理逆顺晓譬之。[2]

关于这次会见，赵普在《飞龙记》中的说法与之并不一样。赵普的记载称，当时给这些武将讲道理的是赵普和李处耘。但《宋史》中记载的却是李处耘先对赵匡义和赵普说了众将要拥立赵匡胤为皇帝，并与王彦升、马仁瑀、李汉超等人商议这件事。

赵普《飞龙记》云：（李）耘亦同普晓譬诸将。按《国史》，处耘见军中谋欲推戴，即遽白太宗与王彦升谋，遂召马仁瑀、李汉超等定议。然则晓譬诸将，独普与太宗耳，处耘必不在也。今削去处耘名。[3]

不管怎样，诸将都见到了赵匡胤的书记官赵普，希望赵普给诸将指一条活路。面对眼前的这一大批将领，赵普和赵匡义并没有说拥立赵匡胤为皇帝的好

1《宋史全文》卷一。
2《续资治通鉴长编》卷一《建隆元年》。
3《续资治通鉴长编》卷一《建隆元年》。

处，而是给众将领泼了一盆冷水。赵匡义对众将领说："太尉（赵匡胤）深受后周隆恩，忠于后周，你们今天却在背后商议拥立太尉之事，这件事若被太尉知道了，必然不会轻饶你们！"

普及匡义各以事理逆顺晓譬之曰：太尉忠赤，必不汝赦。[1]

赵匡义的话，登时将这些打算拥立赵匡胤的武将们噎住了。没有人想到赵匡义会这么说，不管怎样，拥立赵匡胤，对赵匡义而言，是非常有利的事情。若赵匡胤当了皇帝，那他就是亲王。这种彻底改变命运之事，在赵匡义眼里，似乎并不在意那个亲王的头衔。

赵匡义面对着众将领的殷殷恳求，不为所动。

其实，这也不难理解。赵匡胤若发动兵变，就得依靠这些人，可这些武将当中，有很多人都会审时度势，按照形势来判断自己最终跟着谁走。赵匡义和赵普作为兵变这件事的执行导演，必须确保每一环节不出问题，才能让兵变成功。任何一点没有考虑到，都必将影响全局。

这时这些武将们意图拥立赵匡胤，不过是有人这么提议了，诸将就随声附和。真正有多少人愿意冒着被杀头的危险，跟着赵匡胤发动兵变呢？如果这时候后周的皇上要他们捉拿赵匡胤，他们势必会掉转枪头，将赵匡胤缉拿归案。所以，这时候试探他们的忠心，也非常有必要。这也是赵匡义说赵匡胤忠于后周，不会发动政变的原因。赵匡义就是要通过试探，来筛选出那些真正愿意跟着赵匡胤发动兵变的人，而剔除掉混杂在这些人当中非真心实意跟着赵匡胤走的将领。

果然，当赵匡义说出太尉会惩治意图发动兵变的话之后，有些将领害怕了。谋逆的意思就是谋反。此时他们商谈拥立新皇帝，明显是谋逆之举。这些武将们面面相觑，他们把拥立这件事想得太简单了。别说赵匡胤本人能否同意，即便是赵匡义都不赞成这么做，那么他们的这种贸然闯营就非常唐突了。诸将没再执意强迫拥立赵匡胤为皇帝，大部分人都先后离开了大帐。有些人叹息着，但最终还

1《宋史全文》卷一。

是走出了大帐。

诸将相顾，亦有稍稍引去者。[1]

走出大帐的诸将也都六神无主了，毕竟谋逆之罪，谁都担待不起。如今，既然赵匡义不打算将此事上报给赵匡胤，那么他们继续纠缠下去，已经没有多少意义。赵匡胤的那些亲信们则在诸将中继续动员：既然大家已经有了拥立之意，便已经犯了谋逆大罪。若不立赵匡胤，大家只有一个下场，那便是以谋逆大罪被朝廷处死。大家出来当兵，没想着就这样死去。

所以，这些武将们并没想过要真正离去。

关于这一点，赵匡义和赵普两个人，也看得非常清楚。他们知道，这些人还会回来的。拥立新帝这件事既然已经有了苗头，就不会轻易被压制下去。况且这也是他们操作的。他们这样做，不过是为了将整个事件都装成被逼无奈而已。

赵匡义和赵普两个人继续喝酒，像没发生任何事情一样，等待着这些将领们折返回来。

这些武将们走出大帐以后，在外面如何商量，赵匡义和赵普不得而知。但一切都在掌控之中，他们等待着诸将重返他们的大帐。

事情还真如赵普、赵匡义预料的那样，不一会儿，这些已经离开大帐的武将们，便重新返回来了。这一次，他们已经没有了上一次商议拥立赵匡胤为皇帝时的和善，而是态度非常强硬，甚至亮出了刀剑，态度坚决地告诉赵匡义和赵普，他们就是要拥立赵匡胤为皇帝。因为他们拥立赵匡胤为皇帝的话已经说出去了，也就是犯了谋逆大罪，若被朝廷得知，他们一定会被处死，到时候还会牵连家人。与其这样，不如干脆拥立赵匡胤为皇帝，他们还会成为开国功臣。如果赵匡胤不答应，他们就会成为乱臣贼子。此时，诸将们已经没有退路，只有拥立赵匡胤一条路可走。用这些武将的话来形容就是，大事已经议定，赵匡胤若不从诸将，则所有人岂不是要大祸临头？

1《宋史全文》卷一。

> 已而复集，露刃大言曰："军中偶语则族。今已定议，太尉若不从，则我辈亦安敢退而受祸？"[1]

赵匡义和赵普看到这帮武将凶神恶煞的样子，便知道一切计划已经成功。这些人内心已经燃起了大火，他们能做的，就是在这团大火上，再加一把薪，这团火便可烧得更旺一些。

于是，赵普与赵匡胤大声呵斥道：策立新天子是件大事，需要做周密的部署，你们这样舞枪弄棒就能成事？

> 普察其势不可遏，与匡义同声叱之曰："策立，大事也，固宜审图，尔等何得便肆狂悖？"[2]

赵普与赵匡义的这一声呵斥，将那些武将们骂醒了。那些武将似乎觉得如此用武力来胁迫，多有不妥之处，于是不再以武力相逼，而是坐下来，听从赵普和赵匡义的安排。但诸将要求赵匡义和赵普必须答应一点，那就是必须拥立赵匡胤为皇帝。这是底线，不能更改。否则，赵匡义与赵普说的话，他们就不会听。他们之所以心平气和坐下来听从安排，也是以此为前提的。

赵普和赵匡义相互看看，表示很无奈，事已至此，他们必须尊重这些武将们的意见。

赵普与赵匡义做了退让，但他们也希望这些武将们能退让。于是，赵普对这些武将们说，如今契丹与北汉联军压境，整个国家处于一种危险当中，若贸然发动兵变，势必会引起边境不稳，不如先跟着太尉去阻击北汉与契丹联军，等击退了联军，再立天子也不迟。

1《宋史全文》卷一。
2《宋史全文》卷一。

普复谓曰：外寇压境，将莫谁何，盍先攘却，归始议此？[1]

赵普这样说的目的，还是要让这些武将们继续着急，这也是一种拖延的计谋，也就是前面说到的再加的薪。这些武将自然不愿意这么做。

赵普的建议，马上遭到了众将领的反对。诸将认为，如今朝廷政令出自多门，不受前方将领的左右，尽管将在外君命有所不受，但涉及调任等诏令，所有人还得服从。如果等到击退了联军，很难保证事态就一成不变，万一他们拥立赵匡胤当皇帝之事被朝廷大做文章，将赵匡胤免职或者将他调任到其他地方任职，这一切的策划就成了梦幻泡影。随之而来的就是他们这些将领将会遭受朝廷的严厉处置。诸将以为不如乘此机会，带军队进入汴京，拥立太尉为天子，安定天下，再由赵匡胤引兵北上，抗击北汉与契丹联军。这样的好处是可以先拥立皇帝，而且成功率非常高，因此，这些武将不再退让，他们也表明了态度，若赵匡胤拒不接受这样的安排，那么六军也不会向前迈出一步，任由北汉与契丹联军攻打后周边境。

诸将不可，曰："方今政出多门，若俟寇退师还，则事变未可知也。但当亟入京城，策立太尉，徐引而北，破贼不难。太尉苟不受策，六军决亦难使向前矣！"[2]

诸将的意见很明确，今天不策立赵匡胤为天子，想要带领大伙儿北上抗击联军，简直是做梦。大家决不会跟着太尉去干出力不讨好的事情。赵普的建议，被诸将无情地驳回。

这一举动，也是赵普计划好的，这种循序渐进的方式，让诸将在浑然不觉间，便钻进了赵普和赵匡义设置的局之中。

赵普看到主将们态度这样坚决，暗喜一切都按照计划进行着。赵普便对诸将

1《续资治通鉴长编》卷一《建隆元年》。
2《续资治通鉴长编》卷一《建隆元年》。

表明了自己的态度，不再规劝诸将先抗击联军了。但此时，这些武将们并不完全听从赵匡义和赵普的安排。赵普和赵匡义觉得，火候已经到了。不能继续违逆这些武将的意见，否则若遇到紧急时刻，诸将会做出一些预想不到的事情来，如果这些预想不到的事情对兵变无益，这就得不偿失了。

这时候，赵普便悄声对赵匡义说："既然事情到了这一步，已经没有挽回的余地，只能早做谋划，提前约束部队。否则，继续推让下去，势必引起不必要的慌乱。这些将领们，很多都是杀过人的，只能约束他们，让他们管束好各自手下，等待拥立太尉为皇帝。"

> 普谓匡义曰："事既无可奈何，政须早与约束。"[1]

赵普这么说，自然有他的依据。郭威当年树黄旗做天子之后，便纵容手底下人到处烧杀抢掠。这是赵匡胤不答应的事情，他想搞兵变，但也不想引起恐慌。所以，稳住军队才是当务之急。

赵普与赵匡胤交换了意见之后，便对眼前坐着的诸将说："天下易主，皇帝易姓之事，虽然是天命所致，但也关系着人心动向。目前，我们派出的先锋部队（慕容延钊带领的先锋队）已过河，而全国各地的节度使们，则也各自在属地节度。如果我们贸然间发动兵变，京城必然会大乱，而京城一旦乱了，我们所面对的就不仅仅是外寇侵袭，全国各方势力也会乘机发生叛乱，轻则勤王军队马上歼灭所有人，重则各处将重新形成各种割据势力，唐末的那种不稳定就会席卷各地。但如果大家都能管束好自己的属下军士，令行禁止，杜绝烧杀抢掠，则京城会安定下来。京城安定，则四方也会安定。到时候，各位将领亦能加官晋爵，永保富贵。"

> 因语诸将曰："兴王易姓，虽云天命，实系人心。前军昨已过河，节度使各据方面。京师若乱，不惟外寇愈深，四方必转生变。若能严敕军士，勿

1《宋史全文》卷一。

令剽劫，都城人心不摇，则四方自然宁谧，诸将亦可长保富贵矣。"[1]

对于赵普的话，诸多将领有些意外。意外的是，每次到了兵变时，兵变者必然会动员所有将士到京城烧杀抢掠，破坏前朝的根基。他们这些将领当中的一些人就参与了郭威消灭后汉的过程。

不过大家细细思谋赵普的话，也觉得非常有道理。他们拥立赵匡胤为皇帝，不就是为了享受荣华富贵吗？若纵容手底下人到处烧杀抢掠，必然引起恐慌，他们的兵变能否成功就很难说了。因为他们当中的很多人也曾见识了五代以来各种政权更替中烧杀抢掠之后的都城，到处一片狼藉，多年都不能恢复往日的繁华。

众将同意了赵普的话。

皆许诺，乃共部分。[2]

那么，兵变策划成功以后，就得当面向赵匡胤说明情况了。但在这之前，亟须派出人去京城守卫赵匡胤的家人，同时与京城几个殿前军的首领也是赵匡胤的几个亲信交换信息，策划兵变以后的种种事宜。

于是，按照赵普和赵匡义的安排，他们当夜便迅速派出军使郭延赟带着赵普和赵光义的书信，回到汴京去找殿前都指挥使石守信、都虞候王审琦，并将陈桥驿的相关事宜悉数告知两人，让他们保护赵匡胤的家人，并做好内应工作。

守信、审琦，皆素归心太祖者也。[3]

部署好了一切之后，诸将都回去给各自属下传达将令：兵变之日，遵守纪律，不可烧杀抢掠。

此时，赵普还提到了一件东西，那便是黄袍。黄袍是权力的象征，也只有天

---

[1]《续资治通鉴长编》卷一《建隆元年》。
[2]《宋史全文》卷一。
[3]《续资治通鉴长编》卷一《建隆元年》。

下之主的皇帝，才能穿着黄袍。而要发动兵变，黄袍是必用之物。也只有黄袍，才能确定赵匡胤的身份地位。

对于赵普的担心，赵匡义表示一切都在掌握当中。他早就命人缝制好了黄袍，就藏在大帐中。明天天一亮，就会被指定的人拿走，并在赵匡胤出其不意间，披在赵匡胤身上。到时候，只要诸将配合，一切就都在预料当中进行。

这时候有人建议立刻去找赵匡胤，但赵普说，太尉赵匡胤已经就寝，不宜打搅。但大家依然不愿意离去，因为政变这种事情一旦议定，就得立马付诸行动，如果中间出了岔子，兵变就失败了。

赵普和赵匡义两人配合很默契。不出片刻，这些已经部署好一切的将领在赵普和赵匡义的带领下，走向了赵匡胤的大帐。但此时，诚如前文所述，赵匡胤已经就寝，而且守门人多增加了几个，不宜去打搅。于是，那些武将们都在严寒中，严阵以待，没有人去闯营，他们都围在赵匡胤的大帐周围，等待着天亮。

将士环列待旦。[1]

如此，拥立之事，已成定局。

4. 一个人的醉酒夜

这一夜，注定是个不眠夜。所有人都在奔走，并告知着即将到来的时刻。然而，作为这部剧的总导演赵匡胤却一直没有露面，直至赵匡义和赵普派出人去报告石守信和王审琦，赵匡胤还是没有出现。

那么，赵匡胤到底在干什么呢？

事实上，这一夜赵匡胤没有出现在密谋现场，主要是因为他要给自己标榜一种不是他有意为之的表象，也就是提供不在场证明。所以，当这一夜，武将们进

1《续资治通鉴长编》卷一《建隆元年》。

进出出，左右为难时，赵匡胤并不知道武将们私底下策划兵变的细节。

当这些后周将领为了拥立赵匡胤为皇帝先后奔走时，赵匡胤在干什么？

史料记载，这一夜，赵匡胤都是一个人在喝酒。

赵匡胤素来爱喝酒，在他人生的几个关键点，都是酒发挥了重要作用。比如，建隆二年，为了解除武将们的兵权，他邀请众将喝酒，话友情，欢歌舞，提示各位将领应该放下兵权，广置田产，为子孙置办永久产业。那些武将随即纷纷辞职，赵匡胤用一杯酒，轻而易举地解除了大将们的兵权，实现了中央集权的目的。另外一次，就是公元 976 年，他去世前，也是与弟弟赵匡义喝酒喝到大半夜，甚至两个人出现了争执。太监们看见的，只是烛影斧声。

而这一次，赵匡胤也把酒当成了提神剂。酒是个好东西，可以帮着赵匡胤渡过很多危机。只是很多人不理解，这么紧锣密鼓的一晚上，赵匡胤竟然一个人喝着酒，而且喝得酩酊大醉，这就让人想入非非了。按照常理，这时候不该喝酒的，赵匡胤作为三军统帅，第二天还要向北方开拔，这一晚上他这样喝酒，也不合常理。

赵匡胤该以何种心态对待兵变这件事呢？

其实，这也是策划好的。赵匡胤害怕将来史官们将他这一夜的举动写进史书中，让他遗臭万年，那是得不偿失的。赵匡胤尽管读书不多，但对于太史公受辱而成《史记》之事，也是听说过的。所谓"高官怕史书，小吏怕政府"便是这个道理。正是基于这样的考虑，赵匡胤才将自己隐藏起来，做幕后推手。他将所有具体操作事宜，悉数交给了弟弟赵匡义和赵普、苗训等人。他只需要坐镇指挥，等待那个时刻的到来即可。

可也不能就此坐着无事可干，这样的夜晚，注定会让这位总导演心神不宁，他得思考兵变这一幕大剧的方方面面，确定兵变不会因为自己的疏忽而造成损失。

倘若总是闭门不出，也着实令人着急。而这样的夜晚又显得太漫长了。赵匡胤也想知道，各种策划是否顺利，准备工作进行得怎么样了？还有留在定力院的家人是否安全？后周皇室这时候在干什么？

尽管一切都在运筹帷幄之中，但一切都充满了未知，有时候，一点细小末节，就可能导致满盘皆输。"千里之堤，以蝼蚁之穴溃；百尺之室，以突隙之烟焚。"这时候，容不得有任何闪失。一旦某个环节出现变异，或者有些地方部署不到位，兵变就有可能失败。失败有时候就始于青蘋之末。

赵匡胤坐镇在大营当中，思考着每一个环节。出军之日册他为天子的流言还没有停歇，苗训的天有二日论，也已经在军队中产生了影响。剩下的事情，就得依靠那些已经指定好的人运作了。谋事在人，成事在天。但是，这个天会眷顾他吗？

当夜，为了表示自己对外面发生的诸事不知情，赵匡胤没有让任何人进他的大帐。一方面，他需要冷静地思考，另一方面，也是为了做给外面的人看。赵匡胤甚至将大帐外面的侍卫，都增加了人手。没有他的命令，不许让任何人进帐。

然而，漫漫长夜里，让时间一秒一秒随着自己的心跳声而消逝，对赵匡胤而言，的确是一件非常痛苦的事，他急于知道外面的策划者们到底进行到何种程度了。但是没有人告诉他。于是，赵匡胤只能在大帐内来回踱着步子等待。不久，他命人搬来了几坛好酒，一个人喝了起来。这时候，唯有酒，才能解赵匡胤内心的着急和诸多疑惑。在往常时刻，赵匡胤喝酒都会将身边的将领们招来，大家一起品美酒。但这一夜非同寻常，不能让任何人扰乱他的心神，有些事他得自己思考。

这场酒就成了一个人的酒，不需要任何人陪同。任何人陪同，都会打乱赵匡胤的思绪。赵匡胤借着酒，在深思熟虑。如果发现问题，或者赵普与赵匡义遇到棘手的问题，他也会及时把所有问题都消灭在萌芽中，确保整个兵变成功。

夜深了，寒气渗透到了帐篷里面。赵匡胤还在喝酒。守在门口的侍卫们，偶尔会探知一下大帐当中的动静。赵匡胤一直在喝酒，而且没有醉倒的意思。

到了后半夜，几坛好酒几乎被赵匡胤喝光了。这一夜，赵匡胤到底做了怎样的心理斗争，我们不得而知。但有一点是肯定的，这一夜的赵匡胤，一定没有喝醉。他在等待着部署已久的那个时机。这些酒，不过是为赵匡胤发动兵变壮了胆而已。

喝酒的时候，赵匡胤依然听着大帐外面的动静。一旦有了赵普、赵匡义的消息，他会采取行动。如果赵匡义和赵普没有急着面见他，就说明一切都在按照既定计划运转着，他无须担心。

在酒精的催化下，赵匡胤显得昏昏欲睡。不久，他便倒在了卧榻上，进入了沉沉梦乡，不时传出打鼾声。

太祖醉卧，初不省。[1]

当然，此时的赵匡胤尽管睡着了，但脑袋还是清醒的，对于将领们突然围住他的大帐，他已然知悉了。这时候，赵匡胤知道剩下的事情，就是他亲自登台演出了。所以，赵匡胤和帐外的大军们都在等待着天亮，不同的是，赵匡胤在大帐内"熟睡"，而诸将在大帐外等待着赵匡胤醒来。

诸将在外面等待着赵匡胤。时间一点点过去了。那些立在大帐外的将领们，都听着赵匡胤一声声的鼾声，不敢靠前打扰这位三军统帅。

屋子外面是数九寒冬，天气冷。人在寒冷的环境下，身体上的不舒服会影响人的情绪，进而影响人对事物的认识，也会改变坚定的信念。那些武将们就在这样寒冷的天气当中，等候着天亮。

军队中已然有人不满意了。毕竟赵匡胤自己在大帐中睡觉，一大群人在帐外忍冻挨饿也不应该。为了稳住这些将士们的情绪，赵普和赵匡义也主动加入这些将士当中，与他们一起冻着。赵匡义和赵普还让人弄了不少的小火堆，给各位将士们取暖。

总之，公元九六〇年正月初三的夜晚，是这些将士们此生最难熬的一个夜晚，当然，也是赵匡胤此生最难熬的夜晚，那一声声鼾声也是演出的一个部分。所有人都在严寒中等待着天尽快亮。只要天亮了，赵匡胤也就起床了。

这期间，赵匡义和赵普都在大帐前来回走着，不时抬头看看天空，但茫茫苍穹除了黑色，并没有什么。所有人继续讨论着兵变大事，消磨时间，等待赵匡胤醒来。

然而，赵匡胤酒醉后，一觉睡到了大天亮。此时守候在外面的那些将领们早

1《续资治通鉴长编》卷一《建隆元年》。

就按捺不住了，他们已经在严寒中等待了一晚上，心情有些沮丧，也有些激动。甚至有人开始叫嚣。

> 甲辰黎明，四面叫呼而起，声震原野。[1]

关于这一说法，《续资治通鉴长编》与《宋史》记载多少有点出入。《宋史》记载，到了正月初四的五更天，陈桥驿的将士们都堵在驿馆门前，大声喊着"策点检为天子"。有人制止将士们的喊声，不让打搅赵匡胤休息，但这些武将们根本不听制止，继续叫喊着。

> 夜五鼓，军士集驿门，宣言策点检为天子，或止之，众不听。[2]

对于帐篷外的各种喊叫，赵匡胤多少有些不满。这些声音，扰了他的清梦。但这时候，事情已经非常紧急了。

当时宋军将领们已经等了一个晚上，心情都不怎么好。既然天亮了，赵匡胤还不出门见诸将，就有些说不过去了。于是，诸将请赵匡义进帐，叫醒熟睡中的赵匡胤，到大帐外主持大事。赵匡义与赵普无奈，只能进帐叫赵匡胤起床。

赵匡义和赵普进了帐以后，便对赵匡胤说，如今您的大帐外，站满了后周的军士，他们都已带着武器在帐外等候，并放出话来：大家没有主心骨，愿意册立您为天子。《宋史全文》中说"诸校露刃列于庭"，就是亮出白刃，胁迫赵匡胤。

> 普与匡义入白太祖，诸将已摄甲执兵。直叩寝门曰："诸将无主，愿策太尉为天子。"[3]

睡梦中的赵匡胤被这一席话惊醒了，他显得有些慌乱，尽管此事谋划了好

1《续资治通鉴长编》卷一《建隆元年》。
2《宋史全文》卷一。
3《续资治通鉴长编》。

久，却出现了这样的变故。

整个军营都知道赵匡胤已然起来了。他们严阵以待，等待着赵匡胤出场的那一刻。

那么，赵匡胤眼前的情况是怎样的呢？

5. 黄袍加身

被惊醒的赵匡胤，脑子有些不清醒。

他得让自己清醒起来，看看眼前到底发生了什么事。赵匡胤起来准备穿衣服，可还没来得及穿，就被两旁的军士们扶持（挟持更准确）着，强制披上早就准备好的黄袍。

这一举动，让赵匡胤无所适从。尽管赵匡胤在郭威时代就见识过了这种黄旗兵变。但眼前的阵势，还是让他多少有些吃惊。其实，这时候，这些武将已经等候了一晚上，也忍耐到了极限。赵匡胤起来后，便有人在赵匡胤被披黄袍之际，冲进了赵匡胤的大帐，拿出刀剑对赵匡胤说："军中都已经议定了，从今天起，你就要当皇帝，从者一切皆休，若不然，休怪兄弟们无情无义。"

> 语未竟，诸将露刃突入，大言曰："军中定议，欲策太尉为天子。"[1]

诸将把黄袍给赵匡胤穿上之后，便簇拥着他走出了大帐。赵匡胤还处于蒙眬之中，就被簇拥到了大帐外。等他定睛看时，眼前已经跪倒一大片，高呼"万岁"。

> 太祖惊起披衣，未及酬应，则相与扶出听事，或以黄袍加太祖身，且

---

[1]《续资治通鉴长编》。

罗拜庭下称万岁。[1]

那些不明真相的士兵们一看自己的长官都跪下了，也纷纷放下手中的武器跪在地上，口中高呼"万岁"。

这场黄袍加身的过程，顺利而庄严地结束了。

尽管赵匡胤心里有准备，但依然被眼前的一切震撼了。这样的情形，他在十多年前见过，那次因为没有黄袍，众将便将一面黄旗披在了郭威身上，此时，赵匡胤也被人披上了黄袍。

黄袍加身后，便不能当作儿戏。那件衣服一旦加身，便不能轻易脱下来，这是权力的象征。

事已至此，赵匡胤是否会顺势而为呢？

面对这些武将突然地给他黄袍加身，赵匡胤选择了拒绝，赵匡胤表示自己不愿意接受皇帝之位。这种忤逆之事，他是断不能做的。

赵匡胤的再三推辞，也激怒了那些武将。谁能想到，黄袍加身的赵匡胤会坚决不受皇位。但武将们对于赵匡胤的拒绝，并没有妥协，黄袍都披到赵匡胤身上了，他哪还有拒绝的理由？这个皇帝赵匡胤做也得做，不做也得做。

事情到了这份儿上，已然由不得赵匡胤了。那些武将露出了狰狞的面目，他们将赵匡胤强制扶上马，相互簇拥着他向南而行。

众不可，遂相与扶太祖上马，拥逼南行。[2]

此时的赵匡胤被"挟持"了，似乎他的人身都受到了威胁。刀剑无眼，武将们更是激动万分。他们精心准备了一夜，不会因为赵匡胤的拒绝就不再施行计划。"固拒之"的态度，是那些鼓动赵匡胤发动兵变者不能容忍的。

当然，这种情况极容易造成混乱局面。那些慌乱中的武将，在赵匡胤的再

1《续资治通鉴长编》卷一《建隆元年》。
2《续资治通鉴长编》卷一《建隆元年》。

三推却下，变得情绪极不稳定。这时候，赵匡胤的安危系于一切，容不得半点闪失。于是，赵匡义做了赵匡胤的贴身侍卫，紧紧站在赵匡胤骑着的马旁边，拿出匕首，以防不测。

匡义立于马前，请以剽劫为戒。[1]

即便这样，那些武将还是表现出了一种急不可耐的样子，立誓要拥立赵匡胤为天子。诸将们的态度摆在赵匡胤面前：不做天子不行。

此时的赵匡胤已经没有退路，他被那些将领推至马上，周围站满了人。"匡胤度不能免。"赵匡义虽然是贴身侍卫，却难以抵挡这么多武将的靠近。于是，赵匡胤便抓住马鬃安抚眼前的诸将。他对诸将说："你们为了贪图富贵，故意将我推上天子之位，这是让我们的命运系于一起。如今黄袍加身，我也无法改变诸将的决定，那我就答应做你们的天子。不过，既然你们愿意尊我为天子，就得听我的话，如果我说的话你们不听，我就不做这个天子，请你们另觅他人。"

乃揽辔誓诸将曰："汝等自贪富贵，立我为天子，能从我命则可，不然，我不能为若主矣。"[2]

赵匡胤的话，让烦躁的将士们安定了下来。谁也没有料到，黄袍加身的赵匡胤，竟然说出了不愿意当天子的话。这些话在今天看来，不过是赵匡胤的一种策略而已，但对当时的武将们，触动依然很大。

主将们随即下马，收起气焰对赵匡胤说："我们听你的，你说怎么办，我们便怎么办。"

看到诸将们开始收敛，赵匡胤脸上挤出了一丝痛苦的笑容。这场政变，在朝

1《宋史全文》卷一。
2《续资治通鉴长编》卷一《建隆元年》。

着自己希望的方向转变着，一切都在掌握中。赵匡胤也从一位策划受益者变成一位无辜被要挟者，一位受害者。

6. 约法三章

控制住了军队的情绪，赵匡胤开始了蓄谋已久的安排，这就是赵匡胤在陈桥驿与大军的约法三章。

赵匡胤对眼前的大军高声说道："如今我们虽然发动了兵变，但大周太后和周恭帝是我们曾经的太后和皇帝，满朝的文武大臣也是我曾经的同僚，我们曾经一起为后周尽心竭力。等我们返回京城的时候，不许任何人凌辱太后及皇上，也不许凌辱文武大臣。五代以来，那些政变者发动政变后，必然会纵容自己的手下进入京城，烧杀抢掠，但我不想做那种人。在返回京城之前，我必须将这些话说明白，若大家遵守军纪，不烧杀抢掠，不凌辱大臣和百姓，等我们在京城安顿好了以后，必然重赏大家，若有不从者，以军法论处。"

> 太祖曰："少帝及太后，我皆北面事之，公卿大臣，皆我比肩之人也。汝等无得辄加凌暴。近世帝王初入京城，皆纵兵大掠，擅劫府库。汝等毋得复然，事定，当厚赏汝，不然，当族诛汝！"[1]

诸将都被赵匡胤这种强大的气场镇住了。当赵匡胤宣布了不许凌辱后周皇室、不许欺凌文武大臣、不许欺压汴京百姓的三条意见后，大家才认识到赵匡胤和郭威不一样，他们不能继续按照原来郭威兵变时的方式行事了。

可能武将们原本想着借此兵变，可以捞一把好处，或者到汴京抢一些金银财宝，以慰家里人。若赵匡胤执意不当天子，那么他们这些人的拥立就毫无意义，况且这种拥立，本身就触犯了刑律，论法当斩。而赵匡胤若不愿意接受皇帝位，

1《宋史全文》卷一。

势必会联合后周朝廷，悉数诛杀他们这些武将。

此时此刻，尽管诸将有些失望，但不得不答应赵匡胤的要求。毕竟，从他们决定兵变的那一刻起，所有人都成了乱臣贼子，向后周妥协已经不可能了。不管怎样，都得促成这次兵变。于是，众将答应了赵匡胤的要求。

这种相互让一步的做法，也是赵匡胤需要的。他不想破坏汴京城，更不想引起不必要的恐慌，能用不流血的办法实现兵变最好。京城是国家一切资源的命脉。若纵容手下士兵在京城烧杀抢掠，带给京城的灾难，将无法用钱财估量，而要重建一座辉煌的京城，不是短时间内就能够完成的。

立了规矩之后，赵匡胤便准备率领大军回汴京。但回汴京之前，必须先派遣一个人去通知后周皇室和文武大臣：他赵匡胤已经在陈桥驿发动兵变，只是他想和平兵变，不会烧杀抢掠，请后周的皇室认清事实，主动改拜赵匡胤为新皇帝。到时候，一切都将原封不动，若大家不服从赵匡胤，一旦京城抵抗，赵匡胤自然要抽出兵力来对付扰乱，伤及无辜就在所难免了。

这是赵匡胤向整个后周皇室及文武大臣表明自己的态度，也是赵匡胤第一次亮剑。

可是派谁去通知后周皇室和文武大臣呢？这是个大问题。出使之人，不辱使命，才能让出使有意义。

赵匡胤看了看身边的智囊团，赵普、苗训等人不能离开，这些人是自己的靠山，所有计谋，都需要这些人不断地论证和试验，才能成功。况且，至此陈桥驿兵变还未完全成功，将士们尽管在他身边，可京城的一切充满了变数。因此，必须将智囊都留在身边，替他处理突发棘手事件。

这时候，有人向赵匡胤推荐了一个人，这个人叫潘美。后世在杨家将的各类故事演绎中，这个人被演绎成了十恶不赦的坏人，但事实上并非如此，潘美是非常忠贞且有大胸怀的北宋大将。他一直镇守着雁门关一带，拦住了契丹南下攻宋的脚步。不过此时的潘美，还是一个低级将领，只是他颇有头脑，不仅能带着人打胜仗，还能做使者。

当有人将潘美推荐给赵匡胤之后，赵匡胤便觉得潘美完全能胜任此项工作。赵匡胤之所以对潘美这样信任，得益于两人都曾经是周世宗的亲信。在周世宗时代，潘美和赵匡胤一样，老早就跟着周世宗。周世宗为开封府尹时，潘美是供奉官，相当于长官的秘书。这时候，潘美与赵匡胤就结识了，并建立了深厚的友情。只是赵匡胤操纵战略战术的手段，要比潘美更高明一些，所以，赵匡胤升迁得比较快。周世宗去世后，赵匡胤便将潘美拉拢到自己身边，非常器重潘美，也厚待潘美，让潘美对他感恩戴德。赵匡胤这一招放长线钓大鱼，终于在这一时刻派上了用场。人生的每一笔投资，都会在关键时刻带来丰厚的回报，只是很多人不愿意投资罢了。于是，周世宗曾经比较器重的潘美，成了出使后周的最佳人选。

赵匡胤委托潘美提前一步返回汴京，将他在陈桥驿兵变之事，悉数告知后周皇帝和文武大臣。

> 先是，太祖遇美素厚，及受禅，命美先往见执政，谕旨中外。[1]

赵匡胤对潘美有知遇之恩，潘美自然会竭尽全力做好这件事。

赵匡胤亲自将潘美送出了军营。潘美拿着圣旨，马不停蹄地奔向了汴京。从陈桥驿到京城，不过四十里地，骑着快马，用不了几个时辰，便可以赶到京城。

那些守城的戍卒们见潘美返回来了，不知何事，便放行，让潘美进城。

潘美进了汴京之后，深知责任重大，一刻也不敢耽误，直奔皇宫。

当潘美进入皇宫时，朝堂还在进行着早朝，那些朝臣们依旧在朝堂上做着决议，说着当前的国事。但皇宫不像其他地方，它戒备森严，一般人是不能轻易进去的，潘美的资格或许不够。可此时的潘美需要将他带着的消息，尽快传达给后周皇室和文武大臣，一刻也不敢耽搁。于是，潘美便向守卫人员表示，他有重大军情，需要现场向太后和皇帝以及满朝文武大臣汇报。守门人员不敢耽搁，便进宫向后周皇帝征询意见，是否可以放潘美进城。潘美突然回城，很多人都猜不透他将带来什么样的消息，只能命潘美进宫禀奏。潘美被准许入宫。

1《宋史》卷二百五十八《列传第十七》。

潘美上前跪拜符太后和周恭帝，并将赵匡胤在陈桥驿兵变的经过，悉数告知后周文武大臣。尽管潘美表示，赵匡胤是被迫无奈，但这个消息马上让大殿上的群臣炸开了锅。大家都没有想到，潘美带来的竟然是陈桥驿兵变的消息。不管赵匡胤是不是被迫的，这时候他忽然发动兵变，就是要推翻后周王朝，就是篡权，这是不道德的行为。然而，谴责已经毫无意义，不管赵匡胤道德好否，都难以阻止他兵变。这时，有人说起了正月初二晚上的流言。果然，这一刻，赵匡胤在陈桥驿兵变。此时赵匡胤另立山头，他若要带兵往回赶，必然会冲进京城，京城危矣！

两位宰相范质和王溥，听闻赵匡胤兵变的消息，更是如晴天霹雳。尽管之前他们想过赵匡胤可能会发动兵变，却没预料到赵匡胤动作这么快。从京城开始传流言到赵匡胤发动兵变，竟然没有超过两天。这难道不是提前预谋好的吗？一切都太快了，快到让所有人都措手不及。

两位宰相懊悔不已，当场就慌乱了。宰相范质握住王溥的手，痛心疾首地说："仓促之间选派赵匡胤为出兵的将领，是我们两个人的罪过啊！"范质说完这话之后，整个身体还在颤抖着，他用手紧紧抓着王溥的手，不知道该如何处置眼前的事宜，直到将王溥的手抓出了血痕，也浑然不觉。而王溥本人似乎表现得也很懊悔。不仅范质如此慌乱，此时王溥内心也掺杂着惊恐、担忧、愤怒等多种感情，对范质的话，他不知如何以对。

> 宰相早朝未退，闻变，范质下殿，执王溥手曰："仓卒遣将，吾辈之罪也！爪入溥手，几出血，溥噤不能对。"[1]

当然，潘美带来的这个消息，不仅两位宰相听见了，满朝的文武大臣也听见了。高居在龙椅上的符太后，已经意识到了问题的严重性。只是周恭帝太小，不知道眼前到底发生了什么事。大家都慌乱的样子，让他想起父亲周世宗去世时的情景。

1《续资治通鉴长编》卷一《建隆元年》。

满朝文武，都不知道如何应对眼前的突变。没有人想过，有一天，他们还会面对兵变的局面。符太后问三位宰相，如今发生了兵变之事，该如何自处？这时候，大家纷纷将目光投向了三位宰相。

此时，有人建议：先将潘美抓起来，然后再控制赵匡胤的家人，以此来威胁赵匡胤。同时，组织人员在京城各个城门上紧密布防，阻止赵匡胤进城。只要汴京的中央禁军誓死抵抗，赵匡胤是不可能轻易进城的。至少，目前中央还有一部分禁军，依旧掌握在韩通等人手中，不怕赵匡胤。

这时，潘美大笑道："赵匡胤已经带领大军往汴京赶，用不了多久，他就能到达汴京。而镇守城门的石守信、王审琦等人，都是赵匡胤的结拜弟兄，他们早就打开城门，等待着赵匡胤进城了。"

潘美的话，唬住了金銮殿上的文武大臣。潘美说的一点儿都没错，石守信和王审琦是赵匡胤带兵出征前，专门留下来守卫京城的。没想到，这也是赵匡胤的釜底抽薪之计。后周的大臣想不明白，这一切的一切，是什么时候发生的？但毫无疑问的是，公元九六○年正月初四的早上，当潘美将消息上报给朝廷时，所有的慌乱就开始了。

这时大家才清楚意识到，兵变不是偶然事件，赵匡胤已经部署好了一切，现在想反抗，已然来不及。况且，赵匡胤几乎将中央禁军的一大半都带走了。由慕容延钊率领的那一支部队，在不明事情经过的情况下，已经走了两天，按照脚程，他们至少到达了澶州附近，这时候，他们也收不到朝廷及时派出去的救援。而一直被寄予厚望的符彦卿，还远在雄州。那么，京城如何自卫？这个难题，恍如悬在所有人头上的利刃。赵匡胤手里握有大权，他想干什么，没有人能阻挡得了。若他像当年周太祖郭威一样，命人烧杀抢夺，汴京必然要再次遭受冲击。朝臣这时可能更多地想到了家里人。

满朝文武，都战战兢兢，因为大家都无计可施，只能等待着事态的进一步发展。此时的潘美，不过是提前将消息传达给大家，好让满朝文武有个心理准备，用不了多久，他们这一班人，就得改尊赵匡胤为天子了。

就在群臣慌乱之时，还真出现了一个人，他决定与赵匡胤对抗到底。这个人就是韩通。此时的韩通，趁着慌乱，溜出了大殿，往家里跑，把继续商议对策的群臣扔在了金銮殿上。因为韩通知道，即便群臣吵破了喉咙，也商议不出一个可行的策略，他必须提前着手准备抵挡赵匡胤进京事宜。

7. 韩通抵抗

且说潘美走后，赵匡胤便征集军队，开始准备返回汴京事宜。其实也不需要准备什么，一切事宜，在兵变之前，都已妥当。赵匡胤唯一需要做的，便是稳住大军，军纪严整地进入汴京，然后各归其位，不给汴京制造新的混乱。

尽管此前，赵匡胤已和将士约法三章，但他还是有一丝丝隐隐担心。但凡兵变，是最容易发生混乱的。他不期望出现混乱，但也不敢保证万无一失。所以，赵匡胤让人随时关注军队情绪，一旦发现不良征兆，马上汇报，尽量消减各种负面影响。

这一路上，返回汴京的部队行军速度很快。当然，这也是赵匡胤希望的，等大家到了汴京，各营人马回到驻地，一切的威胁也就解除了。另外，大家知道暂时可以不用回去打仗后，心情也好了许多。前一天出征时，大家的心情是沉重的，但此刻，他们就要返回京城，和家人相聚了。这就让将士对返回京城充满了向往。

寒冬腊月的天气，并没有阻挡住人们的热情。赵匡胤带着兵往回走的时候，按照之前他们的约定，不准骚扰附近百姓。那些将领，便约束住了自己的手下，一时间秋毫无犯。那些汴京城外围的老百姓对此并不知情，他们疑惑的是，刚刚出兵一天的后周大军，何以重新返回？

当然，也有消息灵通者称，这是赵匡胤在陈桥驿发动兵变，率部杀回汴京，建议大家不要靠近，否则后果不堪设想。不明就里的老百姓们，便都躲得远远的，看着赵匡胤回城。

看到他率领的军队军纪严明，赵匡胤放心了。他的约法三章，的确约束住了那些中层将领，而他们也不会纵容手底下的人去触犯军纪，否则到时候他们也会遭受连累。于是，整个回京城的过程，显得异常顺利。

这时候，赵匡胤的另一个担心又出现了。回城的潘美一直没有消息传来，但京城一定知道这个事情了。赵匡胤担心的是，他们能顺利进城吗？尽管在京城留有王审琦、石守信等人，但守卫京城的还有一部分人是韩通侍卫司的人马，这些人能顺势而为，为自己所用吗？赵匡胤不得而知。加之此时，潘美没有传来消息，那就有很多种可能了，赵匡胤不敢揣度。但他的兵变，已经无法回头，必须一条道走到黑。

果真如赵匡胤担心的一样，他们回城的路并不顺利。他们在进城的时候，遇到了抵抗。

首先遇到抵抗的是先锋官王彦升。此前，赵匡胤派出了自己手底下最得力的大将王彦升，让其负责带领一部分部队先走，进了城之后，安定城内秩序，若有作奸犯科者，一律按律法处置。这便给了王彦升特权，他完全可以在紧急情况下，处置一些事情，并不需要上报给赵匡胤。

王彦升到达汴京内城时，果然被挡住了。因为京城已经传遍了赵匡胤陈桥驿兵变的消息，那些守城将士当中，有些人不乏忠臣良将，虽然赵匡胤发动兵变，成了新皇帝，但他们还是周朝的臣子，还要履行臣子的义务。这种情况下，即便朝廷没有下达严防死守的命令，那些守候在汴京城墙上的将士们，能任由赵匡胤轻易进城吗？

按照当时宋朝京城结构分布图来分析，赵匡胤从北而来，进城之后，捷径应该是从宣祐门直接进入内城，但当时宣祐门的守将们知道了赵匡胤兵变的事情，便命人在宣祐门处死守，抵挡赵匡胤进城。似乎这时候，谁都清楚，赵匡胤进入内城之后，将会发生什么。

等到赵匡胤的大军到达，宣祐门的守将们便命人进行攻击，用箭弩射杀，不让赵匡胤靠近宣祐门。赵匡胤对此非常恼火，此时他需要做的只是顺利进城，而非与这些守城的将士们死战到底。损失了一些人马的赵匡胤，便放弃宣祐门，而是改从其他门进入内城。

初宋太祖受禅，驾自宣祐门入，守关者施弓箭相向弗纳，移步趋他门

而入。[1]

关于赵匡胤在宣祐门被阻拦的情况，不仅仅《梦粱录》中有记载，在另一部笔记《随隐漫录》中也有类似记载，大致意思是，赵匡胤带领着大军到达汴京之后，被拒之于南门，无奈之下，选择了从北门进入皇城。

> 太祖自陈桥拥兵入，长入祗候班陆、乔二卒长率众拒于南门，乃自北门入。[2]

这里说的南门与北门，似乎与实际地理位置不符。

但可以猜测，赵匡胤率部进入内城时，必然受到了后周将士的阻挡。当然，这种阻挡，只不过是拖延时间罢了。整个后周都处于一种惶惶不可终日的状态。那些经历各种政变的军士们，对更换皇帝这样的事情习以为常，反正他们在谁的手下都要出力，只要不影响他们最根本的利益——活命，他们自然会见风使舵。而赵匡胤又不想与后周将士们发生冲突，便改从其他城门进入皇宫，毕竟赵匡胤还有两个结拜兄弟石守信和王审琦也在守卫皇城，他们必然会放赵匡胤进城。

最终，赵匡胤还是进入了汴京城，只不过多耽搁了一些时间。至于赵匡胤是否从石守信和王审琦守卫的地方进宫，史籍中并无具体记载，但可以窥测，赵匡胤一定是从这两个人驻守的城门进了内城，因为这是他们之前策划好的。况且，前一天晚上，赵普还派人到京城给他们通风报信，要他们做好迎接工作。

赵匡胤进城之后，便让王彦升继续带兵巡视内城治安。即便有人抵抗，只要不是顽抗到底，都可以通过做思想工作，来实现稳定大局的目的。当然，也要寻找那些叛逆之人，降服不了他们，便可以便宜处置。

之后，赵匡胤并没有直接进宫，胁迫周恭帝退位，而是回了殿前司，也就是他曾经当值的地方。回到殿前司的赵匡胤，依依不舍地脱了穿在身上的黄袍，他

1《梦粱录》卷十四《忠节祠》。
2《随隐漫录》卷二。

还需要后周大臣全部都臣服于他。这个事情，有一定难度。兵变之事，只要策划好，一切都可以顺着自己的意思来。可让这些饱读诗书的人，都真心臣服于自己，那可不是一件简单的事。所以，赵匡胤脱了黄袍，准备继续演一场戏，给需要看的人观赏。

就在赵匡胤思谋如何进行下一步剧目的演进时，王彦升带着一支军队，在皇城里面寻找着到处乱窜之人。赵匡胤虽交代了不要杀人，可这是对那些能看清事实的"聪明人"表明的态度。比如，这个关键时刻，安定团结的人家，自然没有人会去骚扰，倘若有人乘机打家劫舍，王彦升就会将其诛杀。当然，对那些试图给京城外面通风报信的人，王彦升一个也不会放过。

其实，这时候，赵匡胤让王彦升去巡视内城，目的非常明确了。他的这个安排，无疑是针对韩通的。放眼整个京城，除了韩通，没人能与他相匹敌。赵匡胤也知道这个人向来忠于后周，他只是想给韩通一个机会。如果韩通知道他在陈桥驿兵变后，能顺势投靠他，一切都会化解。可当他进城时，便有人汇报称，韩通已离开大殿，不知去了何处。此时赵匡胤心里开始担心，因为韩通不是一般人物，是后周的得力干将。但赵匡胤此时的目标，还不仅仅是韩通，毕竟一个韩通不足以让他分出太多精力，他只需要让人找到韩通，便可以处置他。

> 副都指挥使韩通自内庭奔归，将率众备御。[1]

赵匡胤让王彦升去城内巡视，就是要寻找已经离开大殿的韩通。这一点王彦升非常清楚。于是，王彦升假借巡视京城安稳之名，在开封城的大街小巷游荡着。

而此时的韩通也非常清楚，他与赵匡胤之间，已经不可能共存，从他离开大殿的那一刻起，赵匡胤必然会对他起了杀心。韩通需要做的，就是赶紧率领自己所部，与赵匡胤继续周旋。

1《宋史全文》卷一。

所以，韩通作为侍卫司在京城的最高长官[1]，听到潘美说赵匡胤在陈桥驿黄袍加身后，便在毫无准备之下，逃出殿门，准备调军抵抗赵匡胤。

韩通顺利地逃离潘美等人的视野，直接往家赶。但很不巧，韩通在往家赶的路上，遇到了王彦升。不知道是王彦升故意等候韩通，还是韩通恰巧碰到了王彦升，总之，两个人就在巷子里遇见了。韩通看到王彦升带领着一部分人马正向他而来，便继续开溜，意图甩掉王彦升等人。但王彦升率领的轻骑们，哪里肯放过他，他们策马追来。王彦升和韩通两个人在巷子里开展了一场狮子和羚羊的比赛。韩通因为熟悉各种巷道，在左突右奔中，跑回自己家里。韩通原计划回侍卫司，被王彦升逼迫，才不得不回家。

韩通组织家里人与王彦升率领的殿前军展开了搏斗。韩通命仆人顶住王彦升的攻击，同时他也在想办法逃脱。但韩通家已经被王彦升包围了，一只苍蝇也飞不出去。很快，王彦升率领的军士破门而入，韩通的那些家里人，悉数被王彦升诛杀。而韩通本人，也在抵抗中被王彦升砍死。至此，王彦升并未罢休，而是接着诛杀韩通的妻儿，包括韩通的妻子、长子、次子、三子，只有幼子和四个女儿幸免于难。

《宋史》列传中的记载略有差异，大致意思是：韩通在从皇宫出来的路上碰见了正在巡视的王彦升，便被王彦升追赶着往家跑。韩通还未进家门，便被王彦升杀害了。王彦升继续跑进韩通的家里，将其家人悉数诛杀。

> 军校王彦升遇通于路，策马逐之，通驰入其第，未及阖门，为彦升所害，妻子皆死。[2]

不管怎样，韩通一家就这样死了。韩通是陈桥驿兵变中被诛杀的唯一一名后周大臣。按照赵匡胤当时的部署，进城之后，不准杀人抢掠，即便是对老百姓，都不能烧杀抢掠。但这次诛杀的却是侍卫司的最高长官，这让那些后周臣子们，

---

1 侍卫司的最高长官是李重进，但此时李重进被安置在了扬州。
2 《宋史》卷四百八十四《列传》第二百四十三《周三臣》。

都有了一丝丝恐惧。比如，陶谷等人就准备投奔赵匡胤了。

王彦升此举，明显违反了赵匡胤与诸军的约定。这个约定，不是一般意义上的约定，而是具有法定效力的约定。也就是说，这是赵匡胤当时给大军制定的纪律，一旦触犯了这几纪律当中的任何一条，都将会受到赵匡胤的惩治。因此，当赵匡胤听闻王彦升将韩通全家悉数诛杀时，大发雷霆。王彦升这是视皇命于不顾，有欺君之嫌。按照之前的约定，违规者就要被追究责任。于是，赵匡胤命人将王彦升缉拿归案，准备将王彦升杀了，以正军纪。

当然，王彦升这个人是不能杀的。派王彦升去巡视京城，是赵匡胤的授意，王彦升诛杀韩通，也是为了替赵匡胤完成任务。这时候诛杀王彦升，三军将士会怎么想？当下，就有人给王彦升求情，希望赵匡胤放过他，毕竟刚刚立国，斩杀大将不是明智之举。

赵匡胤见有人给王彦升求情，便借坡下驴，给自己找了一个很好的理由，为王彦升开脱了罪行。

赵匡胤对众人说："兵变的时候，我就说过不会动用武力，只要没有触犯军纪，也不会处理任何人。但如今，王彦升将韩通一家人全部诛杀，这是违背了诸将与我的三条约定。尽管韩通不服我，但我相信，只要我继续做思想工作，韩通还是会与我们站在一起的。可如今王彦升杀了韩通，这一切补救工作，都没办法进行了。王彦升触犯了我之前给三军定的纪律，本应该将王彦升杀了，以正军纪，可我早就说了，不到万不得已不会杀人的。我若杀了王彦升，那就意味着我也会触犯自己之前定的纪律。"

太祖闻通死，怒彦升专杀，以开国初，隐忍不及罪。[1]

这种说法非常勉强，但赵匡胤却恰到好处地用上了。所以，王彦升躲过一劫。

在对韩通的处置上，赵匡胤再一次显示出了自己的大度。韩通一家人死后，

1《宋史》卷四百八十四《列传》第二百四十三《周三臣》。

赵匡胤在群臣面前进行了深刻反思，并表示以后绝对不会发生这样的事情。不久，赵匡胤便下了诏命，追赠了韩通。

> 即下诏曰："易姓受命，王者所以应期；临难不苟，人臣所以全节。故周天平军节度、检校太尉、同中书门下平章事、侍卫亲军马步军副指挥使韩通，振迹戎伍，委质前朝，彰灼茂功，践更勇爵。凤定交于霸府，遂接武于和门，艰险共尝，情好尤笃。朕以三灵眷佑，百姓乐推，言念元勋，将加殊宠，苍黄遇害，良用怃然。可赠中书令，以礼收葬。遣高品梁令珍护丧事。"[1]

追赠的诏书里，全是溢美之词，几乎将能用的文采华章都用上了。但此时的赵匡胤应该是开心的，不管用多么华丽的语言，韩通都活不过来了。这对于赵匡胤来说，无疑是消灭了一个巨大的对手。

赵匡胤这样追赠韩通，不过是给那些后周的文武大臣看的。他一旦稳定时局，马上就会翻脸不认人。他对那些和他一起打天下的兄弟们都杯酒释兵权了，对于韩通这样一点力都没出的人，自然不会放在心上。据说赵匡胤有一次去开宝寺，看见开宝寺的墙上挂着韩通和儿子的画像，便让人将此画像摘除了。

> 后太祖幸开宝寺，见通及其子画像于壁，遽命去之。[2]

1《宋史》卷四百三十二《列传》第二百三十四《周三臣》。
2《宋史》卷四百八十四《列传》第二百四十三《周三臣》。

第四章

代周立宋

　　五季乱极，宋太祖起介胄之中，践九五之位，原其得国，视晋、汉、周亦岂甚相绝哉？及其发号施令，名藩大将，俯首听命，四方列国，次第削平，此非人力所易致也。建隆以来，释藩镇兵权，绳赃吏重法，以塞浊乱之源。州郡司牧，下至令录、幕职，躬自引对。务农兴学，慎罚薄敛，与世休息，迄于丕平。治定功成，制礼作乐。在位十有七年之间，而三百余载之基，传之子孙，世有典则。遂使三代而降，考论声明文物之治，道德仁义之风，宋于汉、唐，盖无让焉。呜呼，创业垂统之君，规模若是，亦可谓远也已矣！

　　　　　　　　　——〔元〕脱脱：《宋史》卷三《本纪第三》

1. 后周大臣的责难

　　赵匡胤带领大军进入汴京后，便命令将士暂时解甲回营，等待更进一步的指示。赵匡胤也回到了殿前司，在官营里脱了黄袍，一如往常一般，等待着即将到来的时刻。

诸将翊太祖登明德门，太祖令军士解甲还营，太祖亦归公署，释黄袍。[1]

那么，赵匡胤在等待什么呢？

赵匡胤在等待后周朝中大臣的适应。从正月初一到正月初四，这几天以来，整个后周的变故，已然让那些习惯了安稳生活的后周大臣们，陷入一种慌乱之中。"点检做天子"的传闻刚刚平息，赵匡胤就做了皇帝，这让后周的大臣们心理上无论如何也难以接受。

两天前，赵匡胤与这些文武大臣还是同僚，一同为后周出谋划策，商议对契丹与北汉联军南下攻打边境的对策。大家都在为了后周天下的安危群策群力。可两天之后，边患未定，赵匡胤成了天子，那些曾经和他同朝为官的人，会怎么想？这些人是否会承认赵匡胤的这次政变？赵匡胤心里没有答案。

因此，赵匡胤进了内城之后，并没有带兵直逼皇宫，而是回到了都点检营中。他要给后周的臣子们留出心理适应的时间。其实，从他派出潘美提前回京城之后，这些文武大臣，便各自在心里有了衡量。这时候的赵匡胤，需要的是冷静，还有等待。这是一场消耗战，最终比拼的是耐力。

面对赵匡胤进城后，不直接上殿的情况，后周大臣们内心稍稍有了一丝宽慰。如果赵匡胤直接上崇宁殿，那样，所有人都会很尴尬。

此时，所有文武大臣，其实内心都是纠结的。后周气数已尽，在主少国疑的情况下，即便不是赵匡胤发动政变，也可能会有其他人发动政变。七岁的孩子，本身就无法约束群臣。赵匡胤不过是走在历史最前面的那个人罢了。

可是，要承认赵匡胤为天子，大家的心里还是有一种别扭的东西在作怪。怎么走了才两天，所有人就得向赵匡胤下跪呢？这是何道理？可天下兵变，哪有具体的道理可言。赵匡胤没有纵容属下杀进汴京城，已经是格外开恩了。

这时候，识时务者为俊杰。

后周大臣当中，已经有一些人开始倾向于支持赵匡胤了。只是大家都在等待赵匡胤的下一步行动而已。

1《续资治通鉴长编》卷一《建隆元年》。

其实，赵匡胤本人也很纠结。他所纠结的是，自己如何面对昔日的同僚。

赵匡胤之所以先回殿前司，不过是给自己一个机会，也是给后周大臣们一个机会。

武力固然可以震慑这些人，但赵匡胤从此之后，便会成为谋权篡位的乱臣贼子。他要让后周的大臣们彻底臣服于自己，就不能急着去逼宫，那样终归得不到人心。武力只能暂时夺得天下，而安天下却需要智慧，需要一群人帮着出谋划策。得天下容易，守天下难！赵匡胤当然不希望自己筹划已久的兵变在中途发生难以预料的事情。毕竟兵变还没有彻底完成，一切下结论尚早。

不能诛杀后周的这些大臣，若将这些人悉数诛杀，他自己落得一个暴君的臭名不说，身边还没有了可用之人。他在陈桥驿发动兵变时，尽管身边有智囊团，可这些人并不能全部都补充到当下的各个职位上去。他还得用后周的这些大臣，这些人在岗位上很多年，处理政事也都有一套自己的办法，用他们也是人尽其才，为自己效力。当然，这也是稳定大局的一种办法。只要这些大臣觉得赵匡胤对他们没有威胁，自然会为赵匡胤所用。

这就得笼络住这些人，不管用什么办法。不过屠杀是最不明智的做法。郭威当年的做法，历历在目。而赵匡胤要想长久地坐稳天下，就得让这些人心悦诚服。如此，他的江山才能稳固，不然，五代频繁更换皇帝的往事，就会重新上演。退一步讲即便是他朝中这些人能够迫于压力，暂时做一个安心的臣子，但他的后代不可能也如他一般强势，到时候，兵变的事情就可能再次发生。周世宗在世时，他赵匡胤不也忠心耿耿吗？可周世宗去世半年后，他一样发动了兵变。赵匡胤必须想个长远的策略。

那么，怎样才能让这些后周大臣们臣服呢？其实，此时的赵匡胤已经想到了办法。

赵匡胤在陈桥驿发动兵变，并领兵进城，秋毫无犯。汴京城里的百姓，都接受了这次兵变，对于后周大臣们而言，这也是大势所趋。兵变对于柴氏而言，不过是丢了江山，但对天下绝大多数人来说，不管是柴氏为皇帝，还是赵氏为皇帝，只要他们的生活不受到骚扰，他们便不会制造混乱。对后周的那些文武大臣而言，也是如此，他们只是从周朝的臣子，变成了另一朝的臣子，一切官职和待遇并未发生变化。

如何祛除后周大臣们心里的别扭，才是赵匡胤思谋的。后周大臣当中诸如雷德骧[1]、刘温叟、符彦卿等人，都是不怕死的主儿。要这些人都臣服于自己，还得想出更好的办法来。

当然，第一步是让后周绝大多人数臣服。赵匡胤相信，大多数大臣都是"聪明人"，一定会选择良主而侍。只要绝大多数人选择了自己，即便有几个有些倔，只要采取适当的方法，也可以得到他们的认可。读书人无外乎注重名誉，只要在这上面做文章，便可以将文臣们都拉拢过来。总之，这一切也都在可控范围内。

而让绝大多数人臣服，赵匡胤的方法只有一个，那便是先让宰相们臣服。宰相是百官之首，如果宰相臣服了，其他人自然会跟风而服。而朝中的宰相们，也不是一般人物，他们能在五代乱象中，一步步坐上宰相宝座，一定有过人之处。对付宰相们赵匡胤还得想办法。但毫无疑问，赵匡胤要先面见三位宰相——尽管这种面见，会有诸多尴尬。

于是，赵匡胤派出几个随从去请后周的三位宰相到殿前司议事。那些武将们心领神会，去找宰相范质、王溥、魏仁浦等人。

不到一炷香的时间，那些武将们便将王溥和范质两个人请到了殿前司。至于这里为何没有请魏仁浦不得而知，因为史籍资料没有记载。

王溥和范质两人尽管有些惧怕那些将士，但作为首辅大臣依然保持镇定。他们看着赵匡胤，赵匡胤也看着他们。赵匡胤从王溥和范质的眼神中看出了一种东西，那是一种疑问：说好的带兵出征，你赵匡胤安敢做出如此犯上作乱之事？

赵匡胤面对推荐他出征的两位宰相，略显尴尬。毕竟这样的事情，似乎怎么解释都难以解释清楚。可即便解释不清，赵匡胤还是要解释。只有解释了，他心里的疙瘩才能解开。只有解释了，这两位宰相，才会从心里接受他发动兵变这件事。

有些事，即便是说谎，也得说。有些谎话说了，别人或许也就相信了。即便

---

1 雷德骧（917—992年），字善行，同州郃阳（今陕西合阳北）人，五代周太祖广顺三年（953）进士。宋史记载："德骧无文采，颇以强直自任，性褊躁，多忤物，不为士大夫所与。"也就是所谓直脾气。

不相信，史籍当中也会以谎言的形式记载下来。这是赵匡胤需要的结果。

所以，赵匡胤想说话了，他要打破这种尴尬的局面。

赵匡胤对两位宰相的解释，被历史记载下来了。据说，面对着前朝的两位宰相，赵匡胤当即就哭了。不管是因为心虚，还是因为有负两位宰相重托。总之赵匡胤哭了，这一哭，便缓解了紧张的气氛。但两位宰相依然冷眼旁观，想看看赵匡胤到底如何表演下去。

赵匡胤哭着对两位宰相说："我深受周世宗的厚恩，应该以死相报先皇知遇之恩。可到了陈桥驿，我就被六军胁迫了。他们非得让我当天子。我曾经向六军表示我不愿意干这忤逆之事，可是他们持刀相逼，不从他们，就一刀两断，谁也别想有好下场。我没有退路，只能答应了他们的要求。然而，兵变这种事一旦发生，我就没有回头路可走了。如今我感觉有负先皇，愧对天地，请你们告诉我，我该怎么办？"

> 太祖呜咽流涕曰："吾受世宗厚恩，为六军所迫，一旦至此，惭负天地，将若之何？"[1]

赵匡胤的这番话，说得非常委屈，觉得自己压根就没有当皇帝的打算。可被人用刀逼着，不得不当皇帝啊！

对赵匡胤的这种解释，范质和王溥两个人似乎并不相信，而且这种说法有漏洞。

赵匡胤从两位宰相的脸上，看到了疑问。不过，应对这一点的办法，赵匡胤似乎也早意识到了。所以，他安排了人，来化解这一尴尬矛盾。

当时，立在赵匡胤身边的人是散指挥都虞候罗彦瑰，还没等两位宰相说话，他便对两位宰相大声呵斥道："如今我们没有天子，赵匡胤就是我们的新天子！"

> 质等未及对，散指挥都虞候罗彦瑰挺剑而前曰："我辈无主，今日必得

1《续资治通鉴长编》卷一《建隆元年》。

天子！"[1]

罗彦瑰的话，斩钉截铁，不容任何反驳。况且这位侍卫看起来凶神恶煞，一点也不友善。两位宰相阅尽千帆，什么样的阵势都见过，此时，他们非常明白自己的处境，即便为后周争辩，依然改变不了赵匡胤兵变成功的事实。于是，两位宰相到嘴边的话，都重新咽回到肚子里去了。赵匡胤此时说的话，不管真与假，都不能质疑。

而罗彦瑰的话明摆着就是要堵两位宰相的嘴，这时候，说什么都已经没有意义了。听说韩通因为反抗，最终被赵匡胤的人诛杀了。一切都显示赵匡胤非得到皇位不可。

此时此刻，两位宰相才明白，赵匡胤请他们来，并不是要承受他们责难的，而是要他们代表后周旧臣，承认自己的合法性，并要表示出愿意协同后周旧臣归附于他。这才是最明智的选择。

还是王溥老于世故，他看到时局已经被赵匡胤控制，便跪倒在赵匡胤面前，称呼"万岁"。但范质还愣在原地，不知如何以对。王溥拉了范质一把，范质这才反应过来。范质看到王溥都跪倒了，自己孤掌难鸣，便也跪倒在了赵匡胤面前，三呼"万岁"。

> 质等不知所为。溥降阶先拜，质不得已从之，遂称万岁。[2]

这一跪当然不是简单的跪拜，而是代表了后周文武大臣向赵匡胤跪拜。这也预示着不管赵匡胤怎样处理，绝大多数的后周大臣都会臣服于赵匡胤。

看到两位宰相跪倒了，赵匡胤心里舒展开了。他要的就是这个结果，若这两位宰相不认可自己，那么整个后周的大臣们便不认可自己。到时候，引起不必要的争端，血溅朝堂也是有可能的，这与赵匡胤的立国之策不符。

1《宋史全文》卷一。
2《续资治通鉴长编》卷一《建隆元年》。

赵匡胤扶起了两位宰相，语重心长地与两位宰相交心，并希望两位宰相可以率领百官，接受他这个新天子。

范质和王溥既已认可了赵匡胤，只能按照赵匡胤的部署来规劝百官。这时，赵匡胤便向两位宰相求教新皇帝登基之事，王溥和范质便根据以往皇位更替的先例，提出了皇位禅让的意见。

太祖脱甲诣政事堂，范质见太祖，首陈禅代议。[1]

赵匡胤充分采纳了王溥和范质的意见，并将两位宰相请出了殿前司，让这两位宰相安抚后周大臣。

两位宰相颤颤巍巍地走出了殿前司。赵匡胤最后担心的事情解决了。王溥和范质回去后，一定会和后周大臣商议他接替皇位的事情。这样一来，整个事件也都捋顺了。

接下来，自然是接受周恭帝的禅位，赵匡胤顺势登基。这是赵匡胤最着急的事情。周恭帝禅位，赵匡胤才能顺势登基，否则，他的皇位就名不正言不顺。此时，赵匡胤迫不及待地想当皇帝。这一刻，他已经筹备多时，不能再耽误了，如果能在一天之内登基，那是最好不过了。

2.陶谷的诏书

且说后周大臣臣服之后，便马上商议禅位登基议程。不久，赵匡胤便在众人的簇拥下，到了崇元殿。此时，后周的符太后，还有满朝文武，都在崇元殿等着。所有人都不敢离开，都等待着那个时刻的到来。

赵匡胤进了崇宁殿，面有愧色地走到了符太后和周恭帝跟前，并向他们行了最后一次君臣之礼。接下来的事情，自然是实行禅位之礼。周恭帝已经不能继续

1《续资治通鉴长编》卷一《建隆元年》。

担任皇帝了。

太祖诣崇元殿，行禅代礼。[1]

满朝文武都按照各自的班位依次站好，等待着江山易主。

这是一个庄严的时刻，从此时起，赵匡胤将开启一个新时代。

然而，偏偏到了这时候，众人却忽略了一件大事，那就是禅位时需要的诏书，还没有准备好。甚至可以说，大家都将这个东西忽略了。毕竟禅位之事，多少年才能有一回呢？

百密一疏啊！尽管赵匡胤表面上不慌不乱，可他内心是焦急的。这个东西虽然是件虚物，却能在关键时刻起作用。禅位诏书，有时候一个朝代都不会启用一次，谁能记起这件物品？

如今要禅位了，却没有这个诏书，赵匡胤一下子陷入了尴尬的境地。即便是赵匡胤的那些智囊们，也都面面相觑，不知如何应对。没有禅位诏书，预示着不能正常禅位。

召文武官就列，至晡，班定，独未有周帝禅位制书。[2]

大臣们开始议论纷纷，事情进展到如今，没有禅位诏书，就是名不正言不顺。赵匡胤害怕给满朝文武留下笑谈，也害怕给后人留下话柄，便使了个眼色，让底下人赶紧去处理这件事。这时候，形式和内容一样重要，所有登基的流程，必须全都要准备到位。

此时，有人提议，可以立马拟写一份禅位诏书。可禅位诏书需要引经据典，每一句话都讲求有来路、有出处，非如此，不足以显示出禅位的重要性、正统性和严肃性。况且这种诏书最终还要存档，供后世记录于历史，容不得半点含

1《续资治通鉴长编》卷一《建隆元年》。

2《宋史全文》卷一。

糊。而这样一封短短的诏书，却不是一时半刻就能写好的，需要几个人同时查阅资料。

就在众人都非常焦急的时候，事情忽然出现了转机。这转机也一下子就化解了赵匡胤的危机。

且说众人苦于没有禅位诏书时，翰林承旨陶谷忽然从站着的序列中走了出来，将手伸进自己的袖筒，拿出了一卷纸，递给了赵匡胤的随从。所有人都屏气凝神等待着侍从将陶谷的卷纸传给赵匡胤。

尽管众人不知道陶谷意欲何为，但大家都很好奇。有些大臣已经猜到了陶谷上呈的东西是什么。

不错，陶谷掏出来的卷纸，正是禅位诏书。

> 翰林承旨陶谷出诸袖中，遂用之。[1]

问题的关键是，陶谷怎么知道赵匡胤登基时，没有禅位诏书呢？他又为何提前写好禅位诏书呢？

没有人能够说得清。总之，陶谷在这个关键时刻，给赵匡胤送上了禅位诏书。对赵匡胤而言，陶谷简直是雪中送炭。赵匡胤特意对陶谷笑了笑，认为陶谷的做法非常值得赞扬。

关于陶谷这份诏书，历来都是争论的焦点。有人认为，赵匡胤兵变前已经与陶谷商量好了，让他提前写好诏书，等到禅位的关键时刻拿出来。但这样的说法没有依据，若提前给陶谷安排好了，赵匡胤在禅位时，便不会焦急万分了。而且，最终的诏书也不应该由陶谷从袖筒中掏出来，拿给赵匡胤。若真是安排好了的，赵匡胤会提前得到诏书。

而事实却是陶谷在赵匡胤非常焦急的情况下，才将诏书拿出来，送给赵匡胤。

那么，陶谷是怎样预料到赵匡胤没有准备禅位诏书的呢？按说赵匡胤在兵变前，已经将黄袍都制作好了，就不应忘记禅位诏书这个环节。但赵匡胤集团，还

1《宋史全文》卷一。

真将禅位诏书忽略了。

这就存在另一种可能，便是陶谷这个人的政治敏锐性比较高。政治敏锐性是个现代词，但用在此处，也非常恰当。陶谷在赵匡胤最紧急的时刻拿出禅位诏书，就说明他早就料到了会有这一刻。

或许在京城流传"点检做天子"时，陶谷便意识到了赵匡胤肯定会成为将来的雄主。所以，他提前查阅资料，引经据典写好了禅位诏书。

如此，这份诏书才会在最关键的时刻，被陶谷拿出来帮助赵匡胤解围。似乎陶谷也明白，只有在这个时刻将禅位诏书交给赵匡胤，才是恰当时机。这与提前将禅位诏书交给赵匡胤，意义完全不一样。

赵匡胤看了诏书，觉得有些地方在言辞使用上尚待商榷，可当下的情况是一刻也不能等待了，他必须在正月初四这天完成登基工作。大家都在等待着一个新时代的到来，不能因为一份禅位诏书，就停下登基的步伐。最终，赵匡胤决定启用陶谷的禅位诏书。至于言辞不准确的问题，可以等到史官作传的时候，重新润色解决。

此时，既然有了禅位诏书，那就可以继续进行下一个程序——禅位登基了。之后，符太后和周恭帝派出宦官宣读禅位诏书，将皇位传给赵匡胤。

　　诏书曰：天生烝民，树之司牧。二帝推公而受禅，三王乘时而革命，其极一也。惟予小子，遭家不造，人心已去，天命有归。咨尔归德军节度使、殿前都点检赵匡胤，禀天纵之姿，有神武之略。佐我高祖，格于皇天，逮事世宗，功存纳麓。东征西讨，厥绩懋焉。天地鬼神，享于有德，讴歌讼狱，归于至仁。应天顺人，法尧禅舜，如释重负，予其作宾。呜呼钦哉，畏天之命。[1]

诏书大致意思如下：

自古以来，普天之下的百姓，都需要由有德才的君主来管理。上古时，两

1《宋史全文》卷一。

位贤王唐尧和虞舜出于公心，分别将帝位进行了禅让，让有德之人为帝，管理天下的百姓。到了商周时期，没有人再沿用禅让制度获得帝位，商周那些统治者都是通过发动战争，最终成为天子的。禅让和战争得来的帝位，看起来有较大的差别，但终究不过是取得的方式不同而已，其准则都是相通的。如今，周朝皇帝不过是一个小孩子，难以处置国家大事，当陈桥驿兵变后，天下人心已经不在周朝了，这是注定的天命难违。此时此刻，周朝归德军节度使、殿前都点检兼检校太尉赵匡胤，天纵奇才，英明神武，文韬武略，担当大任。他曾经辅佐周朝高祖皇帝，创下不世奇功。后又辅佐世宗皇帝，功勋卓著。他跟随世宗皇帝南征北战，东征西讨，战绩辉煌。四海之内，都在称赞他的功德、歌颂他的仁德。以至于刑狱案件数量不断地减少，他的恩泽雨露也到处教化育人。因此，周朝恭帝打算顺应天命人心，依照唐尧和虞舜的旧例，将皇帝之位禅让于归德军节度使、殿前都点检兼检校太尉赵匡胤。而周朝的天子恭帝做了这件事，如释重负。恭帝也非常愿意担任宾客一职，继续为赵匡胤效力。

这段不足二百字的诏书，引经据典，极尽各种华丽辞章之能事，让整个朝堂上的人都感受到了一种庄严感。但这里面不过只是表达了一个意思：赵匡胤继承大统是天命所归，不是人力所为。周恭帝也是心甘情愿禅让皇位，让赵匡胤继续为广大人民谋幸福。

符太后和周恭帝在宦官念完禅位诏书后，便走下了龙椅，彻底告别了尊贵的身份。从此之后，符太后和周恭帝将不能再来这里。

赵匡胤看着符太后和周恭帝走出大殿之后，一步一步上到龙椅前，坐上了象征着权力的龙椅。

当下，满朝文武都三拜赵匡胤，高呼"万岁"之声穿透了崇元殿。一个新兴王朝诞生了。

> 宣徽使引太祖就龙墀北面拜受，宰相扶太祖升殿，易服东序，还，即位，群臣拜贺。[1]

1《宋史全文》卷一。

3. 大宋建立

经过这一系列的运作，赵匡胤终于坐在了龙椅上。按照赵匡胤之前的部署，天下易主，一切都按照旧制来运行。满朝的文武官员，职务不变，薪酬待遇不变。三军将士亦是如此，各归其所，汴京城一切如常。也就是说，赵匡胤发动的兵变，不牵扯任何地方，只是皇帝换了人，国家换了姓而已。明代大儒顾炎武，将这种政变称为"亡国"，而不是"亡天下"。

> 有亡国，有亡天下。亡国与亡天下奚辨？曰："易姓改号，谓之亡国。仁义充塞，而至于率兽食人，人将相食，谓之亡天下……是故知保天下，然后知保国。保国者，其君其臣肉食者谋之；保天下者，匹夫之贱与有责焉耳矣。"[1]

这对于满朝文武来说，自然也是非常乐意的事情。他们为周氏王朝打工可以，为赵匡胤打工亦可。不管是为谁打工，只要没有损害到他们的切身利益，他们便对这一切都安然接受。后世学者认为，这也是赵匡胤兵变后，后周大臣没有过分反抗的主要原因。五代以来，儒家治国制度遭到了很大破坏，这时候的人，更多的是注重自己的境遇，不顾及是否符合礼仪制度。这也是赵匡胤建立宋朝后，非常注重礼仪制度的重要原因，此处暂且不表。

当然，后周大臣雷德骧、刘温叟等人，依然不接受赵匡胤的兵变事实，他们出言不逊，一副不怕死的样子。但赵匡胤还是对这些人采取了容忍态度，他时刻警醒自己，当下一切还都不稳定，需要慢慢消化掉那些不稳定的因素。

接下来的事情，便是要昭告天下，宣布一个新王朝建立。

可在此之前，赵匡胤还要完成国号改制工作。既然建立了新王朝，便不能继

1《日知录》卷十三。

续沿用后周的国号和年号。

应该叫什么好呢？它必须是一个开天辟地的称号，一定要有意义，又能让人一下子记住赵匡胤建立的王朝。

赵匡胤的智囊团，开始着手准备。那些已经投靠赵匡胤的后周大臣们，也参与到了这件事情当中，为赵匡胤建立的王朝，选定一个国号。

文臣们绞尽脑汁地思考年号，唯恐没有将最有代表意义的词提供给赵匡胤，但是他们提出的年号赵匡胤都不满意。

国号看起来只是一个简单的字，却会影响以后整个王朝的走向。

翰林院的那些学究们查阅古籍、搜罗文字，依然没能让赵匡胤满意。这让翰林学士们非常为难。

这时候，有人给赵匡胤建议，不如用他建节时的地名为国号。赵匡胤思谋了一番，觉得有道理，建节这件事本身就非常有意义。以此为国号，还能与自己的功业连在一起。因为赵匡胤当时被加封为归德军节度使的驻地在宋州（今河南省商丘市睢阳区），所以赵匡胤便决定以"宋"为国号。

至于年号，那些翰林学士们，则会提出很多，以供赵匡胤选择。对于年号的选择，赵匡胤也有自己的打算，他在翰林院提供的众多词语中一个个浏览，一个个思考。最终，赵匡胤选择了"建隆"二字作为他建国后的第一个年号。有学者指出，建隆的谐音是"见龙"，预示着赵匡胤是真龙天子，当然，隆还有另外一层意思，就是繁华。建隆合起来的意思就是建立繁华的王朝。这解释似乎有些靠近，但建隆的意思到底是什么，史料中并无详细解释。

年号和国号确定之后，中原王朝就变成了宋朝。公元 960 年便是建隆元年。正月初五，早朝时赵匡胤正式登基，是为宋太祖。

改元之后，赵匡胤在几位大臣的辅佐下，首先实施"大赦天下"的决策：对那些案件的处理也显得宽容许多。尚未追诉的，不再追诉；已经追诉的，撤销追诉；已受罪、刑宣告的，宣告归于无效。免除所有正在受刑之人的所有刑罚，有家可回的人悉数回家务农，发展农桑，重新做人。

乙巳，诏因所领节度州名定有天下之号曰宋，改元，大赦。[1]

关于这场大赦，宋朝还专门发了一则诏令，叫作"登极赦"，类似于今天的公告，其内容大致如下：

太祖登极赦建隆元年正月。门下：朕以五运推移，上帝于焉眷命；三灵改卜，王者所以膺图。朕起自侧微，备尝艰险。当周邦草昧，从二帝以徂征；洎虞舜陟方，翊嗣君而纂位。但蠢一心而事上，敢期百姓之与能。属以敌国侵疆，边民罹苦。朕长驱禁旅，往靖边尘。鼓旗才出于国门，将校共推于天命。迫回京阙，欣戴眇躬，幼主以历数有归，寻行禅让。兆庶不可以无主，万几不可以旷时，勉徇群心，以登大宝。昔汤、武革命，发大号以顺人；唐、汉开基，因始封而建国。宜国号大宋，改周显德七年为建隆元年。乘时抚运，既协于歌谣；及物推恩，宜周于华夏。可大赦天下，应正月五日昧爽以前，天下罪人所犯罪，已结正、未结正、已发觉、未发觉、罪无轻重，常赦所不原者，咸赦除之。应贬降责授及勒停等官，并与恩泽。

诸配徒役，男子女人等，并放逐便。其内外马步兵士，各与等第优给。诸军内有请分料钱者，特与加等第添给。中外见任前任职官，并与加恩。文武升朝官、内诸司使、副使、禁军都指挥使以上，及诸道行军司马、节度副使、藩方马步军都指挥使，应父母妻，未有官及未曾叙封者，并与恩泽。亡父母未曾封赠者，并与封赠。诸处逃亡军都限赦到百日内，仰于所在陈首，并与放罪，依旧军分收管。如出百日不来自首者，复罪如初。念彼愚民，或行奸盗，属兹解网，咸许自新。诸军有草寇处，仰所在州府及巡检使臣，晓谕招唤，若愿在军食粮者，并与衣粮，如愿归农者，亦听取便。於戏！

革故鼎新，皇祚初膺于景命；变家为国，鸿恩宜被于寰区。更赖将相公王，同心协力，共裨寡昧，以致隆平。凡百军民，深体朕意。[2]

1《宋史全文》卷一。
2《宋朝事实》卷二。

这则诏令发布以后，天下并没有发生任何变化。对很多人来说，赵匡胤建立的宋朝的制度要比后周时期更加宽容。那些被放回去的罪犯，都加入到农业生产当中。一时间，务农之人大幅增加。

这一时期，赵匡胤还对跟着他出生入死的三军将士进行了犒赏，这些将士助他夺取政权，被赏赐也是情理之中。

> 内外马步军士等第优给。[1]

随即，赵匡胤便命人昭告天下，他代周立宋，建立了一个新的王朝，此后天下将是赵氏的天下，不再是柴氏的天下了。全国各地的官员，都官居原职，继续做好各自分内之事。且不可造谣生事，造成社会不稳定。

> 命官分告天地、社稷。遣中使乘传赍诏谕天下，诸道节度使，又别以诏赐焉。[2]

4. 柴氏归宿

皇位顺利地落到赵匡胤手上之后，赵匡胤开始考虑如何安置柴氏一族人。当初决定兵变时，他就没想过诛杀柴氏一族人，这里面固然有稳定政权的原因，也有赵匡胤仁德的一面，毕竟周世宗对他不薄，斩尽杀绝的做法，只能让人们更加惧怕他、轻视他。所以，赵匡胤干脆地接纳了柴氏一族人。当然，接纳并不代表着任由其恣意妄为。

但是，具体如何安置柴氏一族，难住了赵匡胤。他们是前朝的太后、皇帝，

1《续资治通鉴长编》卷一《建隆元年》。
2《续资治通鉴长编》卷一《建隆元年》。

即便现在他改朝换代了，也不能亏待这族人。

不过这些人也不能留在身边，若留在身边，迟早都是隐患，必须将他们安置在一个远离汴京的地方，保证他们衣食无忧，但也限制他们的自由，让宋王朝不断地稳定下去。当然，还有另外一方面，这便是赵匡胤自己内心的别扭感。若将符太后与周恭帝留在身边，会时时刻刻都在提醒他：他曾经在陈桥驿发动兵变，夺取了柴氏孤儿寡母的皇权。这会让他良心不安。所以，必须为柴氏一族人选择一个最好的地方，让他们继续安稳度日，不过也得提防他们反水，颠覆赵宋王朝。

在地方的选择上，赵匡胤依然被难住了，因为他们不好安置。自从他决定保护柴氏后人之后，他便知道，这一族人是烫手的山芋，接着不行，放下也不行。

这时候，身边的智囊团给赵匡胤出主意，让赵匡胤将柴氏一族人安排在洛阳。洛阳是宋朝的西京，又是汴京的陪都。虽然比不上汴京繁华，但也是中原重要的市镇，而且洛阳就在汴京旁边，方便赵匡胤及时掌控柴氏一族人的情况。

赵匡胤对洛阳这个地方也有特殊的感情，因为他是在那里长大的。将柴氏一族人安置在洛阳，也是政治需要。赵匡胤同意了大臣的意见。

不久，柴氏一族人便被安置在西京洛阳，过着衣食无忧的日子。而对符太后和周恭帝，赵匡胤也做了最好的安排，他将周恭帝降级为郑王，比赵家的子侄地位要高，而将符太后尊称为周太后，继续在洛阳享受太后待遇。

奉周帝为郑王，太后为周太后，迁居西京。[1]

安置了柴氏一族人后，赵匡胤才住进皇宫中。此时，周世宗刚刚去世半年多，赵匡胤能安心在周世宗生活了多年的皇宫中安然久居吗？当然，赵匡胤正月初五就搬进了皇宫。

在处理柴氏一族人的问题上，赵匡胤除了没有给他们实权，基本上算是将柴氏安排妥当了。他们将以洛阳为世袭之地，繁衍生息，深受宋朝的照顾——前提

---

[1]《续资治通鉴长编》卷一《建隆元年》。

是宋朝还在的话。

就此还没有完。赵匡胤知道自己是从年幼的柴宗训手中夺得皇位的，所以会善待柴氏一族。但是在他百年之后，他的后人不一定会认可这一点，子孙们或许觉得赵匡胤夺取皇位是天命所归，或者理所当然。到时候，柴氏一族人的命运就会饱受考验。抑或在以后，柴氏后人中出一些可造之材，而恰好赵匡胤的子孙并不贤德，这也会给赵氏后人带来非常不利的影响。所以，赵匡胤要将这一系列问题都解决了。让柴氏一族人善始善终，如此，他也算无愧于周世宗，无愧于自己。

为了彻底解决柴氏后人归宿的问题，赵匡胤立了一块高七八尺，宽四尺余的碑。这块碑是赵匡胤为自己的子孙所留，石碑上的内容，也是外人所不知的。赵匡胤要求，以后宋代的每一位新任皇帝，都要在这块碑前盟誓，坚决遵守赵匡胤所立碑上的内容。

这块碑的内容有三点：

（一）柴氏子孙有罪，不得加刑，纵犯谋逆，止于狱中赐尽，不得市曹刑戮，亦不得连坐支属。

（二）不得杀士大夫及上书言事人。

（三）子孙有渝此誓者，天必殛之。[1]

看似有三点，主要内容其实只有两点。

当然，这块碑的内容并不是所有人都知道，平时除了不识字的宦官进去清洁卫生，其他人自然是不能进去的。而且他们不能向外界泄露这里面的秘密，违者诛灭九族。每次只有继承皇位的新任皇帝，才会被不识字的太监带领着，进入这里，在这块碑前立誓。然后紧闭大门，直到下一位皇帝到此来盟誓。

宋代的每一任统治者，都将此碑中的碑文铭记在心，并遵循赵匡胤所立碑上的内容，保护柴氏后人繁衍生息，不杀士大夫。即便士大夫说了多么不敬的话语，都不会被杀。

当然，这块碑的内容，一直被历史掩埋了一百多年。直到后来，"靖康之变"

1《避暑漫抄》。

后，金军进入汴京，对汴京进行破坏，打开了这道锁着石碑的房门，这座被隐藏了一百多年的石碑，才展现在世人面前。

赵匡胤对柴氏后人的安排，引领了一个时代。那些五代的政变者，为了巩固自己的执政地位，无不是将前任领导人的家人悉数诛杀。结果他们所面对的结局，也是被后来者杀掉。最终因果循环，不得善终。

然而，对被安置在洛阳的符太后与周恭帝，赵匡胤似乎还是不放心。他在不断稳定自己的霸业以后，便命符太后与周恭帝迁居到房州（今湖北房县）居住，此处在南宋时还会成为蒙军借道的要塞。

周世宗的后代们并没有一直在王侯爵位上生活下去。周世宗的三个儿子，先后出现了各种变故，不是消失，便是死亡。最先出事的是柴宗训，他是周世宗的第四子，即后周恭帝。他继承皇位时才七岁，不久被赵匡胤夺取政权。到了开宝六年（973），二十一岁的柴宗训患了重病，不得而治，最终病逝于房州，追谥"恭皇帝"，归葬于顺陵（今河南省郑州市新郑市郭店镇郭店村）。一个二十一岁的年轻人就这样离奇死亡了，充满了诸多的不解之谜。

周世宗的第五子柴宗让，在柴宗训继位后改名为柴熙让。他在赵匡胤发动兵变之后，恍如人间蒸发了一样，不知所终，成了历史的未解之谜。

周世宗另外两个儿子，一个叫柴熙谨，一个叫柴熙诲。

柴熙谨在赵匡胤建立宋朝之后，也成了众矢之的。当时，赵匡胤的亲信潘美看这个孩子可怜，便将这个孩子领养，是为潘西谨。

关于周世宗的第六子柴熙谨被潘美收养之事，在王巩的《随手杂录》中有这样一段详细的记载：据说当时赵匡胤率领大军进入皇宫之时，看见一个宫女抱着一个孩子在瑟瑟发抖，赵匡胤便询问这个宫女孩子的身份，那宫女被赵匡胤的阵势吓住了，便说这是周世宗的儿子。当时，潘美、范质、赵普等人都跟在赵匡胤身边，他们一听这是周世宗的儿子，便为这个孩子的安危担忧。赵匡胤问身边的这些人如何处置这个孩子。赵普等人建议杀了，以绝后患，赵匡胤又问潘美怎么处置。潘美却不敢回答。这时候，赵匡胤对众人说："我已经继承了周朝天下，再将世宗儿子杀了，实在于心不忍。"听赵匡胤这样说，潘美才解释刚刚为何不敢回答。潘美对赵匡胤说："我与官家您曾经都侍奉周世宗，我若劝官家您杀了这个孩子，那就有负周世宗，可我若劝您别杀这个孩子，必然会引起您的怀疑，所以，我便不敢回答。"赵匡胤说："既然这样，那就将这个孩子赐给你当个侄子如何？"潘美被赵匡胤这种安排震惊了，但他马上意识到这是赵匡胤有意为之，至于这个孩子将来的幸福，将与潘美紧紧联系在一起。对于赵匡胤的这种安排，潘美不敢说"不"字，只能强装欢喜地接受赵匡胤的赏赐。以后这个孩子便以潘家人自居，世代相传。

> 太祖皇帝初入宫，见宫嫔抱一小儿，问之。曰："世宗子也。"时美与范质、赵普皆侍侧，太祖顾问普等。普等曰："去之。"潘美与一帅在后不语。太祖召问之，美不敢答。太祖曰："即人之位，杀人之子，朕不忍为也。"美曰："臣与陛下北面事世宗，劝陛下杀之，即负世宗，劝陛下不杀，则陛下必致疑。"太祖曰："与尔为侄。"美遂持归。其后太祖亦不问，美亦不复言。[1]

赵匡胤在皇宫中还发现了周世宗的第七子柴熙诲，这一次他还是询问大臣们对柴熙诲的处理意见。此时，荣禄大夫、开国上将军卢琰则挺身而出，表示愿意将柴熙诲收养为义子。赵匡胤如对待潘美一样，对卢琰赏赐了一番。卢琰将柴熙诲收为养子后，便将其姓名改为卢璇。以后，柴熙诲便以卢璇自居，正式成为卢家人。即便如此，卢璇也深知自己身份特殊，便一直随他义父卢琰在浙江永康隐居多年。后来，卢琰夫妇去世后，卢璇继续在永康居住，并为养父母守孝十年才入仕。

而符太后在柴宗训去世后，便也过起了一个人的青灯木鱼生活。符太后于太平兴国初年出家，号玉清仙师。淳化四年（993）十月，符太后薨，谥号"宣慈皇后"，宋廷以皇后礼将其葬于懿陵，陪于其姐西北。

---

[1]《随手杂录》。

5.疏通汴河

张择端的《清明上河图》，描绘了北宋汴河两岸人烟稠密、粮船云集、热闹非凡的景象。这是历朝历代以来，从来没有过的都市繁荣景象，即便是身处现代的我们，依然对这种城市文明充满了向往之情。

城市文明在宋代达到顶峰。不管宋代以前，还是以后，各个朝代都不如宋代的都市文明繁荣。

如果说《清明上河图》只是给我们展示了汴京的一角，那么孟元老的《东京梦华录》基本复原了汴京的繁华景象。

在《东京梦华录》当中，展示了这样一番景象："太平日久，人物繁阜，垂髫之童，但习鼓舞，班白之老，不识干戈。时节相次，各有观赏，灯宵月夕，雪际花时。乞巧登高，教池游苑，举目则青楼画阁。绣户珠帘，雕车竞驻于天街，宝马争驰于御路。金翠耀目，罗绮飘香。新声巧笑于柳陌花衢，按管调弦于茶坊酒肆。八荒争凑，万国咸通。集四海之珍奇，皆归市易；会寰区之异味，悉在庖厨，花光满路，何限春游。箫鼓喧空，几家夜宴。伎巧则惊人耳目，侈奢则长人精神。瞻天表则元夕教池，拜郊孟享。频观公主下降，皇子纳妃。修造则创建明堂，冶铸则立成鼎鼐。观妓籍则府曹衙罢，内省宴回；看变化则举子唱名，武人换授。仆数十年烂赏叠游，莫知厌足。"

这段话的大致意思是：天下太平时间已久，京城里人口密集，商业繁荣。小孩子不谙世事，只知道在汴京繁华区玩耍；两鬓花白的老人，因为没有经历过战争，也混迹于市井当中，感受着汴京的繁华。当时，汴京城里的盛大节日一个接着一个，没有停歇的意思。在汴京居住期间，我几乎每天都可以观赏到各种好景：华灯齐放的良宵，月光皎洁的夜晚，瑞雪飘飞的冬季，百花盛开的春节。我也曾混迹于七夕迎接乞巧队伍当中，亦曾在重阳节登高望远。我甚至在金明池观看禁军操练，在琼林苑仰望皇上游幸。那时的汴京，到处都是青楼画阁，绣户珠帘。雕饰华丽的马车停靠在大街上，宝马在御街上奔驰。镶金叠翠耀人眼目，罗袖绮裳飘送芳香。随时随地，都能够在汴京的大街小巷当中，听到新歌的旋律与美人的笑语，也能随时随地，听到从茶坊和酒楼中传出的管弦之乐，让人驻足久久不愿离去。全国各地的人都汇集在汴京，几乎每天都人山人海。而宋朝的富庶，也让世界各地的人都慕名而来。这些来自世界各地的人，都拿着奇珍异宝，在集市上进行贸易。那些全国各地的美味佳肴，都在汴京大街小巷陈列，供游览的人们品味。道路两旁盛开的花朵，流光溢彩，落英缤纷。老百姓在这样的地方春游，恍如生活在梦境当中。举办各种宴会的人家，音乐震荡长空，吃宴席的人换了一拨又一拨。大街小巷中，那些耍杂技的人，奇特精湛的技艺表演惊艳四座。人们就是生活在这样一种繁荣当中。若是机缘巧合，还能够看到皇帝在元宵节观灯、金明池观射、郊坛祭天的情景，也能看到公主出嫁、皇子纳妃的盛大典礼。我在几十年当中沉醉于观赏盛典，迷恋于游览胜地，不知道厌倦和满足。[1]

孟元老于崇宁二年（1103）跟随父亲到汴京做生意，然后就住在了汴京。当时，汴京是全世界的中心，不管是人口还是繁华程度，都是世界上任何一座城市所不能比拟的。后来，发生"靖康之变"，北宋皇室数千人被金国押解北上，自此北宋灭亡。只有宋徽宗的第九子赵构因外出勤王幸免于难。最终，赵构在临安建立南宋王朝。此后，北方的汉人纷纷迁居南方，孟元老的这本《东京梦华录》是南迁之后，根据自己的记忆，记载下的汴京曾经繁华的样子。

汴京到处都是繁华景象，到处都是琳琅满目的商铺，白天黑夜，各色人物混迹其间。商贩、百姓、达官显贵、王公贵族、公主皇子……比肩接踵，一番人来人往的景象。汴河运输业是一个非常强大的行业，养活了一大批脱离土地的从业者。

这就是当时的汴京给世人的印象。

其实，汴京之所以这么发达，是因为一条河流的存在。这河流便是汴河。汴京是地理位置特殊的城市，整个汴河贯穿其中。在陆路交通工具相对落后的宋代，水上运输发挥了巨大作用。

公元九七六年四月份，赵匡胤在洛阳举行祭祀，打算迁都洛阳。但赵匡胤此

---

[1]《东京梦华录》，（宋）孟元老著，王永宽编，中州古籍出版社，2017年1月版。

举，遭到了文武大臣的一致反对。赵匡义反对尤为强烈，《宋史》中两人有过一段精彩的对话。赵匡胤尽管没有说服弟弟和文武大臣，但赵匡胤还是说出了自己的担忧——"然不出百年，天下民力殚矣"！

> 辛未，帝至西京，见洛阳宫室壮丽，甚悦……既毕祀事，尚欲留居之，群臣莫敢谏。铁骑左右厢都指挥使李怀忠乘间言曰："东京有汴渠之漕，岁致江、淮米数百万斛，都下兵数十万人咸仰给焉。陛下居此，将安取之？且府库重兵，皆在大梁，根本安固已久，不可动摇。"帝亦弗从。晋王又从容言迁都非便，帝曰："迁河南未已，久当迁长安。"王叩头切谏，帝曰："吾将西迁者，非它，欲据山河之险而去冗兵，循周、汉故事以安天下也。"王又言"在德不在险"，帝不答。王出，帝顾左右曰："晋王之言固善，然不出百年，天下民力殚矣！"[1]

赵匡胤最终没有迁都成功。而众人反对赵匡胤迁都的理由是汴河运输物资方便，如果迁都洛阳，很多物资就无法直接运输到城里。

汴河的作用，在五代之前并未显露出来，汴京也只是毗邻洛阳的一个城市。但自从后梁迁都汴京之后，这里的地位逐渐显现出来。此后历经后晋、后汉、后周三个朝代的积累，让汴京逐渐代替洛阳和长安，成为中原龙兴之地。

即便在五代时期，汴京的繁荣也是其他城市无法比拟的。一个都城，必然会成为人流聚集之地。

在后晋时代，汴河的作用已经日渐凸显。后晋皇帝石敬瑭看到汴河在运输方面的重要作用，曾组织人对汴河进行维修、加固，疏通河道，以便通航。

> 开济州金乡来水，西受汴水，北抵济河，南通徐沛。[2]

---

1 《续资治通鉴长编》卷十二。
2 《徐州府志》。

这一次疏通，也将四周的河流都与汴河接连在一起。许多地方的物资，便源源不断地运往汴京。

但是后晋到后汉这几年间，国家不太平，时常有战乱发生。统治者疏于对汴河的管理，泥沙俱下，汴河逐渐被填淤了。原来的河床被阻塞，河边长满了芦苇。因此，汴河运输作用也发挥不出来了。

到后周时，国家逐渐稳定，汴河的作用再一次显现出来。周世宗"命武宁节度使武行德发民夫，因汴水故堤疏导之，东至泗上"。这是周世宗第一次疏通汴河，这一次，基本上拓展、疏通了汴河。疏通后的汴河，再一次发挥了其强大的运输能力。当时，汴河上各种类型的船只络绎不绝，漕运业非常发达，全国各地的各种物资，都源源不断地运往汴京。

但周世宗一心想要统一天下，便把更多精力放在了与南唐的战争上。周世宗精彩而短暂的一生中，曾率部南下，与南唐进行了大规模的战役，之后又与北汉、契丹打仗。汴河再一次被遗忘了，泥沙开始淤填汴河，导致大型船只已经很难通过，只有那些小型船只，在汴河上来往不绝，往汴京运送各种物资。

由于汴河水长年不断，泥沙较多，等到了显德六年（959）时，周围的泥沙淤堵严重。一些重要物资在经汴京运输的过程中，不得不改用小船，大大降低了运输效率。而此时，汴京的住户却逐年在增加。汴河作为最主要的运输路线，亟须再一次通淤。

开封府的行政长官们便向周世宗建议，再一次疏通汴河，实现水上通衢作用。周世宗准了开封府的奏疏。于是，显德六年二月，周世宗命侍卫都指挥使韩通全权负责这件事，韩通便征集徐、宿、宋、单等州民夫数万人，加入汴河的疏通工程当中。

发徐、宿、宋、单等州丁夫数万浚汴水。[1]

周世宗也认识到汴河的巨大作用，便把疏通汴河当成一场战役来打，韩通则

1《资治通鉴》第二百九十四。

是这场战役的主要领导人。

尽管疏通汴河的工作，远没有战争那样残酷，但依然是重要工作，不能有丝毫马虎，韩通天天在大堤之上巡视，盯着壮丁们干活儿。

疏通汴河的工作按时完成。这些人不仅疏通了汴河，还将长江、淮河、泗水等都连接在了一起。如此，整个汴河便可以通往大江南北，当年隋炀帝开通的京杭大运河各段再次与汴河连接在了一起。

> 由淮入泗，由泗入汴者，此五代末之运道也。[1]

到了公元 960 年，赵匡胤建立宋朝以后，对汴河更加依赖，汴河与蔡河、五丈河、金水河相连，东西南北都贯通于汴河之中。

汴河在宋代以后的发展中，愈发显示出重要作用。毫无疑问，汴河成了宋朝的一条生命线。

> 今天下甲卒数十万众，战马数十万匹，并萃京师，悉集七亡国之士民于辇下，比汉唐京邑，民庶十倍。向服时有水旱不至艰歉者，有惠民、金水、五丈、汴水等四渠，派引脉分，咸会天邑，舳舻相接，赡给公私，所以无匮乏。唯汴水横亘中国，首承大河，漕引江湖，利尽南海，半天下之财赋，并山泽之百货，悉由此路而进。[2]

赵匡胤登基后，汴河的泥沙淤堵日益增多，导致汴京很多物件都运输不进城中心。开封府便上奏疏，称汴河近年来有所淤堵，建议重新疏通汴河。赵匡胤尽管才登基没几天，但他已经意识到，自己身为皇帝，必须将工作重心转移到这些政务的处理上，徐徐推动速度已经有所减缓的国家机器。赵匡胤对汴河的重要性非常清楚，汴京的一切物资，都要通过汴河来输送，疏通汴河至关重要。赵匡胤

1《徐州府志》。
2《宋史》卷九十三志第四十六。

将疏通汴河的任务交给了政事堂三位宰相。

之后，朝廷便命人对汴河进行疏通。对于这次疏通汴河的出工之人，朝廷也下了命令，工具粮食自备，直到将汴河疏通为止。

> 汴都仰给漕运，故河渠最为急务。先是，岁调丁夫开浚淤浅，糇粮皆民自备。[1]

很多在汴河上讨生活的人，都投入到汴河疏通工作中来，还有一些百姓，也效法参与其中。于是，一场声势浩大的汴河疏通工作就此开展。这也是赵匡胤登基以来，处理的第一件重大政事。他对此的关注度也高，每过一段时间，他都要过问汴河的疏通情况。

不久以后，汴河被疏通。汴河上再次穿梭着大大小小的船只。赵匡胤这次疏通汴河，只是为了方便漕运。但他没有想到，这条河会在他的后代儿孙手中，真正发挥巨大的作用。

很多年后，对于赵匡胤这次疏通汴河的想法，宋朝官员吕中有独到解读。

> 吕中曰："沛与洛俱河南地也，国家不都洛而都沛者，以四方辐凑，漕运之法远近俱使故也。东南之粟自沛河入，陕西之粟自黄河入，陈蔡之粟自惠民河入，京师之粟自广济河入。论四河之所入，则东南为多。此太祖所以有'不及百年，东南民力竭'之忧而欲都西京也。"[2]

意思是说，洛（洛阳洛河）和沛（汴京沛河）都在河南。宋朝之所以不将洛阳设为国都，而将开封设为国都，就是因为开封的漕运发达。汴京地处几条河流的交汇处，从东南运输而来的稻谷会从沛河进入汴京，陕西的稻谷会通过黄河运入汴京。陈州和蔡州的钱粮也通过惠民河运入汴京，京师附近的粮食亦能通过

1《续资治通鉴长编》卷一《建隆元年》。
2《宋史全文》卷一。

广济河运入汴京。沛河、黄河、惠民河、广济河这四条河在输入物资基本来自南方，这也正是太祖赵匡胤所担忧的——百年之后，东南民力将会衰减的原因。

其实，疏通汴河的一个重要作用是，运输全国各地的粮食到汴京。这是赵匡胤运筹帷幄之事，他要在京城囤积足够多的粮食，一方面是保证汴京的安稳，另一方面是为了让他完成统一大业。

> 上以甲辰即位，而乙卯遂遣使赈贷，岂得天下之初，欲以是要誉于人哉？惟天惠民，惟辟奉天，当时之民苦于干戈，苦于赋敛，苦于刑役。为人父母，见子弟之饥寒，则褰裳濡足以救之，此武王下车未几，而散财发粟之心也。[1]

周世宗没有消灭南唐，他要继承周世宗的大志，将南方那些小国家，包括北汉都收入囊中。如果有可能，还要与契丹进行较量。而打仗就需要源源不断的粮食，但是当时的产粮区主要集中在南方。疏通汴河只是第一步，第二步就是要夺取南唐、南汉、后蜀等政权，将这些产粮区的粮食运往汴京。

当然，囤积粮食的另外一个目的是赈济受灾的地方。以前后周时，每年总有些地方会受到不同程度的旱灾或者蝗灾，百姓缺吃少穿的情况也时有发生。如今，赵匡胤初建宋朝，必须将粮食安全放在第一位，征集足够多的粮食，以备不时之需。

> 丁未，诏悉从官给，遂着为式。又以河北仍岁丰稔，谷价弥贱，命高价以籴之。[2]

汴河通了，赵匡胤的屯粮计划也正式启动了。

1《宋史全文》卷一。
2《宋史全文》卷一。

第五章

安内安外

四时代兴，或暑或寒，或短或长，或柔或刚。万物所出，造于太一，化于阴阳，萌芽始震，凝滜以形。形体有处，莫不有声。声出于和，和出于适。和适，先王定乐，由此而生。天下太平，万物安宁，皆化其上，乐乃可成。

——《吕氏春秋·仲夏纪·大乐》

1. 论功行赏

随着宋朝的建立，赵匡胤颁布了公告，并一级一级传到地方。即所有官员职位和俸禄都不变动，只是由周官变宋官而已。然而，赵匡胤的通告传到各处之后，每个地方官员都打着自己的小算盘。所有人都在观望，也在等待着赵匡胤的下一步举动，甚至有些人期待着出现不稳定局面。但赵匡胤兵变之后的一两个月之内，并未发生任何扰乱社会安稳的事情。除了韩通被杀，满朝文武其他人顺势从周朝臣子变成宋朝臣子。

安抚了后周群臣后，赵匡胤决定也通报南唐一声。毕竟南唐在周世宗时期，便已经认后周为宗主国，此刻他代周立宋，接过了周朝的一切，原来的一切应该继续维持现状。南唐既然是后周的附属国，这时自然也就顺势成为宋朝的附属国，于情于理，都要通报南唐一声。这既是试探南唐对他建立宋朝的态度，也是告诉南唐以前认后周为宗主国，以后就得认宋朝为宗主国。

赐唐主李景诏，谕以受禅意。[1]

赵匡胤要亮出自己的态度，试探南唐会不会借着他兵变之机，来摆脱中原王朝的统治。南唐对赵匡胤派出使臣通报代周立宋之事，自然只能接受，也表示继续尊宋朝为宗主国，会定期给宋朝进贡礼品。赵匡胤的使臣在南唐被招待得很周到，回去自然也向赵匡胤禀报了南唐的态度。

处理完南唐事宜后，赵匡胤开始安置他手底下的军队将领。这些人手握重兵，安抚他们是最迫切的事情。赵匡胤做的第一件事，便是重新设置了安远军[2]、镇国军[3]、泰宁军[4]。这三个地方原来都有驻军，后周将这三地设置的大军撤掉了。但赵匡胤却觉得，宋朝初建，百废俱兴，一些边远地方，仍然不安定。他要重新调整原来的军队设置，对后周时期撤掉的、有必要设置军队的地方，继续要设置驻军，保证这些地方的安定。

己酉，复置安远军于安州，镇国军于华州，泰宁军于兖州。[5]

这些事情做完，就开始加封武将，这是安抚人心的必要举动。毕竟很多武将跟着他出生入死，甚至冒着全家被诛杀的危险，在陈桥驿发动了兵变。这些人不能亏待，以后统一国家，还得依靠这些人。

于是，赵匡胤将石守信、高怀德、张令铎、王审琦、张光翰、赵彦徽等人都进行了加封，给了他们地方节度使的职位。

1《续资治通鉴长编》卷一《建隆元年》。
2 后周显德二年（955 年）改定远军为景州置，驻军所在地在东光县（今河北东光县）。
3 唐置镇国军，治所在华州（今陕西渭南市华州区），后周废除。
4 唐置泰宁军，后周废除。
5《续资治通鉴长编》卷一《建隆元年》。

辛亥，石守信自义成节度使、殿前都指挥使为归德节度使、侍卫马步军副都指挥使，常山高怀德自宁江节度使、马步军都指挥使为义成节度使、殿前副都点检，厌次张令铎自武信节度使、步军都指挥使为镇安节度使、马步军都虞候，王审琦自殿前都虞候、睦州防御使为泰宁节度使、殿前都指挥使，辽人张光翰自虎捷左厢都指挥使、嘉州防御使为宁江节度使、马军都指挥使，安喜赵彦徽自虎捷右厢都指挥使、岳州防御使为武信节度使、步军都指挥使，官爵阶勋并从超等，酬其翊戴之勋也。[1]

加封这些武将们为节度使，自然也是效仿周恭帝刚刚继位时的做法，将那些手握重兵的武将们调出京城，换取京城的安定。

诸将们对赵匡胤的赐官封爵当然非常满意。有些人如果继续在周朝手底下驻守边防，一辈子恐难以建节。但这次帮着赵匡胤建立宋朝之后，他们都成了节度使，那可是一方诸侯。当然，不久之后，赵匡胤改革军制，地方节度使将不再是掌管军政的一方诸侯。赵匡胤会将武将的各种军权分开，达到地方官与武将们相互制衡的目的。只是此时，赵匡胤处理的一切工作，都在延续着唐朝旧制。

不过此时赵匡胤对南唐始终不放心，他要稳定政权，就得首先稳住如南唐、吴越国这样的南方政权，让他们不乘机制造混乱。为了表示与南唐和好的诚意，赵匡胤还将在周世宗手中被俘的一些南唐降将送还给了南唐。

癸丑，放周显德中江南降将周成等三十四人复归于唐。[2]

赵匡胤就是要利用这些小恩小惠，暂时将南唐笼络住，让南唐不要在两国边界上徒生事端，为赵匡胤顺利地坐稳皇位打下基础。对于赵匡胤归还的被俘将士，南唐照单全收，并表示会全力支持赵匡胤新建的宋朝。

1《续资治通鉴长编》卷一《建隆元年》。
2《续资治通鉴长编》卷一《建隆元年》。

至此，赵匡胤建立的宋朝，在强有力的助推之下，以一种稳定的状态开始运转。但赵匡胤知道，有些地方对宋朝还是持有敌意。不管怎样，宋朝初建的稳定，是他需要的。为了进一步营造安定的气氛，赵匡胤又命人前往各地开展救济活动，为那些生活困难的老百姓送去高层的关心。

> 乙卯，遣使往诸州赈贷。[1]

这种笼络人心的举动，很快得到百姓们的赞誉。那些受灾的百姓，更是对赵匡胤感恩戴德。这是以前他们很少享受到的好处。宋朝初建，就能将老百姓的衣食住行放在心上，足见赵匡胤的高瞻远瞩。百姓与君王的关系，自古有各种圣人不断论述。赵匡胤除了对底层人民有着深切同情，也是想笼络住绝大多数人的心。水能载舟亦能覆舟，水就是天下百姓，舟便是赵匡胤建立的王朝。

除了做这些，赵匡胤还摆出了尊崇后周的举动——命人祭祀后周皇陵。尽管赵匡胤此举是做给各方势力看的，存在动机不纯的心理，但这足以向世人展现自己的宽广胸怀。赵匡胤对待先代帝王尚且如此，难道还不会真心对待天下百姓吗？

> 丁巳，命周宗正少卿郭玘祀周庙及嵩、庆二陵，因著令，以时朝拜。[2]

赵匡胤越来越多的举动，让天下人开始对他认可。

这一系列的举动，让宋朝在安稳的环境中度过一个多月。这一个多月当中，赵匡胤总是勤勤恳恳，不断与身边大臣们商议着治国理政的策略。到了二月份，三位宰相集体上书，请求将二月二十六日设为长春节，因为这一天正好是赵匡胤的生日。

1《续资治通鉴长编》卷一《建隆元年》。
2《续资治通鉴》。

　　宰相表请以二月十六日为长春节，帝生日也。[1]

　　对于自己的生日，赵匡胤并不重视。可这时候他是一国之君，他的生日，也就不仅仅是个普通生日，而是天子的生日，将天子生日设置为长春节，符合礼仪制度。于是，赵匡胤准了宰相府的奏折。

　　接下来，就得加封老臣符彦卿了。

　　对于符彦卿，赵匡胤有一种很复杂的感情。符彦卿并未参与赵匡胤的兵变，但他在兵变期间以及兵变后，并未表现出要举兵反抗的苗头，而是顺势成了赵匡胤的属下。这固然与符彦卿是赵匡义的岳父有关系，但更多的是符彦卿看清了时局。否则，赵匡胤夺取了周朝皇位，符彦卿作为皇亲国戚，应该第一时间举起反抗大旗才符合常理。可若真是那样，赵匡胤也无法这么安心地论功行赏。符彦卿作为六朝大将，有资历，有威望，也有号召力。他若要举兵反抗，必定会一呼百应。

　　符彦卿在处理赵匡胤兵变这件事上，采取了忍让策略。或许符彦卿知道，这样势必会委屈自己的二女儿与外孙。可天下之事，谁能说得清，赵匡胤能在那么短时间内发动兵变，绝非一朝一夕的策划所能成。贸然反叛，有可能着了赵匡胤的道。况且赵匡义还是自己的女婿，手心手背都是肉。在重重艰难的抉择中，符彦卿采取了忍让策略。

　　当然，赵匡胤加封符彦卿，也是为了稳住这位老臣，也给那些地方官员树立一个典型。非如此，不能安抚重臣。

　　天雄节度使、守太尉、兼中书令、魏王宛邱符彦卿。[2]

　　这时候，符彦卿上表，请求不要对他过分表彰，直呼其名就行。但赵匡胤认为这样不妥，毕竟符彦卿是后周的皇亲国戚，又是赵匡义的岳父，他和赵匡义是

1《续资治通鉴》。

2《续资治通鉴长编》卷一《建隆元年》。

亲兄弟，符彦卿也就是他的亲戚。于是，赵匡胤愈加器重符彦卿。

> 上表乞呼名，诏不允。彦卿宿将，且前朝近亲，皇弟匡义汝南郡夫人
> 又彦卿女也，上每优其礼遇云。[1]

只不过，赵匡胤对符彦卿的安置，也仅仅是权宜之计。此时，他刚刚继位，很多事情都不受他控制，他需要尽可能地对那些手握重兵的将领表现出自己的大度。否则，像符彦卿这样没有出过力的人，赵匡胤自然不会这么早就加封。一切都是形势所逼。

后来，后周的旧臣王祐深得赵匡胤喜爱，那时候，赵匡胤意图除去符彦卿，便命王祐去寻找符彦卿的犯罪事实。赵匡胤还许诺王祐，若此次找到了符彦卿的犯罪事实，便可以给他宰相职务。但王祐去了符彦卿任职之地后，并未发现符彦卿有犯罪行为。王祐便将自己的调查，写成了一份报告，上报给赵匡胤，表示符彦卿并没有任何犯罪事实，王祐甚至不惜以全家性命做担保。

> 会符彦卿镇大名，颇不治，太祖以祐代之，俾察彦卿动静，谓曰："此
> 卿故乡，所谓昼锦者也。"祐以百口明彦卿无罪，且曰："五代之君，多因猜
> 忌杀无辜，故享国不永，愿陛下以为戒。"彦卿由是获免，故世谓祐有阴德。[2]

如此，赵匡胤便不再追究符彦卿的罪过，只是绝口不再提让王祐担任宰相之事。王祐气愤不过，便在家里手植三槐，表示即便他不能当宰相，他的子孙辈依然会有人当上宰相。果然，后来王祐的次子王旦成为宋真宗时期的宰相，并在宰相职位上待了十八年。此事也在王旦当上宰相之后被广为流传。

> 二年，加尚书左丞。三年，拜工部尚书、同中书门下平章事、集贤殿

1《续资治通鉴长编》卷一《建隆元年》。
2《宋史》卷二百六十九《列传第二十八》。

大学士、监修《两朝国史》。[1]

符彦卿之事处理完毕之后，还剩下两个重要人物没有安置。这两个人一个是慕容延钊，另一个是韩令坤。此前，赵匡胤将慕容延钊作为先头部队将领，派出去打头阵，而他自己则在陈桥驿发动兵变。兵变之后，慕容延钊自然非常清楚自己被赵匡胤耍了，但赵匡胤已经当了皇帝，慕容延钊只能顺应时代潮流。加之慕容延钊本人与赵匡胤关系非同一般，赵匡胤自然要善待慕容延钊。而韩令坤则是赵匡胤在兵变前派出去巡视整个北方边境的人。这两个人尽管没有参与陈桥驿兵变，但功劳也很大。

> 先是，周侍卫马步军都虞候、武安韩令坤领兵巡北边，慕容延钊复率前军至真定。帝既自立，遣使谕延钊、令坤各以便宜从事，两人皆听命。己未，加延钊殿前都点检、昭化节度使、同中书门下二品，令坤侍卫马步军都指挥使、天平节度使、同平章事。[2]

除了给武将们加官晋爵，赵匡胤还举办了一次赏赐大会。给朝中几乎所有亲信大臣都赐了袭衣、犀玉带、鞍勒马等物品，从物质上予以奖励。

> 壬子，赐文武近臣、禁军大校袭衣、犀玉带、鞍勒马有差。[3]

这样一来，也就将恩泽施于大臣了。

接受了赵匡胤的赏赐后，满朝文武都很高兴。

然而，就在此时，在汴京城里，却发生了暴乱的事情。此事立马引起了赵匡胤的警觉。赵匡胤命人彻查此事，结果就捉拿了一些作奸犯科之人。这些人趁火作乱，给初建的宋王朝当了祭品。这一次，赵匡胤毫不手软，将这些人悉数斩

1《宋史》卷二百八十二《列传第四十一》。
2《续资治通鉴长编》卷一《建隆元年》。
3《续资治通鉴长编》卷一《建隆元年》。

首，以儆效尤。除了惩治罪犯，那些遭受掠夺导致财物损失的人家，由国家出面对他们进行赔偿。

> 上之入也，闾巷奸民往往乘便攘夺，于是索辈斩于市，被掠者，官偿其赀。[1]

此举虽然有以暴制暴之嫌，但赵匡胤的做法却得到了很多人的支持，大家对这些烧杀抢掠者无不深恶痛绝。

处理完此事后，汴京城里安定了很多，原来那些想浑水摸鱼之人，都收紧了尾巴。这也是赵匡胤想要看到的结果，他刚刚即位就有人开始搞破坏，这是坚决不能容忍的事。若汴京城都发生这般事端，那么远离汴京的地方，岂不是要乱了？

赵匡胤处置暴乱，做到了稳准狠。汴京安定了。

这时候，赵匡胤开始考虑安排他的智囊团成员了。比如赵普、吕余庆、刘熙古、沈义伦、张彦柔等人。这些人才是自己的左膀右臂，他们帮着自己实现了兵变计划，给这些人怎样的封赏都不为过。

然而，此时的赵匡胤却非常为难，因为朝廷中几个重要岗位，都被后周老臣占着。而这些智囊团成员，尽管在他建立宋朝的过程中，做了很大付出，可没有合适的职位给他们。赵匡胤只能给这些智囊团的人一些大夫、学士、郎中之类的官员，暂时安置他们。等赵匡胤彻底安顿好一切之后，再考虑重新安排他们的职位事宜。

> 壬戌，归德节度判官宁陵刘熙古为左谏议大夫，掌书记赵普为右谏议大夫、枢密直学士，宋、亳观察判官吕余庆为给事中、端明殿学士，摄观察推官太康沈义伦为户部郎中，归德节度副使张彦柔领池州刺史。[2]

1《续资治通鉴长编》卷一《建隆元年》。
2《续资治通鉴长编》卷一《建隆元年》。

这些智囊团成员对赵匡胤的处置，也都非常理解，宋朝虽然建立了，但遗留下的问题，需要时间来慢慢消化。他们感谢赵匡胤的知遇之恩，都先后奔赴岗位任职了。

赵匡胤将弟弟赵匡义的封赏放在了最后。这是一种政治策略，若先安置赵匡义，赵匡胤担心别人会说自己偏向家人。此时，他已经是一国之君，做任何事都要考虑天下人的看法。所以，他才将弟弟的加封放在了最后。当然，赵匡胤也自此将弟弟的名字改了，毕竟此时他是皇帝，所有臣子都要避讳，即便是弟弟，也不能破坏这种礼仪制度。所以，赵匡义不能再用"匡"字了，那样就会犯忌讳。于是，赵匡胤给赵匡义赐名为赵光义。

> 甲子，以皇弟殿前都虞候匡义领睦州防御使，赐名光义。[1]

经过前前后后一段时间的安置，整个宋朝的一切论功行赏工作，基本都已妥当。所有在这场政变中起到作用的人，都有了一个好的归宿。然而，在这场论功行赏的安置中，没有赵匡胤对苗训的安排。

按说苗训在赵匡胤的一生中，起到了非常重要的作用，可这时候，赵匡胤却没有对他加封官职。史籍中，亦无迹可寻。唯一能看见的，是《宋史》里记载有这样一句话："既受禅，擢为翰林天文，寻加银青光禄大夫、检校工部尚书。"后世史学家对此亦是百思不得其解。

但不管怎样，公元 960 年春天，是一个充满了温馨的季节。

不久，赵匡胤便将目光投注在了国子监上。国子监是国家的最高学府，是为国家培养人才的地方。历朝历代的皇帝都非常重视人才的培养。天下要想大治，就得选拔人才。皇帝一个人永远实现不了国家大治。魏征的《谏太宗十思疏》说透了这层关系。

国子监是一个关乎国家百年大计的地方，这里将产生一大批良臣，为国家增

1《宋史全文》卷一。

添活力。所以，赵匡胤很重视教育。这一点大概与赵匡胤从小受教育程度不高有关系。他出身行伍，在不断成长的过程中，越发地渴求知识。据说赵匡胤在后周为官时，有一次打了胜仗之后，赵匡胤用车拉了好几个大箱子，身边的人不知道缘故，以为赵匡胤私自吞没了战利品。有人便将此事告知给周世宗。周世宗听闻此事后，很不高兴，便将赵匡胤召来，不问青红皂白，命人打开了箱子。结果箱子里面装的全是书籍。为了缓解尴尬，周世宗询问赵匡胤要这么多书有何用。赵匡胤的回答让周世宗对他另眼相看。赵匡胤说，他从小没有读过多少书，这次打仗，看到了这些书，他就想做一个有头脑的武将。这下周世宗更加信任赵匡胤了，以后不再听信谗言，随意搜查武将的东西。通过这件小事可以看出，赵匡胤在不断地用知识改变着自己对世界的认知。

此时，他作为一国之君，重视教育也就在情理之中了。五代以来，战乱不休，国家推行的教育也常常被阻断，赵匡胤也深受其害。赵匡胤认为，五代之所以这么乱，皇位更替之所以频繁，除了武将拥兵自重，还有一个很重要的原因，那就是对教育的废弃，由对教育的废弃衍生到对儒家治国理政制度的废弃。

他所建立的宋朝，当然不能步五代以来的后尘。他要重新建立起一整套的治国理政体系，用制度来推动国家正常运转。而要建立一整套的制度体系，教育就显得非常重要。

赵匡胤亲自到国子监视察，了解国子监的情况，询问国子监的需求，尽可能地满足这些官员的请求，为国家培养后备人才做准备。

2. 设立宗庙

赵匡胤去过国子监之后，宋朝的政治开始呈现出一种清明的状态。国家一如既往，太平安定，百姓一如既往，安居乐业，除了个别地方有灾荒，此时的宋朝甚至比柴宗训继位时还要安定。毫无疑问，这是赵匡胤想要的结果。

接下来，就要重塑礼仪制度。礼仪制度是引导国家向上向善的载体，一切混乱之始都是因为礼乐崩坏造成的。尽管赵匡胤暂时还理不清楚如何建立礼仪制度。但他对唐代的那套礼仪制度非常推崇。

此后，赵匡胤在制定每一项政策时，都考虑到了礼仪制度。他要恢复那一整套的制度，重新将国家拉回到重礼的轨道上，让这些礼仪制度来影响人、约束人，进而实现国家的大治。这时的赵匡胤，已经从一个地方武将逐渐向改革制度的中心人物演变，他身上的那些武将痕迹正在慢慢蜕化。

不久，有官员上书，建议赵匡胤设立宗庙。宗庙一旦设立，一切礼制就有了源头。民间尚有设置宗祠的风俗，作为天子，设立宗庙不仅仅是追忆先人，更重要的是要确立一种制度。这也是赵匡胤需要做的，礼仪制度能够让国家一直处于稳定状态之中。赵匡胤对官员上奏的立宗庙之事，非常赞成。但这样的大事，还得经过大家一致的认可才行。于是，赵匡胤便召集百官，在尚书省商议此事。

文臣们精通经史子集，对先贤流传下来的各种宗庙制度以及宗庙的意义，都有考究依据。他们认为，设立宗庙已经不是赵匡胤自己的事情，而是涉及全国礼仪制度之事。确立宗庙，能更加巩固赵匡胤地位的合理性和正统性。

可是，立宗庙讲求的礼仪制度太多，大臣们一时半刻也商议不出具体结果。这需要旁征博引地查典籍，为立宗庙寻找依据。不过，暂时议不出结果也无妨，让赵匡胤高兴的是，这件事总归有人提出来了。只要有人重视这件事，迟早能将宗庙之事做好。

这里简单介绍一下宗庙设置的制度。按照古人流传下来的制度，宗庙设置大概分为天子、诸侯、大夫、士子、庶人等类型。天子一般设立七庙，诸侯设立五庙，大夫设立三庙，士子设立一庙，庶人则没有宗庙。宗庙能强烈地体现出等级制度，是区分各阶层人士的标志。孔老夫子对此有专门的论述，大致意思是：自从天下有了君王，分封了土地，建立了国家，设立了宗庙，便有了亲与疏、贵与贱、多与少的区别。这是天子建立国家的一个重要标志。所以天子设立七庙，左边三座昭庙，右边三座穆庙，连同太祖庙一共是七庙。太祖庙为近亲的庙，每月都要祭祀。远祖的庙叫"祧"，有二祧，每季度祭祀一次。诸侯设置五庙，两座昭庙，两座穆庙，与太祖庙共五庙，叫作"祖考庙"，每季度祭祀一次。大夫一般建三庙，一座昭庙，一座穆庙，一座太祖庙，叫作"皇考庙"，每季度祭祀一次。士子一般设立一庙，叫作"考庙"，没有祖庙，父祖合祭，每季度祭祀一次。

平民百姓则不立庙，每季度就在家中寝室祭祀。这种制度从有虞到周代都没有改变。凡是四代帝王称作郊祭的，都和祭天一起祭祀；称作禘的，是五年一次的盛大祭祀，都配天祭祀。地位为太祖的，他的庙不毁，不到太祖辈分的，即使受到禘、郊的祭祀，他的庙也可以毁。古代把祖有功而宗有德的叫作"祖宗"，他们的庙都不能毁。

> 孔子曰："天下有王，分地建国，设祖宗，乃为亲疏贵贱多少之数。是故天子立七庙，三昭三穆，与太祖之庙七。太祖近庙，皆月祭之。远庙为祧，有二祧焉，享尝乃止。诸侯立五庙，二昭二穆，与太祖之庙而五，曰祖考庙，享尝乃止。大夫立三庙，一昭一穆，与太庙而三，曰皇考庙，享尝乃止。士立一庙，曰考庙，王考无庙，合而享尝乃止。庶人无庙，四时祭于寝。此自有虞以至于周之所不变也。凡四代帝王之所谓郊者，皆以配天。其所谓禘者，皆五年大祭之所及也。应为太祖者，则其庙不毁。不及太祖，虽在禘郊，其庙则毁矣。古者祖有功而宗有德，谓之祖宗者，其庙皆不毁。"[1]

这基本说清楚了整个宗庙的设置、祭祀时间和祭祀过程等程序。但里面的几个词还需要做进一步说明，比如昭庙、穆庙等。在古代，除了等级制度，宗庙设置也有其次序，大致顺序为：始祖居中，父居左，也叫"昭"，子居右，也称"穆"。不过这个制度，也分很多详细的类型。比如，昭和穆的次序都是有一定规律的，不是任由人胡乱排序的。一世为昭，二世为穆；三世为昭，四世为穆；五世为昭，六世为穆。也就是说，在能追溯的祖宗辈分中，单数世为昭，双数世为穆。当然，昭和穆的分类也不仅仅依靠单数、双数，也受先后世、长幼、嫡庶的影响，在帝王宗庙设置当中，这一点显得尤为突出。比如，先世为昭，后世为穆；长为昭，幼为穆；嫡为昭，庶为穆。

总之，帝王之家的宗庙设置，是一门学问。这里不再刨根问底进行深度解读。

1《孔子家语》庙制第三十四。

在上次商议宗庙之事后，朝中官员们就时时刻刻想着这件事。赵匡胤既然重视这件事，他们将此事做好了，也会得到赵匡胤的另眼相看。

于是，兵部尚书张昭等人就给赵匡胤继续上书，建议宋氏宗庙可参照尧舜禹时期的宗庙设置，立五庙。张昭等人，对自己建议设立五庙的依据也说了。

> 有司请立宗庙，诏下其议。兵部尚书张昭等奏："谨按尧、舜、禹皆立五庙。"[1]

他们在奏章中指出，古时候，君王设置宗庙，都是按照二昭二穆方式进行设置。到了商朝以后，将五庙改成了六庙。到了周朝，便设立了六庙，在祭祀亲庙之外，还设置了祭祀太祖以及文王、武王的宗庙。到了汉代初年，设立的宗庙，都不合乎礼仪。魏晋南北朝时期，重新设置了七庙，虽然大致延续了商周时期宗庙设立的规制，但还是有不一样的地方，比如他们将太祖之庙虚设。到了隋文帝时期，鉴于国家初建，不想在宗庙设置上给国家造成负担，因此，隋文帝只设立了高、曾、祖、祢四庙。唐代基本上延续了隋代的制度。而五代以来，这些制度早已被荒废。因此，他们建议，可效仿唐制，设立高、曾、祖、祢四庙亦可以。

> 盖二昭二穆与其始祖也。有商建国，改立六庙，盖昭穆之外，祀契与汤也。周立七庙，盖亲庙之外，祀太祖及文王、武王也。汉初立庙，悉不如礼。魏、晋始复七庙之制，江左相承不改，然七庙之室，隋文但立高、曾、祖、祢四庙而已。唐因立亲庙，梁氏而下，不易其法，稽古之道，斯为折衷。伏请追尊高、曾四代，崇建庙室。[2]

赵匡胤对于设立宗庙的制度，知之甚少，听张昭等人这么一说，觉得他不能效仿商周，那样太过铺张浪费。宋朝初建，不宜大兴土木。当然，也不能如五

1《宋史》卷一百六《志第五十九》。
2《宋史》卷一百六《志第五十九》。

代以来一样，彻底废弃宗庙制度。隋唐的四庙制度非常符合宋朝当下的国情，若以后国家兴旺发达，则可以适当增添宗庙。最终，赵匡胤便同意了张昭等人的建议。不久，宋朝的宗庙设置始成。

宗庙建立之后，一些涉及宗庙的制度，也随即产生。所谓宗庙制度，其实就是祭祀之事要设立一个制度，为以后祭祀规定时间和需要注意的事项。也需要后世子孙时刻记着这个制度，是他创立的。比如，每年四季的第一个月要祭祀祖先，而冬天的时候也要祭祀，这就是五享制度。每次祭祀的时候，还要摆上新鲜的食物，供奉祖先。而祭祀的时间和注意事项，也不能疏忽。

> 宗庙之制，岁以四孟月及季冬凡五享，朔望荐食、荐新。三年一祫以孟冬；五年一禘以孟夏。其七祀：春祀司命及户，夏祀竈，季夏别祭中霤，秋祀门及厉，冬祀行，惟腊享、禘祫偏七祀。如亲行告谢及新主祔谒，即权罢时享。告日用牢馔，备祀官。[1]

这已是完整的一套祭祀制度，为后世子孙留下了标准和规模参照。以后宋代各个王朝，都延续了这项制度，一直到南宋，都在尊崇这个制度。

在《宋史全文》中，就此项制度，宋代的理学家朱熹就曾做过评价。他认为，太祖皇帝赵匡胤在建立国家之初，对其他事情都不担心，唯有尊立太庙之事让太祖皇帝犹豫不决。太祖皇帝即位后，应当将始祖立享东方。因为僖祖（赵朓，赵匡胤高祖父，唐朝时任县令）没有功业，故而没有对僖祖尽心力祭祀。但朱熹的这种态度并不全面和准确。尽管僖祖是高祖太祖，至今已历多世，看似没有功德传下来，但他的子孙当中出现了太祖皇帝这样的神人，建立了宋朝，这应该归结于僖祖的功劳。用现代基因学说理论解释，就是赵匡胤身上流淌着僖祖的血，没有僖祖，哪来的赵匡胤。

> 朱文公曰："臣以为，太祖受命之初，未遑他事，首尊四祖之庙。后以

1《文献通考》卷九十八《宗庙考八》。

太祖受命立极，当为始祖而裕享东向。而僖祖初无功德，亲尽当祧而已。臣深考其说，而以人心之所安者揆之，则僖祖者，太祖之高祖考，虽历世久远，功德无传，然四世之后，笃生神孙，应天顺人，以宁兆庶，其功德盖不必自亲为之然后为盛也。"[1]

朱熹这样说，还是坚持不能忘祖，应该感谢祖宗。没有祖宗的庇佑，赵匡胤能否成就这么大的功业，尚未可知。

设立宗庙的事情，前前后后，赵匡胤想了好多天，最终敲定了制度方案。可祭祀、立宗庙等事几乎占据了整个正月的最后几天。赵匡胤也一直纠结于宗庙设立的各种事宜当中。

最后，赵匡胤对全国人民延续了契丹与北汉出兵攻打边境的谎话。因为他是在出兵讨伐北汉与契丹的时候，被一帮将领胁迫，最终在陈桥驿兵变。如果有人发现之前战报是假消息，必然会有人说他心怀不轨。因此，尽管他已经改朝换代，但契丹兵攻打北方关南之地的事情不能终结，赵匡胤还需要继续将这个谎言进行下去。但这种事要做得不露声色，不让史官抓住把柄才好。所以，这时候便从前线传来了个消息：建立宋朝之后，北汉与契丹的联军撤兵了。北方的整个威胁，也就此解除。

镇州言契丹与北汉兵皆遁去。[2]

这样一来，赵匡胤从因契丹与北汉联军兵犯边境而率军北上抵抗，到陈桥驿被六军威胁着当上皇帝，再到此时传来契丹撤军，也就合情合理了。这份来自镇州方向的消息，是否真从镇州传来，尚有待考证。总之，赵匡胤的确是收到了这样一个消息，便解除了对北方边境的用兵。不过，据后来学者考证，北汉与契丹在这一年的正月初一压根儿就没有出兵，当时，契丹国内不稳定，抽不出时间和

1《宋史全文》卷一。

2《文献通考》卷九十八《宗庙考八》。

精力对付宋朝。所以，赵匡胤放出的消息是谎言，我们今天看到的宋代的各种资料当中，都将这一次兵变说成了北汉与契丹兵犯边境。这只是被"官方"化了的历史。其中记载的有些事，并非真有其事，只是出于政治需要。

尽管北汉与契丹没有兵犯边境，但赵匡胤对北汉一直关注着。赵匡胤对契丹这个强硬的对手，多少有些怵，也不敢带兵攻打契丹。但北汉却在身边，自然要重视。虽然他与北汉的关系不像周与北汉一样是生死仇人，可赵匡胤的政权来自周朝。北汉自然对赵匡胤也持敌视态度。为了不让边境线上再次燃起战火，赵匡胤派出斥候，渗入北汉的国都晋阳，不断探听着北汉的情报。

不久，那些斥候们，便从北汉的皇宫里探听到了一个消息，说北汉的皇帝罢免了户部侍郎、宰相赵华。这个赵华是个厉害人物，他担任宰相，能让北汉强大，这是赵匡胤不希望看到的，这时候北汉罢免了赵华，赵匡胤暗中窃喜。

北汉户部侍郎、平章事荥阳赵华罢为左仆射。[1]

不过北汉似乎只有这一项人事变动。赵匡胤命那些斥候们继续隐藏，探听北汉的情报，也为将来收编北汉做好准备。

就在赵匡胤关注北汉的时候，南唐国内却并不平静。国主李璟派遣使者到达了饶州（今江西省鄱阳县），寻找一个叫钟谟的官员。李璟派出的使臣很快找到了钟谟。使臣以李璟的口吻质问钟谟：当初让你和孙晟一起出使后周，如今孙晟已死，为何你独活？这种质问，已经暗含着杀意。钟谟知道自己的死期已至，便上吊自杀了。南唐国主李璟还命人诛杀了与钟谟结交的张峦。

南唐主遣使诛钟谟于饶州，诘之曰："卿与孙晟同使北，晟死而卿还，何也？"谟顿首伏罪，缢杀之，亦诛张峦于宣州。[2]

---

1 《续资治通鉴长编》卷一《建隆元年》。
2 《续资治通鉴长编》卷一《建隆元年》。

此事有必要交代下背景。当年，雄心勃勃的周世宗准备南下攻打南唐。此事被李璟得知后，非常震惊，周世宗已经在中原稳定了霸业，周朝已经成了完全可以和南唐抗衡的国家。李璟在积极备战的同时，派出使臣去与周世宗交涉，意图通过和谈的方式，解决南唐与后周的战争问题，进而达到阻止后周大军南下的步伐。这时候，李璟选择了两个人出使后周，这两个人一个叫孙晟，一个叫钟谟。此二人皆是能言善辩之人，巧舌如簧，在南唐大臣当中，很少有人能与他们辩驳。这也是李璟选择他们的原因。此二人领了皇命，往后周而去。没有到达后周之前，他们对自己的说服能力非常自信。

周世宗对于李璟派来的说客，也都极力款待，尤其是他对孙晟的为人很敬仰。但自始至终他们并没有说服周世宗，不过他们却得到了周世宗的赏识，周世宗非常珍惜两人的才华，希望他们可以为后周效力。他们尽管为周世宗的雄才所震撼，但作为出使的臣子，怎么可以在出使途中变节？这很显然不符合一个士大夫的气节。孙晟坚持不愿为后周效力，认为自己奉命出使规劝周世宗不要南下伐唐，周世宗并没有听他们的规劝，已经有辱使命，若他们继续留在周世宗身边，那将是对南唐的大不敬。任由周世宗各种拉拢，孙晟依然不为所动。周世宗见劝解无用，只得将孙晟处死。

相比起孙晟，钟谟更加务实一些，他对死亡怀有恐惧感。但此时，尽管孙晟已死，钟谟若继续与周世宗死扛到底，他也只有被杀的份儿。于是，钟谟向周世宗妥协了。只是这种出使活动，一个活着一个死去，总会让人觉得匪夷所思。最终，赵匡胤放钟谟回到了江南。这件事让李璟非常恼火，他便将钟谟贬到了饶州。后来，钟谟又在饶州结交地方官员张峦，不务正业，拉拢地方官员和世家大族，造成了很坏的影响，更是引发了李璟的愤怒。

　　建隆元年正月，宋受周禅，元宗闻之，遣使即所在赐死，谟望拜曰："臣无负国！"使者曰："诏问卿昔与孙晟同使周，晟死而卿独得官，卒又生还，何也？"谟复拜曰："臣闻命矣。"遂就缢。峦亦坐诛。[1]

1《十国春秋钟谟传》。

因此，李璟便派人诛灭了钟谟和张峦等人。

以上这两件事，不过是建隆元年赵匡胤设立宗庙期间的两件小事而已。但宋史却将其都记载其中，足见赵匡胤对北汉和江南的持续关注。

3. 二月的忙碌

一月份，在各种紧张的工作中结束了。赵匡胤都没有反应过来，时间便流逝了。赵匡胤扪心自问，整个一月份虽然慌乱，但很多政务也都全部处置妥当了。他在不断地学习中，尝试着做一个称职的帝王。

此时，赵匡胤体会到了皇权至上的感觉，但这种感觉让赵匡胤马上警觉了起来。赵匡胤早年间出游，对普通老百姓的生活有过深切的体验，他也对百姓们非常同情。他依靠身边的智囊团发动了政变，对士大夫又有不一般的认可。此时的赵匡胤似乎在思考着，怎样避免五代以来的乱象，结束一个乱世，开启一个盛世。

通过这一个月的改制，赵匡胤认识到先贤们创造的礼仪制度，是一个国家最重要的制度。这是他之前作为将领不曾有过的认识。

总之，建隆元年的一月份，赵匡胤在各种势力风云际会的夹缝中，成功发动了兵变，建立了宋朝，自此成了一位开国皇帝。赵匡胤按照智囊团和满朝文臣们的意见，不断地调整着自己的做法。

他先后论功行赏，对整个朝中大臣，都进行了赏赐，稳定了人心。每一次加封，赵匡胤都先加封其他人，总是将家里人留到最后。因此，对于母亲杜氏的加封，赵匡胤便一直推迟到了二月份。此时，父亲赵弘殷已经去世，只能追赠。而母亲杜氏还在，赵匡胤便尊杜氏为皇太后。

二月，乙亥，尊母南阳郡夫人杜氏为皇太后。后，安喜人。[1]

关于这个杜太后，还有一段传奇的经历。据说当日赵匡胤在陈桥驿发动兵变后，杜氏便对他身边的人说，我的儿子素来有大志，我知道他一定会成事。

陈桥之变，后闻之曰：吾儿素有大志，今果然矣。[2]

而等到赵匡胤将她尊封为皇太后之后，群臣都向杜氏祝贺，可杜氏却一反常态，一点儿也高兴不起来。那些身边的侍从很不理解，便询问杜太后说："人人都习惯于母为子贵之事，如今您的儿子是天子，为何您还是不开心呢？"

这时候，杜太后却说了另一番话，让身边的侍从深感惭愧。杜氏说："我听说皇帝不好当，凡事都要站在天下人的角度思考问题，倘若政治清明、国家大治，皇帝则会被人交口称赞。倘若皇帝不以天下苍生为念，政治黑暗、民不聊生，到时候怕连做一个普通人的资格都没有，这才是我担心的。"

太后曰："吾闻为君难。天子置身兆庶之上，若治得其道，则此位诚尊；苟或失驭，求为匹夫而不可得，所以忧也。"[3]

杜太后说的这些话不久就传到了赵匡胤的耳朵里。杜太后的这一番话，可谓意味深长。她这是提醒赵匡胤，要以天下为己任，做一个开明的皇帝，让天下百姓称赞，而不要搞得民不聊生，群起反抗，到时候恐连做一个普通人都难。赵匡胤便亲自拜见母亲，就这一番话，感谢母亲的提醒，他将以此作为警钟，时常提醒自己，以天下苍生为念。

接下来，赵匡胤开始考虑安排后周的重臣。其实也就是后周的三位宰相的工作安排。按照他当日在陈桥驿兵变时的圣谕，后周大臣职务不变，待遇不变。所

---

1 《续资治通鉴》。
2 《续资治通鉴》。
3 《续资治通鉴长编》卷一《建隆元年》。

以，后周的三位宰相，也应该顺势成为宋朝的宰相。而且这是给朝中的百官做一个示范，避免引起不必要的干部队伍恐慌。于是，赵匡胤继续加封王溥、范质、魏仁浦三人为宰相，总领朝政。不过不同的是，赵匡胤将范质、王溥参知枢密院事的职务罢免了。

> 司徒、兼门下侍郎、平章事范质加侍中，右仆射、兼门下侍郎、平章事王溥加司空，枢密使、中书侍郎、兼刑部尚书、平章事魏仁浦，加右仆射。[1]

三位宰相的加封，其实也只是履行手续而已，他们已经是百官之首，没办法再给他们更高的官职，以后若有加封，只能是一些虚职头衔和一些实际的物质奖励了。

这三位宰相都有些推辞，毕竟他们是旧臣，三位宰相上书，表示就此隐退。可赵匡胤坚持要给他们授予宰相职务，对于自己说出的话，赵匡胤得说到做到。三人不敢再与赵匡胤讨价还价，便接受了宰相职务。

此时，赵匡胤还对太原吴延祚进行了岗位调整，让吴延祚担任专职枢密使。

> 枢密使太原吴延祚加同中书门下二品。先是质、溥参知枢密院事，于是皆罢。[2]

吴延祚虽然没有直接参与陈桥驿政变，却深得赵匡胤信赖。这次朝廷将其从太原调至中央，也看出赵匡胤对他的重视。至此，整个朝廷内外，都基本上安置妥当了。国家机器在赵匡胤的手中，再一次高速运转起来。

不久，赵匡胤又对吴越王钱俶进行了加封。此前，赵匡胤加封钱俶为兵马都元帅，这一次，赵匡胤让钱俶担任天下兵马大元帅。这位钱俶就是吴越国王，相

1《续资治通鉴长编》卷一《建隆元年》。
2《续资治通鉴长编》卷一《建隆元年》。

传"百家姓"就产生于吴越地区。赵匡胤建立宋朝，吴越非常识时务，将赵姓放在了百家姓第一位，钱姓退居第二位。

> 建隆元年二月己卯，以天下兵马都元帅、吴越国王钱俶为天下兵马大元帅。[1]

钱俶接受了赵匡胤的加封，继续在吴越国担任国主，对赵匡胤的赵氏政权表示诚心归附。

赵匡胤之所以加封钱俶为天下兵马大元帅，也是有他的考虑的。南唐李璟虽然向宋朝称臣，但南唐的实力不容小觑，若真正抗争起来，宋朝不一定能击败南唐，何况南唐还有林仁肇等有勇有谋的大将。退一步说，即便宋朝有能力将南唐击败，宋朝也会遭受重创。所以，他要笼络好吴越国王，等到时机成熟，他可以联合吴越国，对南唐进行合围。事实证明，赵匡胤这一招非常明智，在他后来攻打南唐时，钱俶的确出了很大力。

> （开宝）八年，俶率兵拔常州，加守太师，诏俶归国。俶遣大将沈承礼等率兵水陆随王师平润州，遂进讨金陵。上尝召进奏使任知果，令谕旨于俶曰："元帅克毗陵有大功，俟平江南，可暂来与朕相见，以慰延想之意。即当遣还，不久留也。朕三执圭币以见上帝，岂食言乎？"江南平，论功以俶大将沈承礼、孙承祐并为节度使，为防御使者一人、刺史六人。[2]

时间一晃一个月又过去了，宋朝四方平定，百姓安居乐业。到了长春节，也就是二月二十六日这天，宰相率领所有大臣向赵匡胤祝寿。赵匡胤很高兴，因为他在三十三岁时，便荣登大宝。对于群臣的祝贺，赵匡胤也表现了自己的大度，他赏赐给了群臣每人一件漂亮的衣服，并在相国寺设宴，款待群臣。

1《续资治通鉴长编》。
2《宋史》卷四百八十《列传》第二百三十九《世家三》。

丙戌，长春节，赐群臣衣各一袭。宰相率百官上寿，赐宴相国寺。[1]

这是建国以来，皇帝和群臣第一次这样坐在一起。赵匡胤端着酒杯，与众位大臣举杯相邀。推杯换盏之间，很多人便成了相互熟悉的朋友。赵匡胤在大家喜欢的这种场合尤为高兴，他让群臣们放开怀，饮美酒，话盛世。这场酒宴持续到后半夜才停歇，很多大臣都已经酩酊大醉。赵匡胤又命人将他们送回各自府中。

距赵匡胤向全国各地发出代周立宋公告两个月后，那些意图傍宋朝的周围小国家，开始派出使臣，拿着礼物，陆陆续续到汴京向赵匡胤表示祝贺。首先来的是南唐李璟的使者，"丙辰，唐主景遣使来贺登极"。

接着，吴越王钱俶也派出使臣到汴京，祝贺赵匡胤荣登大宝，"吴越王钱俶遣使来贺登极"。而南唐为了向赵匡胤示好，在长春节，也就是赵匡胤生日这天，又派人带着礼品，继续向赵匡胤表示祝贺。

唐主景复遣使来贺长春节。[2]

对于这些来自南方的使臣，赵匡胤都给予了款待，并表示愿意与南唐和吴越修好。赵匡胤还赏赐了这些使臣，让他们在汴京尽情玩赏。等他们离开的时候，赵匡胤又给他们的国主带了礼品，让这些使臣带着自己的诚意，向他们的国主表示感谢。

唯一一个例外就是距宋朝较远一点的南汉，没有向赵匡胤表示祝贺。这也与南汉国内不稳有关。当时南汉有个宦官叫陈延寿，深得南汉皇帝的宠幸，几乎达到了权倾朝野的地步。整个皇宫都是他的眼线。陈延寿与桂王不合，欲除之而后快，便对南汉的皇帝刘鋹说："陛下您之所以成为皇帝，是因为先皇将他的那些弟弟们都杀了，皇位才落到了您的头上。若先皇的那些弟弟们在，皇位哪里会

1《续资治通鉴长编》卷一《建隆元年》。
2《续资治通鉴长编》卷一《建隆元年》。

轮到您呢？"这一说，让刘鋹非常震惊，刘鋹不到二十岁，毫无理政能力，在政治上完全依靠陈延寿等人。当他听了陈延寿的话之后，对桂王产生了厌恶情绪，之后陈延寿又对刘鋹进言："您的弟弟桂王是威胁您皇位之人，您还是趁早除之，以绝后患。"刘鋹相信了陈延寿的话，将自己的弟弟桂王诛杀了。

> 南汉宦者陈延寿言于南汉主曰："陛下所以得立，由先帝尽杀群弟故也。南汉主以为然，丁巳，杀其弟桂王旋兴。"[1]

此事在南汉皇室掀起了轩然大波，搞得人心惶惶。这些消息很快传到了赵匡胤的耳朵里。起初的时候，赵匡胤觉得南方政权基本处于平稳状态，这对他稳定政权之后，夺取南方政权是个大问题。他巴不得南方这些政权内部出现内讧，给自己制造机会。这时候，就传来了南汉内讧的消息。这件事也给了赵匡胤一种信号：南汉不足为惧。等到收编了南唐、吴越、后蜀等地后，南汉就是送到嘴边的肉。

之后不久，便有地方官上报，宿州发生了大火，累计烧毁房屋万余间，受灾严重，很多百姓都居无定所，到处都是难民，地方官请求朝廷给予处置办法。这种天灾不是人力所能左右的，但既然地方上有百姓受灾，朝廷不能置之不理，尤其是这种时候，宋王朝更要表现出关爱百姓的一面。基于这一系列的考虑，赵匡胤自然马上召集重臣商议对策。大家认为，应该立即派出朝中大臣去安抚百姓，并调拨相关物资，紧急安置这些人。

> 宿州火，燔民庐舍万余区，遣中使安抚之。[2]

以后几天，国内相对安稳，四方无事，赵匡胤便开始思谋祖宗之事。这是他一直关注的事情，从登上皇位开始，赵匡胤就想着给先人一个正规的名分，以让

1《续资治通鉴长编》卷一《建隆元年》。
2《续资治通鉴长编》卷一《建隆元年》。

赵家天下坐实。

赵匡胤准备对赵氏祖先进行追尊[1]。这是古代帝王建立王朝之后，经常要做的一件事。赵匡胤自然也沿袭了历代帝王的做法。此前，已经命人着手去修建皇陵，如今追尊也纳入议程了。赵匡胤找来了翰林学士、礼部侍郎、兼判太常寺事渔阳人窦俨，咨询相关事宜。窦俨表示追尊需要详细查证典籍，确保每一个谥号都有出处，有据可查，有据可依。

赵匡胤便让窦俨全权负责这件事，并将整件事的过程，写成报告。窦俨遍查资料，依据赵氏族谱，进行谥号拟定。最终他将这份拟名单子，上报给了赵匡胤。赵匡胤根据窦俨暂时拟定的谥号，一个个地查看，调整了认为不适合的，保留了可以使用的。

> 陵名号谥皆翰林学士、礼部侍郎、兼判太常寺事渔阳窦俨所撰定。俨，仪弟也。[2]

时隔不久，整个追尊过程就定了下来。赵匡胤开始正式追尊赵氏祖先。能计入族谱的祖先，男性均追尊为皇帝，女性追尊为皇后。

> 壬戌，追尊祖考为皇帝，妣为皇后。[3]

赵氏祖先也只能追尊到赵匡胤高祖父这一辈，再往前，就不知具体名录了。所以，赵匡胤追尊高祖父，也是曾经的幽都（今天北京大兴附近）县令为僖祖，他的陵园叫钦陵，高祖母崔氏为文懿皇后；曾祖为顺祖，皇陵为康陵，高祖母桑氏为惠明皇后；祖父赵敬为翼祖，皇陵名为定陵，祖母刘氏谥号为简穆；父亲赵弘殷为宣祖皇帝，皇陵为安陵。

---

1 追赠尊号，就是给死前有很大贡献的人加个尊号、尊称。生前没有给，而死后给，所以用个"追"字。

2《续资治通鉴长编》卷一《建隆元年》。

3《续资治通鉴长编》卷一《建隆元年》。

高祖幽都县令朓谥曰文献，庙号僖祖，陵曰钦陵；祖妣崔氏谥曰文懿。曾祖兼御史中丞珽谥曰惠元，庙号顺祖，陵曰康陵；祖妣桑氏谥曰惠明。皇祖涿州刺史敬谥曰简恭，庙号翼祖，陵曰定陵；祖妣刘氏谥曰简穆。皇考周龙捷左厢都指挥使、岳州防御使弘殷谥曰昭武，庙号宣祖，陵曰安陵。[1]

将这一系列的事情完成之后，赵匡胤长长出了一口气。这是稳定政权的做法，自此之后赵氏政权将会更加稳固。宗庙事宜完成后，赵匡胤打算开科取士，网罗人才。

4. 第一场科举考试

经过两个多月的适应期，赵匡胤已然成为名副其实的皇帝。他重礼仪、讲规矩。国家在他的带领下，处在一片祥和的气氛当中。但赵匡胤并不满足于现状，他在心里思考着更大的举措。赵匡胤极力想搜罗一批新鲜血液，补充到干部队伍当中，激活干部队伍的活力。

可能这一段时间以来，赵匡胤想得最多的就是不能延续五代以来的乱象，起用文人来治理国家，已经成了大势所趋。

而要网罗人才，摆在眼前的办法只有一个，那便是科举考试。自从隋代健全科举制度后，经过唐代的不断完善，到了赵匡胤所处的时代，科举却遭到了很大破坏。五代十国时期，因为战乱，政局不稳，科举考试时有时无，考试内容也有所改变。

赵匡胤建立的宋朝，就是要破除五代以来的种种弊端，重新效仿唐制，将科举考试正规化、制度化，为选拔人才创建一个公平的平台。而且要向全国的士子们说清楚，新建的宋朝将不断完善科举制度，破除隋唐以来取士的一些条件限

1《续资治通鉴长编》卷一《建隆元年》。

制，只要是士大夫都可以参加科考，出身不再受限制。以后，经过宋代几位君主的不断完善，赵匡胤最初设想的这些制度也得以传承，宋代的科举考试取士人数大大超过以前各个朝代。

一切都是新的开始，赵匡胤要重新确立科举制度，并向全国的士子们宣称，宋朝选官不问出身，不讲背景，只要有真才实学，便可以通过科举考试来为国效力。但士子们还持有怀疑态度，认为或许这是初建宋朝拉拢人心的一种办法。所以，很多士子都在观望。

宣传是一种态度，付诸行动则是践行宣传的法宝。此时，由朝廷主持一场科举考试，势在必行。后周这些年到处打仗，科举考试也时有被打断的时候。一大批的人才都隐匿在市井，得不到朝廷的重用。而赵匡胤想要开启一个新时代，就得想办法找到人才、重用人才。所以，赵匡胤便觉得应该在建隆元年的二月份，来一次毫无准备的科举考试，以此真正寻觅到那些饱读诗书并能够学以致用的人。赵匡胤的这个打算，得到了朝中大臣的支持。于是，朝廷便开始准备考试的事情了。

这是没有提前通知的考试，赵匡胤将此事与宰相府商量之后，决定选择就近时日，组织科举考试，这样，对所有人都很公平。平日没有扎实搞学问的士子自然会名落孙山，而那些坚持学习的人将会脱颖而出。

士子们也没有想到宋朝在建立了两个月之后，便要举行科举考试。一些人早已荒废了学业，想着等国家进行科考时，才突击学习。赵匡胤让中书舍人扈蒙担任贡举考试的负责人，全权做好这次科举考试工作。这个扈蒙也是非常有才之人，自知这次科举考试责任重大，不敢有丝毫马虎，认真准备起了科考事宜。

先是，中书舍人安次扈蒙权知贡举。[1]

随即，朝廷便发布了考试公告以及参考范围和报考资格条件等款项。当然，考试条件比较宽泛，报考人员不问出处，一律只看成绩。一时间，整个汴京都沸

1《续资治通鉴》。

腾了，很多士子都奔走相告。那些身处在较远之地的士子，很显然已经赶不上这次考试了。对于那些家在汴京周围的士子来说，无疑是一次绝佳机会。

报名考试的人很多，扈蒙让人对每一名待考士子的身份都进行了验证，才通过了报名环节。大家都知道，这次考试一定不简单，这是宋代的第一场考试，没有人知道，主考官将会设置怎样的考题，大家也就无从下手复习。

但不管怎样，总得要参加考试，这是机会，不能放过。那些世家大族和权贵，也想找扈蒙通融，但都被扈蒙拒绝了。第一场考试，不能出现任何闪失，否则不是他的官职不保的问题，而是士大夫阶层对整个宋朝信任的问题。

不久，由扈蒙等人主持的科举考试，在汴京举行。扈蒙待在贡院当中，不见任何人，一直等到考试结束，才离开贡院。

随即，便开始紧张的阅卷工作。考卷内容五花八门，各式各样的问题都有。这也能看出来，宋初时真正坐冷板凳学习的人实在不多。但沙中拣金，扈蒙依然在考卷中发现了一些漂亮的文章。扈蒙与阅卷人员对需要"再次商议"评定等次的十几人的试卷，都进行了再次翻阅，确保排名不出任何问题。

经过大家再三的评定之后，产生了一份拟选用士子人员的名单。这份名单有十九个人，其中两个人的文章水平超出其他人选很多，文章结构严谨，叙述逻辑严密，这两个人一个叫杨砺，一个叫周立舜。这二人在这一批的参考士子中，算得上是出类拔萃者。经过各位阅卷老师的再三评定，大家一致认为杨砺的文章更胜一筹。于是，这个叫杨砺的人，成了宋朝科举史上第一位状元。

扈蒙便将这十九人的名单，呈报给了赵匡胤，请求赵匡胤裁夺。

庚寅，奏进士合格者杨砺等十九人姓名。[1]

赵匡胤对扈蒙提供的这份名单深信不疑。他向扈蒙询问了整个考试的过程，并看了杨砺和周立舜的文章，文章堪称佳作。

扈蒙这才稍稍宽慰了一些，在这场考试中，他最担心出现各种引发士大夫们

1《续资治通鉴长编》卷一《建隆元年》。

强烈不满的问题。但很多士子对于这次考试，本身也没有抱多大希望。

整个过程从策划到考试，尽管有些草率，尤其是时间比较紧张，但依然顺利完成了。不久，赵匡胤便决定设宴，招待这些被录用的士子。当面给他们训示，给这些新人重塑人生观、价值观、为吏观。这些士子得以面见天子，聆听训示。这个设宴招待考中士子的风俗，也自此流传了下来，延续了整个宋代三百一十九年。

> 辛卯，大宴于广德殿。凡诞节后择日大宴自此始。[1]

然而，这场看似已经结束的考试背后，却隐藏着一个极不稳定的因素，甚至有可能颠覆朝廷录取的结果。原来，当时有个叫孙兰的人，在五代时期曾中过乡试，后来再也没有考中。加上政局不稳定，考进士也成了一种奢望。孙兰打消了继续考进士的打算，开始另谋他法。但读书人的谋生手段无外乎读书写字。孙兰选择了读书，并深入研究《左氏春秋》，且小有成就。之后，孙兰便开课讲述自己研习古籍的心得，一时间得到了很多人的追捧。后周时期，孙兰便拥有诸多门生。后来，赵匡胤代周立宋，孙兰也就成了宋朝的子民。此后，他开办培训班，人员也相对集中起来。当宋朝发布了举行科举考试通告以后，孙兰的培训班更是门庭若市，很多人都找他预测考题，孙兰对经史子集都有涉猎，由此名声越来越大，便开始招纳徒弟，给徒弟们教授各种考试办法。

一时间，跟着孙兰学古籍成为一种时尚，很多士子都趋之若鹜。这本来也与此次科考无关。但这次科举考试，孙兰的很多门徒报名参加了。结果，他的这些弟子都没有被录取。

徒弟们没有被取为进士，也在情理之中，毕竟这是全国性的考试，选取的都是人中龙凤。即便考不上，明年继续努力，结果也未可知。然而，这位并没有依靠科举改变身份的孙兰，对朝廷不取他一个弟子的做法很不满。他认为以他的才能，教出来的徒弟，一定都会被取上。而这次他的徒弟没有被录取，那是因为有

1《续资治通鉴》。

人从中作梗，所以徒弟们就被拒之门外了。

孙兰将责任归咎于贡院。不久，孙兰乘着醉酒之际，闯入贡院，大闹不止。贡院的人上前劝解，孙兰不仅不听劝告，反而恶语相加，用语言中伤贡院工作人员。无奈之余，贡院的人便将此事报告给了皇帝。赵匡胤听闻此事后，非常震怒，便下令让开封府彻查此案。

> 前乡贡"三传"孙兰治《左氏春秋》，聚徒教授，其门人有被黜退者，兰乘醉突入贡部，哗不已，下吏案之。[1]

等开封府查了，才知道其中的原委。开封府将调查结果形成了报告，上报给了赵匡胤。看到奏疏后的赵匡胤，心情非常沉痛。赵匡胤向来对读书人礼让三分，但孙兰大闹贡院的行为，有失体统，甚至有违他老师的身份。更让赵匡胤无法容忍的是，这是他开国第一次科举考试，便闹出这般有辱斯文之事。孙兰的此种恶行，绝不能容忍，此风不能开。考不上便可以大闹贡院，以后是否所有落第之人，都可以随心所欲？随即，赵匡胤命人对孙兰进行杖责。当然，这种肉体上的惩罚只是处置孙兰的第一步。不久，孙兰便被赶出京城，到商州（今陕西省商洛市）安置。

如此，在京城沸沸扬扬的孙兰闹贡院之事，才算平息了。赵匡胤也长长吐了一口气。这时候，他明白，知识分子的学识和人品是两个不同的东西，有时候，这两者都体现在一个品质高尚的知识分子身上，学识高、人品好。但也有学识高、人品低劣的人，如孙兰这般，是决然不能进入官员序列的，这样的人进入官场，破坏一定大于他的贡献。

三月底，赵匡胤还赏赐了前朝旧臣："就赐前司徒窦贞固[2]、前司空李谷[3]、太子

1《续资治通鉴长编》卷一《建隆元年》。
2 窦贞固（892—969年），字体仁，白水（今陕西白水县）人。历仕后唐、后晋、后汉、后周四朝，官至守司徒，封沂国公。
3 李谷（903—960年），字惟珍，颍州汝阴县（今安徽阜阳）人。五代至北宋初年名臣。后周时官至宰相，封赵国公。

太师侯益[1]、扈彦珂[2]等器币于西京。"这几个人虽然地位远不及王溥、范质等人，但他们也是后周皇室的老臣，安抚他们也是非常有必要的。

不久，此前被赵匡胤派出的属下，也是他曾经任职归德军时的几个将领拿着赵匡胤在宋州任职时的旌节来面见赵匡胤。赵匡胤听闻后，马上召见了他们，这些人来找皇帝，自然是希望得到赵匡胤的念旧之情，对他们进行擢升。不过赵匡胤并没有对这些旧部进行重用，他只是对旧部进行赏赐。让宰执们根据这些人的能力，给他们安置岗位。最后，赵匡胤将旧部送来的旌节拿到了宫中，置于龙庭中，时刻观看。作为一种信物，这面旌节见识了他的成长，赵匡胤打算将旌节长期地保存下去。

> 宋州以归德军旌节来上，诏置于潜龙宅。[3]

5. 框定"五德理论"和礼仪制度

就在赵匡胤组织科考的同时，礼仪制度的完善工作也同步进行着。赵匡胤不再依靠马上定乾坤，而是在深宫大院里主政天下大事。全国各地的札子，不断涌入他的眼帘。

短短两个多月以来，赵匡胤切实感受到了做皇帝的辛苦，尽管皇帝有至高无上的权力，可也需要事必躬亲，每一件事都需要过问。这也让赵匡胤感受到治国远比打仗要复杂得多。

这时候的赵匡胤，除了做好政事，也专注于研究儒家经典。历朝历代都尊儒家典籍为治世经典，一定有其原因。当然，赵匡胤重点翻阅的还是诸多皇帝治国理政的经典。

没过几天，有官员上书称，赵宋王朝受禅于后周，而周朝采取的是木德政治

---

1 侯益（885—965 年），山西平遥人，唐末五代到北宋时期将领。
2 扈彦珂（886—960 年），五代时将领。
3《续资治通鉴长编》卷一《建隆元年》。

循环理论，这木又能生火，所以宋代应该以火为德。赵匡胤觉得这份奏折说到了关键之处，便准许了其所奏事宜。

> 有司言国家受周禅，周木德，木生火，当以火德王，色尚赤，腊用戌，从之。[1]

这里需要解释所谓"周木德"这个词。先简单介绍一下五德政治循环理论。这个理论，最早由春秋战国时期的阴阳家邹衍[2]提出。"五德之次，从所不胜，故虞土、夏木。"[3]他提出了"五德终始"的历史循环论。在当时，阴阳家的这种五德理论并未引起多么大的轰动。五德理论认为人类历史的演变，以及历朝历代的更迭兴亡不过是金、木、水、火、土五德的循环。阴阳家也认为，自然界是木生火，火生土，土生金，水生木，反之，又是水克火，火克金，金克木，木克土，土克水。而历史演进和朝代更迭，更是遵循了这一理论，朝代灭亡和朝代新建的背后，不过是五行相生相克而已。

阴阳家们认为黄帝其色黄，代表土德；而夏禹以木德克土，其色青；商汤以金德克木，其色白；周文王以火德克金，其色赤；秦以水德克火，其色尚黑；汉王朝以土德克水，其色黄。

> 凡帝王之将兴也，天必先见祥乎下民。黄帝之时，天先见大螾大蝼。黄帝曰："土气胜！"土气胜，故其色尚黄，其事则土。及禹之时，天先见草木秋冬不杀。禹曰："木气胜！"木气胜，故其色尚青，其事则木。及汤之时，天先见金刃生于水。汤曰："金气胜！"金气胜，故其色尚白，其事则金。及文王之时，天先见火，赤乌衔丹书集于周社。文王曰："火气胜！"火气胜，故其色尚赤，其事则火。火者必将水，天且先见水气胜。水气胜，故

1《续资治通鉴长编》卷一《建隆元年》。

2 邹衍，又称邹子，生卒年不详，据推断大约生于公元前324年，死于公元前250年，活了70余岁。著有《邹子》一书。

3《淮南子·齐俗训》篇高诱注引《邹子》。

其色尚黑，其事则水。[1]

在后世不断演变的过程中，"五德理论"逐渐被统治者所认可，尤其到了秦始皇统一全国之后，这种五德理论，为秦始皇的统一提供了某种理论依据。秦始皇本是代周自立，自成一家，建立了大秦帝国。若按照以前的各种理论，秦始皇此举是不符合立国礼仪制度的。但是阴阳家的"五德理论"正好弥补了这一短板。

"五德理论"为秦国的正统奠定了基础，后世逐渐形成了循环论历史观。也可以将这看作中国历史观的另一种表现形式。以后历朝历代，推翻前朝，建立一个新的朝廷都延续这种五德理论。那些朝中的饱学之士，诸如翰林学士、馆阁官员，对这种理论都有深入研究，因为他们要为自己的统治者服务。

不管是汉唐，还是五代十国，基本都是后一个朝代推翻前朝，建立了一个新王朝。这样，五德理论就得到了很好的印证。更符合阴阳家"王朝的兴盛不过是五行之间的相互转换"理论，也为那些推翻前朝的人找到了立国的依据。这种五行相克论掩盖了很多不能让人知道的事情。而后周则是继承了后汉的水德，并以木代水，推行木德论。

今国家建号，以木德代水。[2]

其实，对于这些高深莫测的理论，赵匡胤不一定懂。但赵匡胤对于自己皇位的正统性，非常重视，不管何种礼仪制度，只要有益于国家的稳定，赵匡胤都是可以接受的。所以，这时候有司提出要尊崇火德，赵匡胤便马上答应了。这些事，总是要有人为他考虑，他只是负责点头罢了。只要意识形态领域对宋朝基业有用，推行何种理论都可以。

如此，宋朝便以火德理论自居。也就是说，宋朝不过是用五行理论来建立自

1《吕氏春秋·应同》。
2《旧五代史·周书·太祖纪》。

己的王朝，并不算是从后周皇帝手中夺过政权。这是五行相克的结果，不是赵匡胤有意为之。

曾巩就曾对这些礼仪之事做过评价：

> 博士和岘言："禘始伊耆，而三代有嘉平清祀，禘祭之名。禘，腊之别名也。汉承火德，以戌日为腊。腊，接也，言新以相接，故田猎取禽以报百神，享宗庙，旁及五祀，以教孝尽度。晋魏因之。唐以土王、贞观之际，尚用前寅禘百神，卯日祭社官，辰日腊宗庙。至开元始定礼制，三祭皆于腊辰，以应土德，议者是之。宋兴，推应火行，以戌日为腊，而独以前七日辛卯禘？不应于礼。请如开元故事：禘百神、祀社稷、享宗庙，同用戌腊，如礼便。"制曰："可。"[1]

这里面的"禘"是个词，念 zhà，意思是腊祭，也就是祭祀百神。这段话的大致意思是说，汉代的时候，推行火德理论，以腊日（戌日）为新旧相接之时，猎取飞禽用来报答百神，开展祭祀百神活动，大力推行孝道。魏晋也基本延续了汉代这一做法。到了贞观年间，习惯于用在前寅卯日早上祭祀百神。到了开元年间，为了尊崇土德，都是在腊日辰时进行祭祀。如今宋朝推行火德，应该和汉朝一样，在戌日进行祭祀百神活动。

五德理论确定后，又过了一段时间，前文中提及为宋室各位宗族追尊的那位窦俨又上疏称，需要对郊庙朝会歌辞进行修正。这也是赵匡胤关注的事情，宋朝初建，一些制度需要延续唐制，但能革新的，赵匡胤还是力主革新。窦俨表示，这个朝会歌辞是一切礼仪的初始，所以必须进行革新，这里面牵扯到改朝换代的重要思想。赵匡胤便准了窦俨所请，让他继续负责这些事。

窦俨便整日忙于查阅各种典籍，修正朝会歌辞。

有一天，窦俨向赵匡胤上疏称，大禹、商汤、周文王周武王在建立各自的朝代后，便对前朝的礼仪制度进行改制。如今大宋已经建立，需要一整套的礼仪制

---

1 曾巩《政要》。

度，来引领国家的风尚。各种制度如何革新，如何遵从，都需要细细考量。

> 兼判太常寺窦俨上言："三王之兴，礼乐不相沿袭。洪惟圣宋，肇建皇极，一代之乐，宜乎立名。禋享宴会乐章，固当易以新词，式遵旧典。"[1]

看到窦俨的奏请之后，赵匡胤立即将窦俨召进宫，询问了具体操作流程。从汇报情况来看，窦俨对此项工作也下了功夫，他将各种礼仪制度，都梳理成能给赵匡胤解释清楚的清单，一一向赵匡胤进行了汇报。如窦俨建议将乐章的"十二顺"改为"十二安"，以求更为贴切，更加符合宋朝的国情。

> 即诏俨专其事。俨请改周乐文舞《崇德之舞》为《文德之舞》，武舞《象成之舞》为《武功之舞》，改乐章十二"顺"为十二"安"，盖取"治世之音安以乐"之义，祭天为《高安》，祭地为《静安》，宗庙为《理安》，天地、宗庙登歌为《嘉安》，皇帝临轩为《隆安》，王公出入为《正安》，皇帝食饮为《和安》，皇帝受朝、皇后入宫为《顺安》，皇太子轩悬出入为《良安》，正月朝会为《永安》，郊庙俎入为《丰安》，酌献、饮福、受胙为《僖安》，祭文宣王、武成王同用《永安》，籍田、先农用《静安》。夏四月癸酉，诏俨所定付有司行之。俨复请僖祖室奏大善之舞，顺祖奏大宁，翼祖奏大顺，宣祖奏大庆，并从之。[2]

这些理论都充满了古人的智慧，赵匡胤听了窦俨的解释，觉得这种修改，也非常有必要。

这样一来，宋代基本的郊庙朝会歌辞制度，就此确立起来了。以后整个宋朝都遵从了这一套礼仪制度，并不断地进行革新，形成了宋代特有的礼仪体系。这也为后来元明清的礼仪制度，提供了很好的借鉴。各种礼仪制度，在宋代达到了

1《续资治通鉴长编》卷一《建隆元年》。
2《续资治通鉴长编》卷一《建隆元年》。

一定的高峰。元明清时代，又开始往回走，很多的制度也就被废弃了。

礼仪制度，其实就是对整个意识形态的管控。宋代没有宣传部门，但有各种与此相关的人员，专门搞意识形态工作。这也是赵匡胤急需的，管住了意识形态，收拢了人心，大宋王朝才能子孙绵延，享国百世。

6. 北汉侵略河西

意识形态领域做了安排之后，赵匡胤开始处理各种边境问题。毕竟宋朝周围都是敌人，用强邻环伺来形容宋朝的处境一点也不为过。宋朝初建，不宜大动干戈。赵匡胤认为这一时期，要先与这些势力处理好关系，然后慢慢一个个吃掉。

眼下，赵匡胤所能做的就是加强这些地方的防御，这些地方包括契丹、北汉、蜀国，也包括南唐和吴越等地。俗语说，害人之心不可有，防人之心不可无。

尽管南唐不断向赵匡胤示好，但赵匡胤还是不放心，因为李璟其人绝非等闲之辈。而宋朝与南唐，也仅仅只是隔着一条长江而已。南唐还有个重要的撒手锏，那便是十分富庶，这是那些周围小国不具有的实力。战争归根结底还是要花钱，最终拼的都是经济实力。从这方面来说，刚刚建立的宋朝有短板。

但南唐一定会被收到宋朝版图中，赵匡胤对此有信心。李璟虽然也算是开明之君，但他年事已高，与三十多岁的赵匡胤没办法比。即便赵匡胤不对南唐发动战争，只是利用时间来消耗南唐国力，李璟也难以奉陪到底。李璟的儿子李煜尽管文采辞章俱佳，但不足以领导南唐走出困境。这是赵匡胤对南唐形势的分析。赵匡胤在等待着李璟死亡的那一天。在这之前，也要对南唐进行提防。

当然，此时的赵匡胤，还没有发兵攻打南唐的意思。他首先得让自己的地位名正言顺，保持国内和平稳定，然后才能考虑其他。

而影响国内稳定的因素有很多，他也做了很多安排部署，目的就是营造一个安稳的环境。但依然还有牵扯到宋朝边境那些邻国的"国际问题"。在这些国际问题中，南唐又是重中之重。

于是，赵匡胤让武胜节度使宋延渥领兵在长江边上巡视，时刻关注南唐的动静，又让舒州团练使元城司超作为宋延渥的副手，配合好宋延渥的沿江巡视工作。

> 癸亥，命武胜节度使洛阳宋延渥领舟师巡抚江徼，舒州团练使元城司超副之，乃贻书唐主谕意。[1]

这样做其实有两方面的作用：一方面可以给南唐造成一种实兵演习的现象，让南唐处于一种紧张状态中；另一方面也可以及时关注南唐动静。

宋延渥身份比较特殊。他是五代至北宋初年的将领、外戚，他是后唐天德节度使宋瑶之孙、后晋汜水关使宋廷浩长子，他又是后唐庄宗李存勖的外孙，也是后汉高祖刘知远的女婿。这一系列的光环笼罩在宋延渥的头上，让他在五代乱世中，有了不一样的精彩人生。用当今时代的话说，宋延渥是个背景深厚的武将，和符彦卿所不同的是，后者是凭借着自身努力一步步成为大人物的，而宋延渥一生下来，就与众不同。当然，这个官二代，绝不仅仅是官二代，而是有真本领。他的生命，还将在宋代大放光彩。不久之后，宋延渥还会将女儿嫁给赵匡胤，成为赵匡胤的皇后。

> 开宝初，太祖纳偓长女为后。偓名延渥，以父名下字从"水"，开宝初，上言改为偓。[2]

宋延渥的光环虽然耀眼，但在赵匡胤新建立的宋朝，也不算是多么重要的人物。赵匡胤之所以这么器重宋延渥，主要原因是宋延渥听话，能认清形势，主动投靠到自己的阵营当中，这一点是很多后周旧臣武将所不及的。不论是宋延渥看清楚了世道险恶，还是他觉得赵匡胤就是再造天下和平的雄主，反正他主动承认

1《续资治通鉴长编》卷一《建隆元年》。
2《宋史》卷二百五十五《列传》第十四。

了赵匡胤的正统性。

当然，还有另外一个原因，赵匡胤以宋延渥巡视长江为表象，目的是监视李重进的举动，进而达到牵制李重进的目的。一旦李重进有变，宋延渥率领的宋军，最靠近李重进的驻地，可以第一时间到达现场，处置叛乱。

对于赵匡胤的用心，李重进的智囊团似乎也看出来了。但此时的李重进还不敢公然反叛。

江南的事情处置完毕之后，北方又不太平了。身在北方的宿敌北汉，在赵匡胤稳定全国大局的时候，开始骚扰宋朝边境。北汉这一次将骚扰之地选在了河西，毕竟直接从太原而下，到处都有宋朝重兵镇守。而河西之地，基本上都是党项人、吐蕃人等部众的地盘，吐蕃人、党项人向来都向周朝称臣，宋朝建立之后，他们也表示愿意作为宋朝附属，继续带领族人在河西之地发展。既然这些人都是宋朝的附属，攻取他们的地盘，其实也就是攻取宋朝的地盘。北汉此举自然是想试探一下宋朝的态度。

北汉侵袭河西之地的消息，被斥候探知。河西便积极备战，各处要塞都增派了人手，对过往人员也都严加盘问，并逐一登记。

不久，北汉大军开始攻打河西之地，一些偏远的山村便遭受到北汉骑兵的抢掠。此时，河西诸镇开始布防，并相互通联信息，交换战报，及时掌握北汉大军的动静。因为河西之地相对分散，各处的驻兵人数也不一样。北汉大军来侵袭时，他们单靠自身是没有办法抵抗的。这时候，河西诸镇的守将便决定联合起来，形成一支联军，抵抗北汉的进军。

先是，北汉诱代北诸部侵掠河西，诏诸镇会兵以御之。[1]

这一策略无疑是正确的，若单个镇守，势必会被北汉各个击破，合兵一处，反而与北汉势均力敌了。

之后，北汉将攻打方向放在了麟州（今陕西省神木市附近）。此处是重要的

---

[1]《续资治通鉴长编》卷一《建隆元年》。

边境市镇，连接中原和北方草原。此地以后也将成为党项与宋朝争夺的关键点。

北汉攻打麟州的消息，也被宋朝获悉了。赵匡胤对边境上出现的各种局部战争早有预料，尤其是针对北汉与契丹在边境上燃起战火，赵匡胤早就有了自己的部署。他让宋军密切关注北汉，一旦他们进攻河西，就出兵援助河西。事实上，还没有等赵匡胤派出救援大军时，被宋朝加封为定难节度使、守太尉、兼中书令的李彝兴已经做了部署，准备抵御北汉的进攻。随即，李彝兴派出他的部将李彝玉率部驰援麟州。这李彝兴是党项首领，统领着党项部众一直居住在河西走廊一带。党项人的彪悍，也非一般民族所能相比。北汉大军与党项部相遇之后，两军有了局部的小规模战役，党项军势如破竹，击败了北汉的先锋队。北汉军见党项部彪悍，便撤退了。

是月，定难节度使、守太尉、兼中书令李彝兴，遣部将李彝玉进援麟州，北汉引众去。彝兴即彝殷也，避宣祖讳改焉。[1]

赵匡胤对李彝兴嘉奖了一番，送上了物资，命令李彝兴镇守好河西之地，并授予他处理河西之地一切事务的权力。

北汉撤军后，李彝兴加大了边境巡视的力度，以防北汉再次入侵。但这一次北汉与李彝兴较量之后，发现党项实力非同一般。自此，北汉不敢再进犯河西。

不久，赵匡胤加封十四岁的四弟赵光美为嘉州（今四川省乐山市）防御史。而这个防御使的职务也没有实际职权，只是一种寄禄官名。

己巳，以皇弟光美为嘉州防御使。[2]

其实，十四岁的孩子根本处理不了任何政事，赵匡胤只是这样加封了，让这个弟弟学着进入官场，学习一些书本上没有的诸如人际交往、官僚阶层关系处置

1《续资治通鉴》。

2《续资治通鉴长编》卷一《建隆元年》。

等事宜。

加封弟弟这件事还没有结束，整个北方又不稳定了，契丹又在蠢蠢欲动。契丹是宿敌，实力与宋朝不相上下。这些年来，契丹因被周世宗夺取了关南之地，一直耿耿于怀，总想伺机收回关南之地。

这时候，契丹军开始进攻棣州（今山东省无棣县）。当时驻守在此处的人叫何继筠。他得到契丹进军的消息后，火速组织人拦截契丹军。此前，宋军与契丹军还没有较量过。何继筠也知道契丹铁骑迅猛，所以他并没有主动出击，而是采取了灵活的游击战术。偷袭一次契丹军，何继筠就换个地方，让契丹军防不胜防。最终，契丹军不敌，率部撤退。何继筠率部追击契丹军，并在固安（今河北省固安县）打败契丹大军。已经被击败的契丹大军首尾不能相顾，只能再次奔逃。何继筠命人追击，诛杀了撤退中的契丹大军数百人，缴获契丹马匹四百。

> 契丹入侵棣州，刺史河南何继筠追破其众于固安，获马四百匹。[1]

通过这两次回击，暂时击退了北汉与契丹意图侵扰宋朝边境的举动，整个北方有了短暂的稳定。

7. 王彦升夜闯宰相府

然而，北方稳定了，京城里却有些难以预料的事情发生了。当时，在汴京城发生了一件事，令赵匡胤非常恼火，而如何处理这件事，也难住了赵匡胤。

这件事由王彦升而起。

王彦升在陈桥驿兵变时，曾经负责过整个京城的巡视工作，并将后周大将韩通全家诛杀，扑灭了整个汴京的反抗活动。

这件事虽然表面上看起来让赵匡胤非常不开心，但赵匡胤并未追究王彦升滥

1《续资治通鉴长编》卷一《建隆元年》。

用职权的责任。这也可以看出，王彦升此举，是经过赵匡胤授权的。

赵匡胤在代周立宋后，对王彦升也非常器重，并让王彦升担任京城巡检。[1]

王彦升开始负责京城的巡视工作，发现违法乱纪行为，纠正不良行为，大致与今天城市管理者差不多。把这么重要的岗位给了王彦升，也能看出赵匡胤对王彦升的器重。

王彦升自然知道这份差事的重要性，便带着自己的一行人马，白天黑夜巡视京城。然而，这项差事看起来威风凛凛，其实也是件苦差事。每天要绕着京城转，不算处理事宜，仅仅走路，就让当值人员疲惫不堪。尽管王彦升自己骑着马，也不免有些疲惫之感。

尤其是晚上，整个汴京城都休息了，他们还要继续巡视，王彦升的下属，就有些小抱怨了。为了安抚这些手下，王彦升经常在晚上带领他们，在沿街的酒肆中吃酒，暖暖身体，然后继续巡视。

这些小恩小惠，对于跟着王彦升的那些小兵卒们，也是一种安慰。但王彦升的俸禄毕竟有限，天天请客也不现实。王彦升便带领着巡视人员，经常出入那些沿街的酒肆，向他们讨吃喝。这些酒肆老板知道王彦升的职责是维护京城的稳定，他们也都极力讨好王彦升。

但这样的行为，也给王彦升造成了一种假象：他可以到任何地方讨酒吃。这种心理，为王彦升闯入宰相王溥家中埋下了祸根。

有一天晚上，天气比较寒凉，王彦升便找人在当值的地方吃酒。他们打算吃饱喝足之后，再开始巡视。一行人便都钻进了临街酒肆吃起了酒。不经意间，几坛子酒都下肚了。王彦升有些醉意，可职务要求他还得巡视，他便带着人开始夜巡。

夜风微冷，王彦升等人经过微风熏吹之后，酒劲上来了，一路上跟跟跄跄。那些大街上的行人，看到这些当兵的都如此这般，便都绕着走了。他们向来不敢招惹当兵的。

---

[1] 根据《文献通考·职官十三》等资料整理，官署名巡检司，官名巡检使，省称巡检。始于五代后唐庄宗，宋时于京师府界东西两路，各置都同巡检二人，京城四门巡检各一人。

一行人走着走着，不经意间便走到了宰相王溥的家门口。平日里大家经过此处，只是都匆匆过去了。毕竟宰相是百官之首，没有人愿意招惹宰相。但这一次，有些微醉的王彦升却停在了王溥家门口，命人敲门，扬言要进去例行检查。有些清醒的士兵提醒王彦升这是宰相府，若贸然闯入，会不会不妥当。但王彦升此时因为喝了酒，听闻手底下人如此说，顿觉没了面子，便来了气，王彦升觉得他跟着赵匡胤发动了陈桥驿兵变，功劳不低，为何要惧怕一个前朝的臣子？

于是，王彦升借着酒劲儿，执意命人敲开王溥的大门。王溥的门倌禁不住这不断的敲门声，只能将门打开。门倌看到王彦升等人，便打算将门重新关上，不想让他们半夜三更闯入民宅。但这些当兵的粗汉们，力大无穷，将门倌推开，闯入了王府。

铁骑左厢都指挥使王彦升夜抵宰相王溥私第，溥惊悸而出。[1]

此时王溥已经就寝，听闻大门外喧哗，大惊失色地起来看院子里的情形。这一看，他发现是王彦升带领着一帮士兵们钻进了自家院子。王溥压着内心的不快，迎上前去想看看王彦升到底意欲何为。

王彦升进了王溥的家之后，对王溥说："这大半夜巡视，口干舌燥，人也困顿，希望宰相给几坛美酒招待一下。不图别的，只图与宰相大醉一场。"这明显是向王溥索要酒肉。王溥假装不懂王彦升的意思，提示王彦升应该去好好巡视，不应在他家里大闹不止。听闻王溥这么说，王彦升不乐意了，各种不好听的话，从嘴里吐了出来。当然，他也说了很多赵匡胤打天下的丰功伟绩。

既坐，乃曰："此夕巡警困甚，聊就公一醉耳。彦升意在求贿，溥佯不悟，置酒数行而罢。"[2]

1《续资治通鉴长编》卷一《建隆元年》。
2《续资治通鉴长编》卷一《建隆元年》。

王彦升的这种话毫无理由，他不过是一个京城巡检，便可以这样随意闯入宰相府，简直置朝廷的律令于不顾。宰相是可以管束王彦升这样的官员的，但王溥看到王彦升已经喝过酒，这时候与王彦升讲道理，决然讲不通。况且，王彦升一副不讨要到酒肉就不离开的架势，让王溥无可奈何。真是秀才遇到兵，有理说不清。但王溥内心已经决定了，要给这个不懂规矩的王彦升一点儿颜色看看，否则以后，有王彦升这次开头，还不知道有多少人会贸然闯入他的府第。

王溥不好发作，只得将内心的不快全部都压在心底，命人将酒肉端上，招待王彦升等人。王彦升在王溥家里酒足饭饱后，迈着踉跄的步子，走出了王家。

王彦升的这一举动，让王溥一夜都没有休息好，他想了很多。王彦升之所以这样有恃无恐，不就是因为他是后周旧臣吗？否则，王彦升安敢如此放肆？思谋的结论就是，后周旧臣地位不及赵匡胤的亲信。

王溥觉得，不能就这样容忍，这是赵匡胤的亲信挑衅他们这些降臣，是可忍孰不可忍，不为自己，为了后周那些降臣们，王溥都有责任将王彦升制裁。于是，第二天一大早，王溥便进宫去面见赵匡胤了。

王溥将王彦升如何闯入家门，又如何向他索要酒肉的行为，悉数告诉了赵匡胤，将皮球踢给了赵匡胤，一副局外人的样子，看赵匡胤如何处置这件事。

> 翌日，溥密奏其事，上益恶之。[1]

赵匡胤听闻王彦升夜闯宰相府的事情后，非常震惊。对于王彦升的脾性，赵匡胤非常了解。可此时他是宋朝的皇帝，而宰相又是百官之首。一个巡检在晚上大闹宰相府，成何体统？

赵匡胤在建立宋朝之后，越来越感到礼仪这东西的重要，无规矩不成方圆，所以他要求官员做事要合乎礼仪。偏偏这时候，王彦升闯进了王溥的府第，而且闯出了这么大的乱子。

此事也在第二天流传于市井当中，成了一个热点新闻。

1《续资治通鉴长编》卷一《建隆元年》。

　　王溥汇报了之后，便回家等消息去了。王溥相信，赵匡胤一定会妥善处置这件事，避免后周旧臣们过多猜测。王溥此举，意在给那些跟着赵匡胤一起打江山的武将们一点儿颜色看看。不然，那些武将们总是感觉自己要比后周的臣子更有优势。

　　赵匡胤痛恨王彦升不懂规矩，对待后周大臣，即便是他也要考虑到影响。王彦升却偏偏闯下了这样的乱子。但如何处置王彦升，也难住了赵匡胤。赵匡胤非常清楚，王溥给他秘密请奏王彦升夜闯私宅有弦外之音。一面是跟随自己出生入死的弟兄，一面是辅佐自己的宰相，两方面都不好处置。处置王彦升，那些跟着他打天下的武将们，将会把王彦升的遭遇和自己的命运相比较。可不处置王彦升，后周的那些大臣怎么想？若此次继续包庇王彦升，整个后周投降的那些大臣，必然会不满。赵匡胤可以纵容手底下的将领夜闯宰相府，其他官员府邸是不是也随时都可以进去？况且王彦升之前还诛杀了韩通一家人，赵匡胤就没有追究王彦升的责任。此时，赵匡胤若要继续包庇王彦升，只能给自己制造更大的麻烦。

　　赵匡胤觉得此风不可长，杀一杀那些武将们的气焰，也迫在眉睫。有些武将仗着和赵匡胤关系非同一般，便骄横跋扈，这不是一个刚刚建立的王朝该有的现象。怪就怪王彦升撞在了枪口之上。无论如何，赵匡胤都得处置王彦升，一则可以笼络后周大臣，二则也是对武将们的一种警示。

　　最终，赵匡胤将王彦升叫来询问了整件事情的经过，王彦升痛彻心扉，再三说自己只是吃酒吃醉了，才干出了这种傻事。不管王彦升是否有意，对他的处置都必须进行，满朝文武都在看着赵匡胤处置这件事。不能因为喝醉了，就不遵守国家的相关律法。一个国家要想长治久安，所有人都得遵守规则。赵匡胤将召集核心领导层人物商议处罚王彦升的问题。这时候，有些臣子说到了王彦升喜欢喝酒，喝醉了喜欢闹事，不建议将王彦升处置得太严重。但这一次，赵匡胤完全站在了后周旧臣一边，觉得王彦升这样的做法，不能纵容，非严惩不足以儆效尤。于是，赵匡胤将王彦升贬黜为唐州团练使。

丁丑，出彦升为唐州团练使。唐本刺史州，于是始改焉。[1]

这是连着降了很多级。赵匡胤自从当皇帝以来，还从未这样贬谪一个有功之臣的做法。但是王彦升置国法于不顾，自然要严肃处理。

处理了王彦升之后，赵匡胤并不开心。这倒不是因为处置了自己的亲信，而是王彦升这件事给他敲响了警钟。如何处理武将的关系，如何安置后周重臣，如何在后周重臣与跟随自己打天下的文武臣子之间形成平衡，是他必须考虑的事情。自从陈桥驿兵变后，朝廷的重要岗位，都被后周旧臣占据着，他的智囊团，几乎都在外围。这也要求他必须善待后周旧臣。

这是形势所迫，赵匡胤不得不深入思考这些问题。他得想出一个办法来，不能让这种现状长期延续下去。当然，最好的办法就是让自己的人逐渐代替后周的旧臣。

重新对大臣们进行一次洗牌和制定管理武将的制度这两件事，成了赵匡胤所面临的最重要问题。

可这一切需要时间，也需要忍耐。目前还实现不了这两件事中的任何一件事。赵匡胤只能忍着，并不断思考下一步的打算。

1《续资治通鉴长编》卷一《建隆元年》。

第六章

李筠造反

若李筠为周拒宋，涕泣兴师，不得谓非义举。但彼尝臣事唐、晋、汉、周四朝矣，不为唐、晋、汉出死力，独为郭氏表孤忠，是岂郭家以国士待之，乃以国士报乎？然不从间丘仲卿之计，徒欲借北汉为后援，所倚非人，所为未善，徒付诸煨烬而已，可悲亦可叹也！

——蔡东藩

1. 李筠生平

随着各种安内安外的政策落实，赵匡胤开始着手整顿地方节度使。因为是通过武装政变得到的皇位，所以，赵匡胤比任何人都清楚，武将对于武装政变的结果是什么。尽管在赵匡胤兵变之后，绝大多数人顺应时代发展，承认宋朝，也主动投靠到赵匡胤的阵营当中来。但依然有些人，阳奉阴违，或许在心里谋划着自己的小九九，他们或许在私底下准备发动政变，颠覆刚刚建立的宋朝。比如李重进、李筠、郭崇等人，赵匡胤料定他们一定不会真心归顺。

这些人往往都在地方多年，关系盘根错节。对他们的调整和安排必须以稳定为前提。其实赵匡胤在最初的几个月里，一直都在营造一种稳定局面。

不能再重蹈石敬瑭、郭威等人的覆辙。如果处置不当，他们随时都有可能脱离宋朝而自立。这当然是赵匡胤非常不愿意看到的局面。后周这些旧属中一旦有一人反宋，各处节度使必然纷纷效仿。他刚刚建立的宋朝就会面临分崩离析的局面，即便赵匡胤拥有最强大的殿前军和侍卫军，也难以抵挡众人群起而攻之。到时候，中国将会再一次陷入无休无止的战乱中。这不是赵匡胤希望看到的。早些年的游历生活历历在目：山河破碎，满目疮痍，百姓流离失所。周世宗曾经打算用三十年实现统一。他虽然是从周恭帝手中接过了皇位，但对于统一江山，他与周世宗有着一样的认识。

目前国家的节度使，大多是后周重臣，怎样处置这些节度使，的确难住了赵匡胤。赏赐和加封只是权宜之计，有些节度使正在酝酿着新的变动。

在这些节度使中，李筠、李重进、郭崇等人是赵匡胤最头疼的。李筠这个人比李重进和郭崇更傲慢，他只认郭威，有时连柴荣也对其无可奈何。

在建国之初，对于李筠、李重进、郭崇等人的安置，赵匡胤采取了冷处理，就是暂时放下这几个人，看他们的动静，再做出合理的安排部署。赵匡胤相信，尽管这几人还没有表露出任何反叛的苗头，当然他们一定在寻找时机。当他们没有真正举兵反抗的时候，赵匡胤也不能随意诛杀他们。此时赵匡胤需要做的，就是静待时机，看李筠、李重进、郭崇等人的动静，做两手准备，这些人若没有明目张胆举兵反宋，赵匡胤会对他们进行安抚；若他们执意要反叛，赵匡胤也做好了镇压他们的打算。

冷处理并不是不处理，赵匡胤先选择了安抚，毕竟这时候，那些在后周得到重用的地方节度使，还都没有公开反宋。

赵匡胤选择安抚的第一人是李筠。这也是很明智的做法，赵匡胤清楚比起李重进，李筠会认为自己功绩巨大。况且李筠身边还有很多智囊，这些人远胜于一支大军的力量。赵匡胤自己就是利用了身边智囊团的力量，最终成功政变。这时候的李筠在潞州担任节度使，潞州是毗邻北汉的地方。另外一个因素是李重进及南唐与宋的关系。相比于北汉与李筠的关系，南唐与宋朝的关系要好一些。由于北汉政府实际从后汉政权演化而来，而郭威又是取代后汉的罪魁祸首。故而北汉一直视后周为仇敌，总想颠覆后周政权，重新在中原恢复刘知远的霸业。李重进尽管驻军南唐边上，即便李重进要举兵反宋，南唐也不见得会和李重进联合。若李筠联合北汉，起兵反宋，宋朝受到的威胁，远比李重进反叛的危害大。

这里先介绍一下李筠的生平，若不介绍李筠与后周的关系，就很难理解，李筠为何成为赵匡胤建宋之后，第一个举起反抗大旗的人。

李筠的出生时间在史籍中并无记载，他和大部分在五代时期崛起的武将一样，也是不断通过自己的努力，在乱世中成长起来的一个将领。

其实，李筠的本名叫李荣，后来周世宗继位，为了避周世宗柴荣的名讳，才改名为李筠。

李筠成长于后唐时代，那时候，后唐是中原的霸主，尽管周围有各种割据势力，但后唐的势力不容小觑。当时李筠年轻，一表人才，虽然没有风度翩翩的儒者风范，但他有那个时代里所有武将们希望拥有的品质，这便是力大无穷、精通骑射。五代时期，战乱不断，这也让统治者们对武将尤为看重。李筠因为具备武将品质，注定会从一般的士兵脱颖而出。当时，后唐秦王李从荣[1]招募侍卫，李筠觉得自己的机会来了，便毛遂自荐拿着弓求见李从荣。李从荣对于李筠的体格非常赏识，但不知道李筠的武艺如何。李从荣要求李筠展示武艺，李筠当即展示了一番自己的本领。看到李筠力大无穷，骑射也俱佳，李从荣决定录用李筠。自此，李筠应征入伍，加入李从荣麾下。

> 李筠，并州太原人。善骑射。后唐秦王从荣判六军诸卫，募勇士为爪牙，筠操弓矢求见。[2]

李筠的军旅生涯是由做李从荣的侍卫开始的。但李从荣性情暴戾，残暴擅杀，与诸臣不和。这一点让李筠无所适从。年轻的李筠认为跟在这样的人手底下一定没有前途。一个人要想成功，必须跟对人。李筠想过离开李从荣。但作为李从荣的侍卫，贸然离开原来的侍主，会让人认为是做两姓家奴，因此李筠只能继

---

1 应州金城县（今山西应县）人，沙陀族。五代时期后唐宗室大臣，明宗李嗣源次子。
2《宋史》卷四百八十四《列传》第二百四十三。

续跟着李从荣。

公元 933 年，后唐明宗李嗣源病重，李从荣意图发动兵变，自己称帝。结果阴谋被识破，本人被诛杀。唐明宗李嗣源得知二儿子李从荣被杀，也在悲愤交加中死去。

> 明宗闻从荣已死，悲咽几堕于榻，绝而苏者再。冯道率百寮入见。明宗曰："吾家事若此，惭见群臣！"君臣相顾，泣下沾襟。从荣二子尚幼，皆从死。后六日而明宗崩。[1]

跟着李从荣的那些人，也都遭到了诛杀。但这时候，李筠还是个小小的将领。所以这一次政变，并未影响到李筠。

不久，李嗣源的第五子李从厚继位，是为后唐闵帝。由于李从荣已死，李筠自此开始跟着李从厚，担任侍卫之职。因为是皇帝的侍卫，加之李筠豪爽仗义，得到了他所在军营士兵们的认可。这也有意无意间为李筠营造了一种舆论势力。所以，李筠一时间在军中威望大升。次年，李筠便被提拔为控鹤指挥使。

> 清泰初，应募为内殿直，迁控鹤指挥使。[2]

从此，李筠便在后唐军队中，开始了他一步步成长的军旅生涯。后唐末代的几位皇帝，相对能力较弱，没有李嗣源的强势，他们大都无法约束武将们。尤其是李从珂时代，对李嗣源的女婿石敬瑭非常忌惮。最终，石敬瑭举起反抗大旗。但石敬瑭的实力不足以与后唐抗衡，无奈之余，石敬瑭便向契丹国主耶律德光求援，约好与契丹联军灭后唐，并许诺事成之后，自己当儿皇帝，将幽云十六州作为补偿割让给契丹。面对如此大的诱惑，耶律德光率军五万南下，帮助石敬瑭消灭了后唐。石敬瑭也顺势建立了后晋，成为五代后晋的开国皇帝。

1《新五代史·唐明宗家人传第三》。
2《宋史》卷四百八十四《列传》第二百四十三。

建立了后晋以后，石敬瑭果然言出必行，割让幽云十六州给契丹，并称呼小自己十多岁的耶律德光为父亲，自己变成了儿皇帝。

李筠看到后晋得国不正，想摆脱后晋，但中原此时被后晋所占据，李筠也没地方去，他只好顺应时代潮流，继续在石敬瑭手底下担任武将。这时候的李筠，常常有种郁郁不得志的感觉。

不久之后，石敬瑭死去，其养子石重贵继承皇位。石重贵继承皇位后，对契丹不太认可，尤其是向契丹称臣这件事，让他一直处于一种受人约束的艰难当中。这让石重贵急于想摆脱契丹的束缚，做一个独立中原王朝的皇帝。于是，石重贵派出使臣出使契丹，向耶律德光挑明后晋与契丹的关系：称孙不称臣。这就是说，石敬瑭是石敬瑭，他石重贵是石重贵，这是两个皇帝，石敬瑭时代对契丹许诺的相关事宜，石重贵不一定继续履行，请契丹一定要看清当前形势。这让耶律德光非常恼火，石重贵此举无疑是在挑战契丹的底线，耶律德光不能纵容石重贵这样藐视契丹，便率领契丹大军进攻后晋，意图消灭后晋。

不久，石重贵本不惧怕契丹，派杜重威率领部众近二十万抵御契丹，可不承想杜重威却在关键时刻投降了契丹。后晋再无抵抗契丹的力量。最终，石重贵身死，后晋灭亡。随着后晋灭亡，一直想在乱世中闯出一番事业的李筠，没有了效忠的对象。李筠认识到处境对他非常不利，想着办法摆脱目前的困境。不久，李筠便投奔了契丹加封的燕王赵延寿。这赵延寿本是中原汉人，因为形势所迫投奔了契丹，但总想着回到中原，在中原继续建立功业。李筠正是看到了赵延寿的这一点，才投奔于他。李筠投奔赵延寿之后，表现出了自己强势的一面，这让赵延寿非常欣赏，便将李筠带在身边。

晋开运末，契丹犯汴京，其将赵延寿闻筠骁勇，召置帐下。[1]

此时，进入中原的耶律德光灭后晋以后，并没有对汴京的百姓进行安抚，而

1《宋史》卷四百八十四《列传》第二百四十三。

是采取了极端手法，命契丹武士在汴京城里"打草谷"[1]。其实就是纵容手底下的士兵四处烧杀抢掠，所得物资归掠夺者所有。这是契丹的一种习俗。此举让逐渐繁华起来的汴京城及周围市遭受到了前所未有的重创，许多人的家业毁于一旦，百姓的性命朝不保夕。耶律德光在中原的种种暴行，引起了中原百姓的强烈不满。最终，一向顺从的民众忍无可忍，揭竿而起，进行反抗。

此时，作为赵延寿得力部将的李筠联合诸将向赵延寿建议，趁着中原各处反抗契丹大军的暴行之机，不如摆脱契丹，在动荡的中原闯出一番事业。赵延寿听从了李筠等部将的建议，率领自己的部众，袭击契丹大军。此时趁契丹处于中原各种势力的夹击当中，首尾不能相顾，赵延寿部趁机偷袭了契丹镇州（今河北省正定县）留守耶律解里，收复了镇州。

> 及契丹主北归，死栾城，延寿至常山，为永康王所繋。契丹众数万，据常山，后北去。留耶律解里，众才二千骑，又分别部首领杨兖以千骑掠邢、洺。来还中朝士大夫多在城中，契丹与汉相杂，解里性贪恣自奉，削汉军日食，众皆菜色。筠乘其怨，密与王荍、石公霸、何福进等谋，以闰七月二十九日伺契丹守阐者旦食，撞寺钟为期，相率入据兵库，次焚牙门，大呼市人，并力击焉。契丹众大惊，由北门而出，解里趣族乘列之于野。明日集众入郭力战，属晋士卒分掠，唯控鹤一军与市民御之，死伤相继。午后，郭外民千余知契丹奔败者，持兵趣其族乘，将劫之，守者入郭驰告，解里闻之，遂挈族而去。[2]

就在此时，后晋大将刘知远在晋阳称帝，建立汉朝，史称后汉。

在石敬瑭时代，李筠对刘知远就颇为敬仰，听说刘知远在晋阳称帝，李筠觉得自己的机会来了。或许在李筠看来，跟刘知远相比赵延寿显得微不足道。诚如吕布所言："大丈夫生居天地间，岂能郁郁久居人下！"李筠也非池中之物，他要

1《辽史·兵卫志上》：人马不给粮草，日遣打草谷骑四出抄掠以供之。
2《宋史》卷四百八十四《列传》第二百四十三。

创立一番大业，就得跟着能带领他出人头地的人，很显然这个人不是赵延寿。

李筠便率部去投靠刘知远。此时，刘知远刚刚建立国家，需要收拢所有能为他利用的部众，对于李筠的投奔他自然非常高兴。随即，刘知远便提拔李筠为博州刺史（治今山东省聊城市）。

> 以控鹤一军力战，优加赐与，授再荣留后，筠博州刺史。筠以赏薄不悦。[1]

事实证明，这一次投奔刘知远，是李筠改变命运的一次决定。此时的李筠，才算真正登上了大展身手的舞台。因为，他遇到了一生中的伯乐——郭威。

后来，郭威不断被刘知远提拔，成为枢密使，加挂"平章事"宰相头衔。但后汉高祖刘知远是个短命之人，在建立后汉一年后便死了。皇位由其子刘承祐继承。因为刘承祐年轻，资历尚浅，不足以震慑群臣，尤其是对那些手握兵权的武将约束力较弱。而此时的郭威功高盖主，不断受到刘承祐的猜忌。

时间不长，刘承祐为了削弱郭威的势力，让其出镇大名府。这种外调虽然是有意疏远郭威，但郭威并没有想反后汉，毕竟刘知远对他有提携之恩。此时的郭威，对李筠这个人非常重视，便保举李筠担任他的先锋官，并兼任北面缘边巡检。

> 周祖镇大名，表为先锋指挥使，又为北面缘边巡检。[2]

然而，此时郭威与刘承祐的日子并不好过，一个是被皇帝猜忌的大臣，一个是惧怕拥兵自重的皇帝。

随后，刘承祐选择了主动出击，打算杀掉郭威等重臣，为自己的统治扫平障碍。不过刘承祐的计划还未实施，便被这些拥兵自重的地方节度使知悉。节度使

1《宋史》卷四百八十四《列传》第二百四十三。
2《宋史》卷四百八十四《列传》第二百四十三。

打算反击。

为了不被刘承祐诛杀，郭威率部攻打刘承祐，先发制人。李筠作为郭威的助手，跟着郭威向汴京出发，意图击垮后汉的抵御力量。李筠此时也拼尽了全力，为郭威效力。不久，李筠与郭崇合作，在一个叫留子坡的地方，击败了后汉大将慕容彦超，扫清了郭威进军汴京的障碍。此战让郭威对李筠刮目相看。这一仗，从一定程度上，扭转了局面。李筠开始被郭威器重。

　　周祖起兵入汴，筠同郭崇从，与慕容彦超战于留子陂，彦超东奔。[1]

随即，郭威带兵入京，觐见李太后[2]，拥立刘氏宗室、武宁节度使刘赟为帝。但这时候，边境上忽然传来战报，契丹率部大举南下，意图攻打后汉边境。已经权倾朝野的郭威，率军北上抵御契丹。当郭威率领的后汉大军途经澶州时，士兵发动兵变，给郭威黄旗加身，让他当了皇帝。

郭威从澶州回到了汴京，逼迫刘赟禅让。随后，郭威开国称帝，建立后周，郭威就是周太祖。这一幕与赵匡胤在陈桥驿兵变何其相似。九年前，郭威在赵匡胤眼前上演了一幕兵变的过程，为赵匡胤后来在陈桥驿兵变，提前做了彩排。

在郭威策划兵变的这一系列活动当中，李筠都充当了重要角色。这时候的李筠功业显赫。在郭威建国以后，他对那些跟着他打天下的人，论功行赏，给予了他们一定的官职。而李筠功绩尤为突出，不断地被郭威提拔重用，从滑州知州到义成军节度使，再由潞州权知军府到昭义军节度使。可以说，李筠在后周的几年当中，地位不断地在攀升，最终，还被加封为检校太傅、同平章事。

　　广顺初，权知滑州，俄真拜义成军节度。数月，改彰德军节度。会并人侵晋州，王峻率师往拒，筠亦请西征，诏褒之。又乞免黄泽关商税，奏

1《宋史》卷四百八十四《列传》第二百四十三。
2 李三娘（913—954年），嫁给河东节度使刘知远，生下儿子刘承祐。刘知远称帝，成为皇后。后刘承祐继位为隐帝，尊为皇太后，郭威入京后尊号昭圣皇太后，迁居太平宫。显德元年，去世，时年四十二岁，葬于高后陵。

可。周祖征兖，还次濮，筠因朝，献马，赐袭衣、金带。从至澶，宴讫遣还。及召潞州常思入朝，命筠权知军府，思改宋、亳，以筠为昭义军节度。三年，加检校太傅。时王峻兼节制，以筠及王殷、何福进皆创业功臣，故并加恩焉。显德初，周祖亲郊，加同平章事。[1]

这时候的赵匡胤虽然也跟着郭威，但他的功绩远没有李筠大。在李筠成为封疆大吏的时候，赵匡胤只不过是郭威手底下的一个小军官，郭威给他的职位也只是东西班行首、滑州副指挥使。

这一段时间，赵匡胤与李筠是否有交集，史籍中并无详细记载。但有一点是可以肯定的，那就是这时候的赵匡胤，其实力不能与李筠相比较。

可郭威与刘知远一样，有个致命的弱点，那就是当皇帝时已经高龄，他虽然有扭转乾坤之能，却没有长寿的身体。不久，郭威病逝，李筠便长期在潞州驻守，预防契丹与北汉联军南下攻打晋阳等地。契丹与北汉隔一段时间，就到后周边境上骚扰，但均被李筠击败。高平之战是后周与北汉的重要一仗，这一仗中，李筠也发挥了重要作用。李筠的功绩越来越大，周世宗便将李筠加封为侍中。

世宗即位，并人入侵，其将张晖率先锋自团柏谷入营梁侯驿，攻劫堡栅，所至焚略殆尽，筠遣护军穆令均率步骑二千拒之。令均营于太平驿，驿东南距潞八十里，失于侦逻，晖凌晨奄至，潞兵被甲介马，晖见之佯退，潞兵追之，并伏遂发。令均且斗且却，步卒降并者数百人，骑不复者百人，余众还保潞。世宗亲征沁州，降之，命筠率沁之行营兵赴太原，符彦卿戍忻口，拒契丹援兵。彦卿请益师，诏筠与张永德以三千骑益之，既至，以偏师绕契丹后，奋击走之。师还，加兼侍中。[2]

周世宗征伐南唐时，李筠死死守住了后周的北大门，抵御着契丹和北汉的攻

1《宋史》卷四百八十四《列传》第二百四十三。
2《宋史》卷四百八十四《列传》第二百四十三。

击。在周世宗南下的时候，不断有战胜的消息，从前线传到周世宗的耳朵里。李筠与北汉对峙，连年与北汉作战。几年下来，李筠先后攻克了辽州（今山西省左权县）、长清寨等地，也俘获了很多北汉的大将，周世宗将李筠官拜检校太尉。

> 二年，筠破并军于榆社，获其将安瓒、康超等七十余人。三年，筠遣行军司马范守图率兵入辽州界，杀并卒三百余，获小校数人以献。四年，又遣守图入河东界，降二砦。五年，筠自将入石会关，破并人六砦。是冬，又破辽州长清砦，擒其磁州刺史李戴兴以献。俄又败并人于境，斩三百余级。六年，平辽州，获刺史张玉旦等二百四十五人以献。筠在镇擅用征赋，颇集亡命，尝以私忿囚监军使，世宗心不能堪，但诏责而已。恭帝即位，加检校太尉。是秋，令裨将刘继忠将兵与吐浑入并境，平贾家砦，斩百余级，获牛羊而还。[1]

这段时间，可以看作李筠春风得意的时光。他充分发挥了一个被朝廷委以重任的大将的作用。周世宗去世之后，李筠继续担任潞州节度使。但李筠不知道的是，公元九六〇年正月初四，赵匡胤在陈桥驿发动了兵变，代周立宋。在周世宗去世时，李筠都没想过割据自立。可他没做的事情，被赵匡胤抢了彩头，这是李筠绝对不能忍受的。想当年他和郭威打天下的时候，赵匡胤还是个毛头小子，让这样的人当皇帝，将他李筠置于何地？基于与后周的种种关系，李筠对赵匡胤的兵变，充满了仇视。

赵匡胤在陈桥驿发动兵变，在李筠眼中不过是一种强盗行为。赵匡胤竟然在周世宗尸骨未寒时，从孤儿寡母手中夺取大权。这一点，让李筠尤为愤愤不平。周世宗在位时，他尽管有些不服气，但这好歹是后周王朝，他有责任也有义务为后周尽力。郭威当年对他那么器重，就是要他为后周竭尽心力。即便是柴宗训继位，李筠都甘愿当一个地方节度使，为后周守着北大门，抵挡契丹和北汉的侵袭。他从未想着拥兵自立，建立一个新王朝。他身边一直留有太祖郭威的画像，

1《宋史》卷四百八十四《列传》第二百四十三。

就是要时刻提醒自己，如今他有这些成就，都是郭威所赐。他要将自己的一生完全奉献给后周，报郭威、忠后周。

谁能想到，赵匡胤竟然釜底抽薪，直接在陈桥驿发动兵变了。李筠认为这是赵匡胤蓄谋已久的。想起当年郭威黄旗加身时，赵匡胤也正好目睹了这一切，郭威反而给赵匡胤提供了参照。这时候的赵匡胤，不过是重演了九年前的一幕而已。

在李筠眼里，郭威可以黄旗加身，赵匡胤绝对不可以。这是谋权篡位，这是大逆不道，是要遭天下人唾弃的行为。

当然，这些想法仅仅是自己的一厢情愿。李筠对于赵匡胤忽然之间发动的政变，毫无防备。当他得到消息的时候，赵匡胤已经平定了整个后周的反抗。那些顺风倒的后周大臣，竟然也都投靠了赵匡胤。范质这个老顽固也一样投奔了赵匡胤。这时候的李筠真想起兵反抗，可赵匡胤建立的宋朝，没有引起任何人的反对，这就让李筠不得不重新考量他与赵匡胤的关系。至少，眼下不能打出反抗的大旗，否则非但不能与赵匡胤抗衡不说，自己有可能就此被赵匡胤消灭。

李筠装作不知道赵匡胤发动了兵变，他在观察着天下大势。在接到各地颁布赵匡胤代周立宋的公告后，李筠并没有立即举兵反叛，而是等待着时机。李筠迟迟没有动静，赵匡胤坐不住了，他主动派出使臣，到潞州去给李筠加封。对于赵匡胤的加封，李筠将如何应对呢？

2. 拒不接受宋朝加封

不管李筠作何打算，赵匡胤首先迈出了第一步，他派人去潞州，上门找李筠。可李筠会听从赵匡胤的安排吗？

赵匡胤从正月初四发动兵变，已经三个多月过去了，李筠都选择了等待，赵匡胤也对降服李筠有了一定的信心。即便李筠不服，想要举兵反叛，赵匡胤也有信心对李筠进行镇压。

不过，赵匡胤还是打算先拉拢李筠，让李筠臣服于自己。先礼后兵，少给人留口实为佳。但赵匡胤也清楚，拉拢李筠注定会是一场艰难的工作。对于这一点，赵匡胤有思想准备。赵匡胤跟着周世宗打天下的时候，李筠就不受管束，我行我素。当时的周世宗忙着统一大业，对李筠采取了忍让态度。

> 昭义节度使、兼中书令太原李筠，在镇逾八年，恃勇专恣，招集亡命，阴为跋扈之计。周世宗每优容之。[1]

赵匡胤没有把握一时半刻让李筠臣服，但赵匡胤此时需要的是稳定大局，所以，他还是极尽所能地拉拢李筠，希望李筠能够归顺宋朝。即便是李筠有些僭越，他也得忍受。周世宗对李筠都能做到忍让，赵匡胤为什么不能？

所以，赵匡胤命人给李筠送去了他即位的消息，也带去了很多赏赐。听闻赵匡胤派出的使臣到了潞州，"帝加周昭义军节度使太原李筠中书令"。

李筠本想拒不受命，但李筠身边的智囊团不同意这么做，此时天下安定，若李筠在完全没有做好准备时，就为难赵匡胤派来的使臣，无异于反叛了。身边的智囊团给李筠出主意，建议李筠暂时不要跟赵匡胤叫板，毕竟依靠李筠的实力，还无法抵挡赵匡胤。况且，也需要探知赵匡胤的态度，再做进一步打算。李筠这才打算接见赵匡胤派来的使臣。

> 及上遣使谕以受禅，筠即欲拒命，左右为陈历数，乃僶俛下拜。[2]

李筠命令人设置酒宴，准备款待赵匡胤的使臣。在外等候的使臣，迟迟见不到李筠的面，对李筠的这种傲慢已经产生了一种不好印象。但他们都忍着，因为赵匡胤临走时给使臣们交代过，对于李筠，尽量采取忍让的态度，不要与他发生正面冲突。

等了很久后，李筠才派出人迎接赵匡胤的使臣。赵匡胤的使臣带着友好的诚

1《续资治通鉴长编》卷一《建隆元年》。
2《续资治通鉴长编》卷一《建隆元年》。

意和奖赏给李筠的诸多礼品，通报了赵匡胤代周立宋的圣旨，还夸赞了李筠是千古良将，希望他继续为宋朝效命，宋朝将继续重用李筠。对于圣旨，李筠似乎并不怎么在意。李筠设宴，邀请赵匡胤的使臣入座。等大伙入座之后，李筠便安排酒席，组织舞姬，欢歌祝酒。规格看起来有几分臣子接待天子派来使臣的样子。宋朝使臣也冰释前嫌，举杯与李筠对饮。

然而，事情并没有大家预想的那么顺利。推杯换盏之间，李筠却在谋划着一场大事件。不一会儿，已经有些醉意的李筠，做出了一个震惊全场的决定，他在众人毫无防备的情况下，命人拿出了后周太祖郭威的画像，并命人将画像挂在墙上，对着画像大声哭泣。现场非常尴尬，几位赵匡胤的使臣面面相觑，不知如何处置。他们代表赵匡胤来向李筠宣读圣旨，也为试探李筠的虚实。这时候，李筠挂出郭威的画像是何道理？

既延使者升阶，置酒张乐，遽索周祖画像置厅壁，涕泣不已。[1]

此时，李筠身边的那些手下，坐立不安。毕竟郭威是先朝太祖，这时候挂出来郭威的画像，无异于表明了李筠的态度。这件事若处理不好，势必引起赵匡胤的不满，到时候所有人都将遭受灭门之灾。李筠的手下便赶紧对赵匡胤的使臣解释说，李筠这是喝醉了，才会这么做，希望各位使臣不要介怀。

宾佐惶骇，告使者曰："令公被酒，失其常性，幸勿怪也。"[2]

这便如今天为醉汉解围一样。

但李筠手底下这些人的解释，自然不能令赵匡胤的使臣们满意。李筠这是公然挑衅赵匡胤的皇权。他在一个新皇帝的使臣面前，挂上一个旧朝皇帝的画像，态度再明确不过了，那就是不承认赵匡胤建立的宋朝。

1《续资治通鉴长编》卷一《建隆元年》。
2《续资治通鉴长编》卷一《建隆元年》。

当然，这些是他们心中的想法，使臣们并未急着表达出来，在李筠的地盘上，他们不能直接发作，他们需要回到汴京后报给赵匡胤，让赵匡胤来定夺。再说，这些使臣也有担心自身安危，毕竟他们只是代表赵匡胤来传话给李筠，若李筠此刻公然反叛赵匡胤，他们指不定就成了刀下之鬼。

此时，李筠身边的智囊团再次表现出了高超的外交才能。他们在李筠喝醉酒后，将赵匡胤的几位使臣安排到了驿馆休息。

这些使臣的任务已经完成，将赵匡胤成为宋朝皇帝的意思也都传达到了，便请示要回汴京。但李筠似乎反意已决，他在酒席上挂出郭威的画像，并不是醉酒之举。李筠手下劝李筠放赵匡胤的使臣离开。若诛杀了这几个人，势必会引来宋朝的征伐。而赵匡胤此时也一定在积极备战。若宋朝大军到达潞州，李筠能顺利抵挡住吗？

思量后，李筠放几位使臣回汴京。事实再一次证明，李筠在关键时刻，尚能听从智囊团的建议。可李筠决意要反叛的事情，却没有听从任何人的建议。

就在几位使臣往回走的时候，李筠在席间挂出郭威画像之事，已然开始在外界流传。李筠的反叛之心昭然若揭。

使臣们回到汴京后，将自己在潞州的遭遇悉数告知了赵匡胤。赵匡胤这一次并没有发作，而是采取了息事宁人的态度。毕竟李筠只是在酒醉之后，挂起了郭威的画像，并没有进一步表现出反叛的意思。这时候攻打李筠，师出无名。不过赵匡胤清楚，李筠不会臣服于宋朝。宋朝与李筠之间，必然会有一场硬仗要打，只是时间早晚的问题。

赵匡胤和李筠都在等待着一个时机。

此时李筠内心，其实也非常煎熬。对于赵匡胤，他自然心中不认可，若要让他臣服于赵匡胤，无异于让他去死。可赵匡胤并没有对他采取任何措施，而且还派来了使臣，给他加官晋爵，于情于理，赵匡胤都做得滴水不漏。尽管他对赵匡胤的这些拉拢都无动于衷，可如果他要真的反叛，能成功吗？

李筠心里没底，尽管潞州的一切都是他说了算，可要是赵匡胤对他断粮、断饷，他该如何处置？这是个非常现实的问题，大军未动，粮草先行，除非他占领了重要的产粮地，否则，一切都无从谈起。上党虽有天然屏障，却并不是产粮之地。

这时候的李筠猜不透赵匡胤，赵匡胤却料到了李筠必反。赵匡胤命人密切关注李筠，监视他的一举一动，只要李筠稍有举动，赵匡胤便可以随时派兵镇压。

3. 李筠募财

且说李筠反叛之心日益浓重，但却没有立即行动。原因是李筠正在为起兵之后的钱粮问题焦虑着。

从一个普通士兵一步步成长上来的李筠，对于粮草的重要性比任何人都清楚。如今，他还没有公开反抗，粮草和辎重还是继续由宋朝供给。一旦他反了，宋朝势必会断了他的粮草。这是个非常棘手的问题，自古以来，打仗就是打钱粮，有钱才能打仗。

若军队没有了粮草，他的反抗也就会自动瓦解。这是摆在明面上的事情。所以，在兵变之前，筹集粮草显得尤为重要。

可是如何才能在短时间内筹集到粮草呢？当然，这一时期，李筠还不能公开大量地囤积粮草，这样势必会让潞州的斥候们看见，赵匡胤到时候会卡住粮草，让他动弹不得。

可征集粮草之事又拖延不得，必须马上行动。他不能耽搁，不能等着赵匡胤一天天稳坐江山，然后腾出手来收拾他。

正在李筠焦急于钱粮之事时，一个机遇出现了，让李筠一下子有了解决粮草之法。

当地有个和尚，名字不详，在某一处寺庙当住持，名望很高，很多潞州人都去找这个和尚抽签占卜。据说，老和尚的占卜之术非常灵验，古往今来，前世今生，福祸命运，都能说出个子丑寅卯来。老和尚的名声远播各处，即便是那些穷乡僻壤的人，也都来找老和尚占卜。

得知这个消息之后，李筠找到了这个老和尚，打算利用老和尚的名望来为自己招募钱财。

李筠对老和尚说，如今他的这个香火生意不错，可以利用这个机会发一笔横财。到时候，可以组织人再搞一些募捐活动，保证有大笔的银子落入手中。李筠还表示，和尚不需要做具体的工作，只需要将香火摊子撑起来，具体的宣传等工作均由他来处理。到时候，李筠会命人来做维那[1]。李筠似乎胸有成竹，只要支撑起整个香火摊子，老和尚只需要动动嘴皮子，便有白花花的银子落入口袋中。李筠还对老和尚承诺，所得收入可以五五分成。

对于李筠提出的这个主意，老和尚也心动了。其一，李筠是潞州之地的最高长官，掌管着军政，尽管现在是宋朝，听说李筠不受宋朝皇帝的待见，但李筠依然是潞州的地头蛇，不能得罪他。其二，依靠李筠。还可以赚得白花花的银子，这是最实惠的东西。利大于弊的举动，自然会得到唯利是图之人的青睐。老和尚当即就答应了李筠的要求。

两人确定了目标，便付诸行动了。李筠还专门为老和尚修建了一座用于藏银两的类似于金库的房子。这房子修建得比较隐蔽，很不容易被人发现。

李筠让他的手下化装成百姓，帮助老和尚支撑台面，营造一种声势。潞州附近的那些人，都知道老和尚在近期内将会作一些必要的法事。

一切准备工作就绪之后，老和尚便立即开始了开坛作法，占卜吉凶，测字算命。等老和尚这头运转起来之后，李筠便派出身边的人，去老和尚身边旁敲侧击，专门给观看之人上演老和尚占卜之术非常灵验的假象。用当今时代的话说，就是托儿。

这些人每天在老和尚身边制造声势，夸赞老和尚占卜吉凶灵验等。越来越多的人，都加入这个占卜队伍当中。一时间，潞州各地百姓，都蜂拥而来围观。

老和尚一边占卜，一边募捐。观看的老百姓都慷慨解囊，为佛祖增加香火钱，并声称佛祖会感受到每个人的虔诚心意，也会保佑那些捐款之人全家和谐、官运亨通。一时间，到处都是捐款之人，很多老百姓都将自己的钱财捐给了老和尚。

---

1 又作都维那。在古代佛教丛林，维那是寺院中的纲领职事，掌理众僧的进退威仪，非但要对佛门的规矩熟，而且要喉咙好、资格老，正如戏台上挂头牌的角色，一切的节目都要靠他安排。今日寺院的维那，则仅于举行法会、课诵时，担任众僧的先导，掌理举唱、回向等。

李筠更是带着全家人到现场观看，他看到有些老百姓还有顾虑，李筠便带头将全部家产，悉数捐给了老和尚。

那些百姓一看李筠都如此大方，更加慷慨解囊。老和尚的钱财，便源源不断地被放进了李筠提前准备好的房子当中。

也许是李筠"慷慨解囊"的缘故，也许是人们好奇的原因，第一天，收入就过了十万两。老和尚将情况报告给了李筠，李筠喜笑颜开。表示这样的事情，他早已知道。李筠让老和尚戒骄戒躁，继续开展占卜和募捐活动，等到钱财准备到一定的程度后，他们就想办法将钱财转移。

老和尚自然是相信了李筠的话，回去后，天天主持占卜、募捐活动。一时间人头攒动，很多外地人都慕名而来，加入到募捐人员的序列当中。

银子源源不断地被老和尚藏进了库房里。

没出几日，那个库房当中便装满了钱粮各六十万。老和尚每天看着眼前白花花的银子，整个人都处于一种眩晕状态当中。这一辈子，他都没有见过这么多钱财。

到了后来，仓库里的钱粮已经装不下了。老和尚便找到李筠，向李筠汇报收入情况。这一次，李筠抓住机会，直接将老和尚秘密杀害，毁尸灭迹。又乘着晚上，命人将钱全部转移。

有了这些资本后，李筠就有了兵变的根本。

4. 李守节规劝

就在李筠筹划兵变时，北汉开始有意拉拢李筠。北汉皇帝刘钧知道李筠向来不服赵匡胤的领导，李筠反宋。已内外皆知。于是，刘钧秘密派人将蜡丸藏的书信，送给了潞州的李筠，并与李筠约定，同时举兵伐宋。

北汉主知筠有异志，潜以蜡书诱筠。[1]

对于刘钧的书信，李筠却不怎么重视。在李筠看来，自己反宋，不过是为了讨回公道，让赵匡胤把从后周孤儿寡母手中夺回去的江山交出来，与其他"外邦"没有关系。说白了，这是内政问题，外部势力最好不要参与。

但李筠身边的智囊团觉得，既然想伐宋，北汉这个帮手还是有必要拉拢过来的。在智囊团看来，即便大家各怀心思，只要目标一致，也能成为暂时的朋友。李筠对于这样的见解，不以为然。可李筠也是个善于纳言的人，他在心里权衡着利弊。

总之，这个时候，李筠反宋的目标已经明确。这时，李筠的大儿子李守节听闻李筠要反宋，面见父亲，劝诫李筠不要迈出这一步。在李守节看来，这一步一旦迈出去，便没办法收回。不过李筠不听儿子的劝告，反宋之心昭然若揭，李守节哭着劝诫，依然无法改变李筠的决定。

筠长子守节涕泣切谏，筠不听。[2]

密切关注李筠动向的人，也将收集到的潞州的各种情报呈给了赵匡胤。身在汴京的赵匡胤，对于李筠的一举一动了如指掌。

就在赵匡胤等待李筠反叛的时候，却发生了一件让赵匡胤感到意外的事情。这就是李筠将北汉送给他的密信，上交给了赵匡胤。

筠虽具奏而反谋已决。[3]

李筠这么做目的何在？难道他还想两边讨好？很显然不是，李筠这么做的目的，依然是希望给赵匡胤提个醒，他李筠还有北汉这个靠山。当然，也不妨将李

1《续资治通鉴长编》卷一《建隆元年》。
2《续资治通鉴长编》卷一《建隆元年》。
3《续资治通鉴长编》卷一《建隆元年》。

筠的这一举动，看成是向赵匡胤示威。

赵匡胤自然知晓李筠的"良苦用心"，但他没有立即采取行动，而是选择了等待，等待李筠露出马脚。

当得知李筠的儿子李守节与李筠就反宋不反宋意见相左时，赵匡胤觉得机会来了。对付李筠最好的办法，还是从他的身边人着手。

为了利用好李守节这张牌，赵匡胤授予李守节皇城使的职务，意图将李守节调至京城，进而达到制衡李筠的目的。其实也有将李筠的儿子押为人质的意思。

此时的李筠，因为不知道宋朝对付他的具体预防部署，便答应了赵匡胤的调任，让儿子进城，一探宋朝的虚实。李筠还对身边人夸赞说，不入虎穴，焉得虎子？临行前，李筠当然给儿子安排要留意宋朝的各种动态，一旦感觉到自己不安全，就想办法跑回来。潞州怎么也是家，可保性命。于是，李守节就被赵匡胤调任到京城去了。

上手诏慰抚，因除守节为皇城使。筠遂遣守节入朝，且伺朝廷动静。[1]

李守节到达汴京后，马不停蹄地去参拜了赵匡胤。从根本上说，李守节和李筠是完全不同的两个人，尽管他们是父子，但人生观和价值观决然不一样。李守节读书较多，也懂微言大义。对于赵匡胤接替后周而没有发生流血牺牲，他是由衷佩服的。反观父亲，却为了所谓的恢复后周基业的愿望，宁可将天下人再次拖入战争当中。李守节清楚，父亲李筠也担当不起推翻赵匡胤建立宋朝、让柴宗训复辟的重任。

这也是李守节不断规劝李筠的原因。对于眼前的事实，他比父亲李筠看得更清楚。所以，这次到汴京来面见赵匡胤，李守节也想好了，要解释一番，并表明自己的态度。

李守节怀着战战兢兢的心态面见了赵匡胤。这一次，赵匡胤对李守节非常客气，这种客气都超出了李守节对赵匡胤的认知。或许李守节觉得，这时候的赵匡

---

[1]《续资治通鉴长编》卷一《建隆元年》。

胤，应该对他大发雷霆，甚至责难。可此时的赵匡胤偏偏很温和地对李守节说，太子，你到汴京来所为何事？

上迎谓曰："太子，汝何故来？"[1]

这不明知故问吗？李守节不是被你赵匡胤调到汴京当皇城使的吗？尽管知道赵匡胤是明知故问，但李守节还是吓蒙了。因为赵匡胤叫自己为太子。要知道，宋朝只有赵匡胤的儿子可以被称作太子，此刻赵匡胤却称呼他为太子，这也就是说，赵匡胤已经料定李筠要拥兵自立为皇帝。李守节惊慌失措，跪着不断磕头认罪，嘴里也不断地向赵匡胤回答说："陛下何出此言，我们从未有过反心，陛下这样称呼我，势必有恶人从中挑拨离间。"

守节矍然，以头击地曰："陛下何言！此必有谗人间臣父也。"[2]

这一场嬉笑间的谈话，让李守节越发感受到了赵匡胤的威严。有些人就是这样，不怒自威。赵匡胤的话，每一句都恍如一记鞭子，打在李守节的身上，让他抽搐。

看到李守节慌乱的样子，赵匡胤知道自己的目的已经达到。便不再对李守节继续进行语言上的恫吓。

赵匡胤收起了戏谑的口吻，对李守节说："朕听闻你多次劝谏你父亲不要反宋，可你父亲李筠就是不听，有这回事吗？"李守节点点头。赵匡胤继续对李守节说："你回去转告李筠，朕没有当天子的时候，可以任由他为所欲为，朕管不着，可是如今朕是大宋天子，他难道还要继续为所欲为，认不清形势吗？你告诉他，我赵匡胤绝不是小肚鸡肠之人，对于他之前在我派出的使臣面前拿出郭威画像哭泣之事，我并不想追究责任，我只是希望，我们都各让一步，还天下一个太

1《续资治通鉴长编》卷一《建隆元年》。
2《续资治通鉴长编》卷一《建隆元年》。

平，不行吗？"

上曰："吾亦闻汝数谏，老贼不汝听，不复顾藉，故遣汝来，欲吾杀汝耳。盍归语而父，我未为天子时，任汝自为之，我既为天子，汝独不能小让我耶？"[1]

赵匡胤这样说，是希望李筠不要无端挑起事端，对于之前的事，他可以既往不咎。

赵匡胤还表示，李守节可以立即回去，朝廷也不打算将他质留在汴京，只希望能够将他的意思带到，让李筠幡然醒悟，继续为大宋朝效力。李守节被赵匡胤强大的气场吓住，不敢再有任何辩驳，只是表示他回去以后，一定将赵匡胤的话转告给家父。

李守节马不停蹄地回到了潞州，将面见赵匡胤的情形悉数告知了李筠。听了儿子的讲述后，李筠脑子里似乎想到秋后算账的典故。赵匡胤此时派儿子回来，就是提醒他，不要做无谓的困兽之斗，否则后果非常严重。李筠觉得，他已经没有退路了。当初在赵匡胤的使臣面前对着郭威的画像哭，已然得罪了赵匡胤。赵匡胤尽管表示只要他不再反抗，就既往不咎，可李筠觉得赵匡胤的话里有话。

李筠决意反宋，已经听不进李守节的劝告。只是李筠不知道的是，赵匡胤对于他的反叛之心早已知悉，而且早有准备。赵匡胤之所以让李守节回来传话，自然也做了很多预防性措施。此时的李筠，已经没有退路。[2]

守节驰归，具以告筠，筠谋反愈急。

李筠也清楚，即便他此刻听了赵匡胤的话，但相信用不了多久，一旦天下安定，赵匡胤第一个开刀的人就是他。

1《续资治通鉴》卷一。
2《续资治通鉴长编》卷一《建隆元年》。

此时，李守节还苦苦劝谏李筠不要与北汉结盟，更不要与赵匡胤为敌，但李筠置若罔闻。李筠的反叛，不会再受到任何因素的阻拦。

5. 公然反叛

不久，李筠便让手底下的智囊们撰了一篇檄文，并通告全国，指责赵匡胤窃取后周王朝，以其犯上作乱为根基，列出了赵匡胤的罪状，言语激烈，词多不逊。李筠还并表明自己要讨伐赵匡胤，还后周皇位给柴宗训。

此文一出，天下一片哗然，虽然此时的宋朝人心不稳，但也没有人敢如李筠这般，直接向赵匡胤叫嚣，公然反叛。那些留在潞州的斥候，迅速将李筠反叛的消息上报给了朝廷。

这时候的李筠希望联络起所有不服赵匡胤的人来一起攻打宋朝。他给那些后周的旧将送去了钱财，策反他们。

李筠还想起了曾经约他出兵伐宋的北汉，他先逮捕了宋朝派给他的监军周光逊等人，又派遣牙将刘继冲等人把周光逊送到北汉，以此为人质，向北汉求援。

> 癸未，执监军亳州防御使周光逊、闲厩使李廷玉……北汉主俱释之，厚赐遣还第。[1]

但北汉刘钧对于李筠逮捕的这些人，都非常怜惜，或者说不愿意将这些人作为人质，只是让他们留在北汉都城晋阳，和正常人一样生活。

派出使臣去往北汉以后，李筠开始考虑先打一仗，造起声势。否则那篇言辞激烈的檄文，就成了虎头蛇尾。李筠非常清楚，此时整个国家都将目光投注在了潞州。他既然扛起了反抗大旗，就得给外界释放出强烈的信号，也给那些有反叛想法的后周旧将们开个头。

1《续资治通鉴长编》卷一《建隆元年》。

于是，李筠派出身边的武将，迅速偷袭了泽州城。泽州的守将，完全没有料到李筠会偷袭。所以，李筠没有费多少力气，便攻下了泽州。李筠率军进入泽州，命人将泽州刺史张福捉住砍了头。李筠把泽州作为第一个战胜的据点，又命人将泽州的粮草都收集起来，准备南下时征用。

> 筠又遣兵袭泽州，杀刺史张福，据其城。[1]

为什么李筠选择了泽州这个地方呢？因为泽州在今山西省晋城市附近，它紧靠河南焦作和洛阳，地理位置非常重要，战国时期，秦国与赵国的长平之战，就是在泽州地界进行的，所以，占领泽州就是占领了制高点，也能更好地牵制宋朝。只要占据了泽州，南下太行山，便指日可待。等到了洛阳，李筠便占据了中原地区的粮仓，到时候，就再也不怕赵匡胤了。

这时候，李筠开始考虑南下的计划，但李筠选择的第一站是汴梁，而不是去攻打洛阳。其实，李筠的目的也很明确，那就是攻破汴京，从根本上瓦解宋朝。

当时，李筠手底下有一个文官叫闾丘仲卿，素有大才。他向李筠建议："我们如今是孤军举事，面对着强大的宋朝，显得势单力薄，尽管有北汉作为我们的援军，但北汉这些人不一定会为我们所用，如今汴梁兵强马壮，很难与之对决，不如直接南下太行山，先占领怀、孟、虎牢关等地，进而攻占洛阳，以洛阳为根基，再东出进攻汴京，大事可成。"

> 从事闾丘仲卿说筠曰："公孤军举事，其势甚危，虽倚河东之援，恐亦不得其力。大梁兵甲精锐，难与争锋。不如西下太行，直抵怀、孟，塞虎牢，据洛邑，东向而争天下，计之上也。"[2]

对于这种劝谏，李筠却有不同意见。李筠天真地认为赵匡胤刚刚发动兵变，

1《续资治通鉴长编》卷一《建隆元年》。
2《宋史》卷四百八十四《列传》第二百四十三。

所有的重镇都是由原来后周的将领们镇守，只要他举兵反宋，那些已经投靠赵匡胤的后周大将必定会倒戈相向，和他一起攻打赵匡胤。到时候，天下各处都将揭竿而起。李筠还表明自己有儋珪枪、拨汗马两件宝物，加上天下武将们都纷纷倒戈，他一定会成功。

> 筠曰："吾周朝宿将，与世宗义同昆弟，禁卫皆吾旧人，必将倒戈来归。况吾有儋珪枪、拨汗马，何忧天下哉。"儋珪，筠爱将，善用枪。拨汗，筠所畜骏马也。[1]

李筠的这种天真想法，现在看来几近令人发笑。不过李筠却深信不疑，这也导致了李筠兵败。

宋朝方面，李筠反叛的消息还没有传到汴京，赵匡胤依旧在正常处理政务，这一时期，他做了两件事。第一件事是他到达玉津园[2]，并派人到京城门宣圣旨，让当地部门给京城门附近游荡的饥民施舍粥饭，让他们能吃饱饭食。

> 乙酉，幸玉津园，遣使分诣京城门，赐饥民粥。[3]

而另外一件事，便是组织人疏通蔡河，并专门在斗门处设置了节水设施，蔡河与许镇之间由此连接起来。

> 丙戌，命中使浚蔡河，设斗门以节水，自都城距通许镇。[4]

1《续资治通鉴长编》卷一《建隆元年》。
2 北宋初建成的东京四苑之一。玉津园在南薰门外，原为后周的旧苑，宋初加以扩建。苑内仅有少量建筑物，环境比较幽静，林木特别繁茂，故俗称"青城"。每年夏天，皇帝会临幸此地观看刈麦。在苑的东北隅有专门饲养远方进贡的珍奇禽兽的动物园，养畜大象、麒麟、驼虞、神羊、灵犀、狻猊、孔雀、白鸽、吴牛等珍禽异兽。北宋前期，玉津园每年春天定期开放，供都人踏春游赏。
3《续资治通鉴长编》卷一《建隆元年》。
4《宋史》表第四十七。

不久，赵匡胤还给自己重新安置了一个门官。这个人叫张保绩。此前，张保绩一直在做阁门官这个职务，而且侍奉过包括宋朝皇帝在内的六朝许多皇帝。多年的守门经验，让他在工作中从未出现过差池。因此，他也得到了历朝历代皇帝的宠幸。这一次他便受到了赵匡胤的重用。

> 以客省使万年张保绩为卫尉卿、判客省阁门事。保绩在阁门前后四十年，宣赞词令，听者皆耸，侪辈推其能，累使藩方，不辱君命，历事六朝，未尝有过，故特宠之。[1]

赵匡胤做完这两件事，李筠发布檄文的消息才传到汴京。赵匡胤等这一刻，已经多时。

随即，李筠攻取泽州的消息也传到了汴京。赵匡胤马上召集群臣商议对策。大臣们各有各的意见，枢密使吴延祚就给赵匡胤上疏："我与李筠是同乡，曾经一同在后周为官，我对李筠的脾性都悉知，如今潞州险要，若李筠坚守潞州不出，我们要攻破李筠恐怕得花些时日。可李筠素来刚愎无谋，反而攻打泽州，如此，只要我们迅速出兵，用不了多久，便可攻破李筠。"

> 丙戌，昭义变闻。枢密使吴延祚言于帝曰："潞州岩险，贼若固守，未可以岁月破。然李筠素骄易无谋，宜速引兵击之。"[2]

赵匡胤同志吴延祚的意见。不管李筠有勇无谋还是有勇有谋，都亟须平定他的叛乱，而且是以强硬的手段迅速平定，以形成震慑力量，让那些有意效仿李筠的后周旧将，打消反叛宋朝的想法。随即，赵匡胤命石守信和高怀德率部讨伐李筠。赵匡胤还给石守信和高怀德下了命令：堵住李筠，千万不要让他从太行山南

1《续资治通鉴长编》卷一《建隆元年》。
2《续资治通鉴长编》卷一《建隆元年》。

下，否则，将后患无穷。

> 戊子，遣石守信、高怀德率前军进讨，帝敕守信等曰："勿纵筠下太行，急引兵扼其隘，破之必矣。"[1]

赵匡胤这么安排非常有道理，因为李筠一旦下了太行山，必然会解决自己的粮草问题，而让宋朝的粮食产地丢失，那样一来，要想短时间内将李筠镇压下去就变得不现实。

当天，赵匡胤还在广德殿设宴，款待了即将出行的石守信、高怀德以及文武大臣，给他们壮行，也是给这些武将施压。

几位大将狠狠地喝了一顿酒，便回去整顿军马，准备一切出行工作。次日，石守信和高怀德便率部出发，北上阻击李筠大军。

除了派出石守信和高怀德，赵匡胤还及时派出了转运使，让他们给前线的将士运送粮草辎重，以支援他们抗击李筠。

> 丙申，命户部侍郎寿阳高防、兵部侍郎阳曲边光范并充前军转运使。[2]

派出大军之后，三司使张美上疏，给赵匡胤推荐地方官员。张美在奏疏中说，怀州（治今河南省沁阳市）刺史马令琮早已经料到李筠会反，他已经日夜操练军士，等待上战场诛杀乱臣贼子李筠。看到张美的奏疏，赵匡胤非常高兴，难得还有人这样关注李筠。于是，赵匡胤便命马令琮为团练使，欲让其随军北上，镇压李筠叛军。不过赵匡胤的这一做法，遭到了宰相范质的反对。范质认为，如今宋朝已经派出了大军，先锋队有石守信、高怀德等人，一定能够镇压李筠，而马令琮应该镇守在怀州不动，以不变应万变。万一怀州有变，也可以及时应对。对于范质的建议，赵匡胤采纳了。毕竟怀州在河北，预防契丹的作用也很重要。

1《续资治通鉴》卷一。
2《续资治通鉴长编》卷一《建隆元年》。

尽管没有让马令琮北上抗击李筠，但赵匡胤还是让他担任团练使，因为当时怀州级别还不够，赵匡胤就将怀州的级别提高，令马令琮做怀州团练使。此举，也让马令琮感恩戴德，表示一定要守好怀州。

> 上召三司使清河张美调兵食，美言怀州刺史马令琮度李筠必反，日夜储偫以待王师。上亟令授令琮团练使。宰相范质曰："大军北伐，方藉令琮供亿，不可移他郡。"戊戌，升怀州为团练，以令琮充使焉。令琮，大名人也。[1]

对于赵匡胤安置马令琮之事，后来的宰相富弼，还有一段精彩的评论。富弼说，太祖皇帝（赵匡胤）非常善于识人。当年怀州刺史知道太祖将要到达怀州，便日夜等待着，为国家效力，所以才有了团练的任命，并奖赏了他的功劳。当时范质不建议将马令琮调往其他地方任职，太祖已将马令琮提拔为团练使了，就不能轻易更改，即便马令琮没有寸功，也要让他感受到皇恩浩荡。太祖皇帝这样宠幸大臣，大臣们哪里有不誓死效忠国家的呢？这体现的是太祖赵匡胤的驭人之术。

> 富弼曰："太祖赏功任人，深得其术。怀州刺史知车驾将至，日夜储蓄，以待王师。故有团练之命，用赏其劳，又以移别郡，则他官供亿未必练其事，必不能继令琮之功，故特升本州使名以授之。恩宠如是之异，其得人不尽力乎？"[2]

当然，对于这件事还得一分为二看待。这里也有另外一种可能，那便是调停张美和范质的关系。尽管史籍中并无二人不和的记载，但范质的霸道是出了名的。枢密使张美推荐马令琮北上抗击李筠，可范质却不同意这么做，这必然存在

1《续资治通鉴长编》卷一《建隆元年》。
2《宋史全文》卷一。

着一种说不清道不明的隐晦关系。范质是宰相，三司使也是宰相级别的人，在宋朝三司使又叫作"计相"。赵匡胤正是看到了这层关系，所以采取了折中处理的办法。他同意了范质的建议，让马令琮继续留任怀州，同时，又提升马令琮为团练使，将怀州行政级别进行了升级，如此也保全了张美的颜面。赵匡胤驭人术之高明也是他成功的关键因素。在谈笑间，便将两位宰相不和的局面化解了。

6. 各怀心思

五月初，就在赵匡胤准备攻打李筠的时候，天上出现了日食。这不是一个好征兆。自古以来，天空中出现日食，都是君王不道、政局紊乱的预兆，以至于得罪了上天，上天降下了日食。往往这时候皇帝也会反省自己，是否做出了有悖于天道伦理之事。

赵匡胤便召来善观天象的人，分析出现日食的原因。善观天象之人称，这是李筠造反后，上天的警示，提示赵匡胤要尽快消灭李筠，还天下一个太平。

既然上天都有了警示，赵匡胤将李筠反叛之事，作为重中之重来处理。但又得提防其他力量如，此时的赵匡胤还提防着扬州的李重进。若这两个人同时起兵反宋，那就麻烦了。事实上此时李重进确有不臣之心，他听闻李筠反宋后，便遣身边的翟守珣被派出联络李筠，共图大事。所幸的是翟守珣绕道汴京给赵匡胤通风报信。赵匡胤让翟守珣暂时稳住李重进，好让他能放开手脚对付李筠。

还有南唐、契丹、北汉等这些力量，他们都不希望宋朝一家独大。只要赵匡胤在征讨李筠时吃了亏，这些人会群起而攻之。到时候，赵匡胤面对的必然是树倒猢狲散的局面。

所以，对于李筠的反抗，赵匡胤这一次采取了大兵压境，进行围猎的方式。赵匡胤首先给宣徽南院使昝居润下了一道命令，让他带兵到澶州去巡检，用以牵制契丹与北汉，及时预防北方契丹与北汉力量南下，进而切断李筠的后路。

赵匡胤又让殿前都点检慕容延钊、彰德军节度使王全斌等人率领他们各自所辖部队，与石守信和高怀德会师，对李筠进行合围。

　　庚子，命宣徽南院使昝居润赴澶州，镇宁节度使慕容延钊、彰德军留后太原王全斌，率兵由东路与石守信、高怀德会。[1]

　　这是一招釜底抽薪之计。赵匡胤还对北汉支援李筠也进行了预防策略，他命洺州团练使郭进为本州防御使兼西山巡检，密切关注北汉的动静，及时做好预防。

　　辛丑，以洺州团练使郭进为本州防御使，兼西山巡检，备北汉也。[2]

　　这时候的宋朝，已经在方方面面对李筠的反叛进行了部署。

　　当然，赵匡胤在部署的时候，李筠和刘钧两个人也没有闲着。从潞州到晋阳的大道上，往来着各种信使。

　　李筠已经认识到了自己的处境，他太高估那些后周旧臣了。就在他举兵的时候，竟然没有人愿意站出来，和他一道讨伐赵匡胤。即便他送过钱财，也派人做过思想工作，武将们也没有随着他一起举兵。原先他期望的"纷纷倒戈"局面并未形成。李筠成了孤军奋战。所以，李筠不得不考虑邀请北汉出兵相助。李筠与刘钧相约，要全力反击赵匡胤的镇压。李筠的志向是推翻宋朝，重新建立起后周政权。而刘钧也表示，要分得一杯羹。

　　但这种相约，在没有行动之前，并不可靠，北汉随时都有可能背盟。李筠只能降低身价，再次派刘继冲出使北汉，请求北汉出兵，并表示自己愿意作为先锋部队率先出发。

　　筠复遣刘继冲诣晋阳，请北汉主举军南下，己为前导。[3]

1《续资治通鉴》卷一。
2《续资治通鉴》卷一。
3《续资治通鉴》卷一。

　　北汉刘钧看到李筠频频来访，便也决定出兵伐宋。李筠的诚意已传递到位，他也感受到李筠这一次起兵反抗的决心。难能可贵的是，这时候的李筠，已经没有了之前不可一世的傲气。这一点让刘钧尤为舒服，内心的拧巴劲儿也没有了。所以，援助李筠也成了刘钧必须要做之事。

　　在支援李筠之前，刘钧又想到了自己的靠山——契丹。他想动员契丹也出兵，如果北汉、李筠、契丹三方面兵伐宋朝，胜算的概率就很大了。为此刘钧甚至将关南之地重新规划给了契丹。

　　但此时的契丹，高层之间的斗争不断，国内不安定，根本没有更多精力与时间顾及中原王朝的战争。不过契丹还是关注着中原战局的进展，一旦有利于契丹，他们将率兵南下，夺取关南之地。契丹国王还向刘钧承诺，将在合适的时机，出兵援助北汉和李筠。但在刘钧发出请求契丹出兵的求援之后，契丹的大军迟迟没有及时集结南下支援。

　　刘钧便将契丹不出兵的情况告诉了李筠，希望李筠做好准备。

　　恰巧此时，李筠也对刘钧表明了自己的态度：这是中原王朝之间的战斗，不要外族插手。也就是说，即便契丹想帮助刘钧，李筠也不希望契丹掺和到这件事当中来。刘钧正好做个顺水人情，不再邀请契丹出兵伐宋。

　　　承钧欲谋于契丹，继冲道筠意，请无用契丹兵。[1]

　　契丹不出兵，让刘钧心里没有了底气，但李筠如此殷切恳求北汉出兵，若刘钧不出兵，恐招人非议。因此，李筠便与北汉达成了共同讨伐宋朝的协议。

　　不久，刘钧便派遣内园使李弼携带诏书、金银绸缎、良马等到达了潞州，将这些东西都赏赐给李筠。这是双方出兵前的最后会晤。但李筠和刘钧之间却各怀心思。在刘钧看来，北汉虽小依然是国家，他是皇帝，而李筠尽管有实力，却不过是个节度使，他这样赏赐李筠的目的，还是想要证明自己是皇帝，有权对李筠进行赏赐。

1《新五代史》卷七十《东汉世家》第十。

李筠或许并未想到这一层，但他身边的智囊团，一定考虑到了。然而，事情发展到这一步，形势超出了李筠的预料。因此，李筠已经顾不了那么多，只要北汉出兵，他将率领自己所部，南下继续攻打宋朝。

在李筠等待刘钧出兵的时候，刘钧也在做出兵前的部署工作。他召集全国的大军，准备从团柏谷南下攻击北宋。刘钧也表示将御驾亲征，以达到振奋军心的目的。朝中有官员劝谏，派出一支大军攻打宋朝即可，没必要亲征，因为战场之上暗箭难防。但这一次刘钧却非常坚定，一定要率部亲征。满朝文武只能顺从刘钧。那些留守的官员便在汾水河边设宴给刘钧饯行。

> 承钧即率其国兵自将出团柏谷，群臣饯之汾水。[1]

这时候，北汉的左仆射赵华对刘钧进行了最后一次劝谏。赵华对刘钧说，我观察李筠这个人为人浮躁，没有城府，做事也轻率傲慢，又刚愎自用，听不得不同意见。他想对宋朝发动攻击，我看很难成功。李筠失败了是他咎由自取，可我们北汉却倾举国之力去帮助李筠攻打宋朝，这样的事情，我完全看不到胜利的希望，请陛下您三思而行。

> 仆射赵华曰："李筠举事轻易，陛下不图成败，空国兴师，臣实忧之。"[2]

然而，此时的刘钧已经动员了全国的力量，让他撤兵，他也做不到。赵华的建议，刘钧没有采纳。刘钧还是率兵出发了。但是刘钧带领的人并不多，只有数千人。李筠与刘钧准备在一个叫太平驿的地方相会，合兵伐宋。

按照约定时日，李筠很早就到了太平驿等待刘钧。等了几天后，刘钧才带着他的三千余人姗姗来迟。刘钧所谓的举全国之力，不过是三千多人，这让李筠有些失望。李筠心里已经对刘钧开始看轻了。然而，到了约定的地方，刘钧却以北

1《新五代史》卷七十《东汉世家》第十。
2《新五代史》卷七十《东汉世家》第十。

汉皇帝的身份，加封李筠为陇西郡王。李筠对这种空口加封，自然不当一回事，只是此时他还得依靠刘钧一起联手攻宋，并不想与刘钧翻脸。

在联合攻宋这件事情上，李筠与刘钧两个人的地位是不平等的。这一点，李筠也有所预感。为了减少变故，李筠只能接受刘钧的加封，这时候，只要能为自己所用的人，李筠都会与他共谋天下。

然而，更让李筠大跌眼镜的是，刘钧带来的这三千人，都是些老弱残将，战斗力十分不堪。刘钧到达两军联合地方时，那些北汉后续部队并未及时跟上，在大路上形成了一条长长的军容军纪散漫的队伍。这支队伍给李筠的感受是没有威仪，军容不整，纯粹是一帮乌合之众。行军中，他们散散漫漫，毫无中央禁军的威严。若让这样的军队去与宋朝正规军抗衡，一点胜利的希望都没有。这时候的刘钧，也没有皇帝的样子，充其量就是一帮散兵游勇的首领而已。这些感受让李筠非常后悔邀请刘钧参加这场战争。李筠因为深受后周国恩，目的是推翻赵匡胤建立的宋朝，重新拥立柴宗训为皇帝。可后周与北汉却是世仇，当李筠说要恢复后周基业的时候，刘钧也非常不高兴。

> 筠见承钧仪卫不备，非如王者，悔臣之。筠因自陈受周氏恩，不忍背德。而承钧与周世仇也，闻筠言亦不悦。[1]

总之，在大军出发前，两个最高首领，因为伐宋目标不一致，有了某种嫌隙。这种相互之间的不信任，对于即将出行的大军无疑是致命的。

李筠和刘钧两人各自在心里谋划着自己的算计。刘钧想借着李筠的力量消灭宋朝，而李筠也是一样想依靠北汉的力量消灭赵匡胤。从这一点上来说，两个人的目标是一致的，但他们希望在消灭宋朝时，也不能让另一方迅速强大起来，这样势必会给自己再树立一个劲敌。所以，猜忌开始在两个联盟领导人之间产生。

不久，让李筠更不高兴的事情发生了。刘钧让他的宣徽使卢赞充当李筠的监军，所谓监军其实也就是派到军队里监视李筠的。这一点让李筠非常不爽，明明

---

[1]《新五代史》卷十七《东汉世家》第十。

是他的军队，却要被北汉监督。刘钧安排了人，自己则驻守在太平驿，等待着李筠率部攻打宋朝边境。

相互扯后腿的事情还没完。李筠与卢赞的关系非常不友好。卢赞也和他的主子刘钧一样，一副高高在上的样子，对李筠的队伍挑毛病。如此，李筠与卢赞两个人嫌隙不断。刘钧也知道了二人关系不好，矛盾纠纷重重。最终，刘钧又派出了宰相卫融前往军中，从中调解矛盾，两人的嫌隙才暂时放下了。

> 遣宣徽使卢赞监其军，筠心益不平，与赞多不叶，承钧遣宰相卫融和解之。[1]

总之，这次邀请刘钧一起出兵之事，李筠肠子都悔青了。他不该引狼入室。这个刘钧，真不是省油的灯。

李筠与刘钧两个人貌合神离。但已经联合出兵了，也不能单方面随意撤军。他们认为，应该选定一个地方打一仗，营造出联军的实力。可从哪里下手，也难住了李筠和北汉。毕竟每一处赵匡胤都部署有重兵。若第一仗没有胜利，那么，一切反抗赵匡胤的举动，也就成了镜中花、水中月。

李筠和卫融等人商讨很多方案，两个人的意见都无法统一。李筠主张径向东南，直攻汴梁，而北汉宰相卫融和监军卢赞则认为应向东攻打，再南下图取汴梁，讨论的结果是：李筠和卫融、卢赞各持己见，谁也说服不了谁。

这种相互不信任、各怀心思的做法，让李筠与刘钧之间的合作更具危险性。

不过此时，李筠和刘钧唇亡齿寒，只能一起对抗宋朝的镇压。赵匡胤已经派出了自己最得力的武将石守信、高怀德、慕容延钊等人来镇压他们。也就是说，宋朝派出了最精锐的部队来对付他，他必须早做打算。李筠将长子李守节留在了上党，让李守节无论如何都要守住潞州，自己率领着三万兵马向南进发。

1《新五代史》卷七十《东汉世家》第十。

筠留其长子守节守上党，而自率众三万南出。[1]

随即，李筠率领的叛军与宋朝的先锋队相遇了。两军展开了激烈的搏杀。让李筠郁闷的是，他原来期望倒戈的后周武将们非但一个也没有倒戈，反而纷纷将枪头转向了他。最终，李筠率领的部众，被石守信的大军击败于长平（今山西省高平市）。石守信趁机还将李筠设置的临时屯军之地也攻占了。

癸卯，石守信等破之于长平，又攻拔其大会寨。[2]

李筠虽然吃了败仗，但是他的实力还在。李筠在撤退的时候，想着如何摆脱宋朝的围追堵截。宋朝方面，赵匡胤是非常焦急的。李筠反叛这个事不能耽搁，南方还有个李重进在虎视眈眈，若短时间内不能将李筠的叛乱平定下去，会出现难以预料的情况。

赵匡胤果断出击，首先削去了李筠的官爵，以乱臣贼子称呼。这也是一种态度，表明赵匡胤对李筠的容忍已至极限。从李筠四月十四日发檄文公开反宋，到如今近一个月的时间，赵匡胤给了李筠机会，可李筠还是不珍惜。既然李筠这样，赵匡胤也不想再留情面。

另外，想坐收渔翁之利的契丹并没有出兵，而是一直处于观望状态，这也给了宋军机会。赵匡胤命人密切关注契丹动静，一旦契丹出兵，宋朝要想好应对之策。

赵匡胤就在汴京城里等待着前线的消息。不久之后，有地方官员上报称，位于西京的周六庙建成，请求朝廷的进一步旨意。赵匡胤便让光禄卿郭玘去做周六庙的管理人员。不过，这个郭玘有贪腐之风，后来被赵匡胤杀了。

己酉，西京作周六庙成，遣官奉迁。

1《续资治通鉴》卷一。
2《续资治通鉴》卷一。

…………

> 甲戌，光禄少卿郭玘坐赃弃市。[1]

赵匡胤将一些政务交给了宰执们处理，他一心放在应对李筠叛乱的问题上。战报不断从前线传来消息，但是李筠一时半刻也难以镇压。在汴京等待的赵匡胤心里非常焦急，他亟须知道前方的战况。

由于迟迟等不到李筠被镇压的消息，赵匡胤决定亲征李筠。雄才大略的赵匡胤，不能忍受这种着急却无可奈何的感觉。

就在赵匡胤出发前，另一位后周大将忠正节度使兼侍中杨承信来朝，要求面见天子。赵匡胤只能暂时停下亲征的步伐，在广政殿招待了杨承信。赵匡胤对杨承信恩威并施，敲边鼓告诫杨承信不可仿李筠。此后，这也成了一种制度，凡是到京城来的地方节度使，便都在广政殿招待。

> 乙卯，忠正节度使兼侍中杨承信来朝，设宴于广政殿。自是为例。[2]

7. 赵匡胤亲征

赵匡胤打算亲征李筠，结果总是被各种政事打搅，日程也被一拖再拖。但是，赵匡胤已经做好准备了。他要亲征李筠，宣示一种信号。不亲征，不足以给外界展示宋朝镇压叛乱的决心。但是，皇帝亲征绝非易事。皇帝的出行安危，牵一发而动全身，不允许有任何闪失。

另外，还有一个重要的方面，就是京城的安危也系于皇帝一身，赵匡胤出行前就得将留守事宜安排好。

相较而言，亲征反而不令人担心，令人担心的是留守事宜。因为此时宋朝

1《宋史·太祖本纪》卷二。
2《续资治通鉴》卷一。

初建，有很多不稳定因素。若留守之人没选好，就会出现各种变故。赵匡胤亲
征时，别人也可以在他离开后，趁皇城空虚，发动兵变。或者，有别有用心之
人趁着赵匡胤出征，故意在京城制造混乱等。所以，还是要选择一个适合的留守
之人。这个人必须是自己的亲信，而且要有处事稳重的品质，能够解决各种疑难
问题。

赵匡胤想来想去，觉得吴延祚是最合适的人选，因为他对这个人知根知底。
吴延祚不会叛变，也善于处置各种突发性事件。放眼整个汴京官僚阶层，没有人
比吴延祚更适合做留守之人。

于是，赵匡胤让吴延祚担任汴京留守，而让自己智囊团中的吕余庆担任开封
知府，配合好吴延祚，负责他离开京城这段时间的一切事务。当然，赵匡胤将最
重要的职位殿前都点检留给了弟弟赵光义。只要赵光义手握重兵，就没有人敢在
京城造次。临行前，赵匡胤还让韩令坤提前在河阳屯兵，等着他亲征的号令。

> 丁巳，诏亲征。以枢密使吴延祚为东京留守，端明殿学士、知开封府
> 吕余庆副之，皇弟殿前都虞候光义为大内都点检，侍卫马步军都指挥使遣韩
> 令坤率兵屯河阳。[1]

尽管赵匡胤对平定李筠有充分的信心，他还是做了两手准备，因为一旦宋
军被李筠击败，那些地方节度使，必然会纷纷倒戈，宋朝将会面对群雄纷起的
局面。于是，赵匡胤将自己的弟弟赵光义叫到了内室，跟赵光义说了兵败后的
打算。

> 是行也，朕胜则不言，万一不利，则使赵普分兵守河阳，别作一家计度。[2]

这句话的意思是，若这次我带兵出征胜利了，自不必说其他，倘若兵败了，

1《皇宋通鉴长编纪事本末》第一册。
2《国老谈苑》。

我就让赵普驻守在河阳，再做打算。言外之意，依然是希望赵光义也早做打算。

部署妥当之后，赵匡胤点兵点将，领兵出征。赵匡胤身着战袍，在三军将士面前训话，给三军统一思想。之后，大军就出动了。

随行的还有那些朝中的文武大臣，带上他们可以出谋划策，也可以随时处理各种政务。皇帝亲征时，朝廷其实就是一个流动的朝廷，皇帝走到哪里，朝廷就到了哪里。宰相们就是帮着他处理政务的人。而汴京留守的人，重点工作是守护住京城的安全。

五月二十三，赵匡胤到了荥阳（今河南省荥阳市）。赵匡胤进军速度快，军纪严整，秋毫无犯。这时候一个叫向拱的官员就对赵匡胤进言："我们应该跨过济河，越过太行山，乘着李筠各方面的力量没有集结在一起的时候剿灭他，事必成。若稍有拖延，李筠汇集各方面的势力，我们必将处于被动的局面。"

> 西京留守河内向拱劝帝："济河，踰太行，乘贼未集而击之。稽留浃旬，则其锋益炽矣。"[1]

赵匡胤最器重的智囊团核心人物赵普也说："李筠本想着宋朝初建，官家您不会随军出征，但您却御驾亲征，我们现在需要做的，就是加快速度，日夜兼程赶到前线，趁其不备，一举剿灭叛乱。"

> 枢密直学士赵普亦言："贼意国家新造，未能出征；若倍道兼行，掩其不备，可一战而克。帝纳其言。"[2]

赵匡胤领着宋朝所有大军急速前行的同时，又给石守信、高怀德等人下令，让他们不惜一切代价掩杀李筠的叛军。石守信、高怀德等人开始对李筠进行围剿。不久，宋朝的大军在泽州南攻击了李筠，杀了北汉派给李筠的监军卢赞，俘

1《续资治通鉴》卷一。
2《续资治通鉴》卷一。

获了北汉河阳节度使范守图。

丁卯，石守信、高怀德破李筠军三万馀于泽州南，获北汉河阳节度使范守图，杀卢赞。[1]

石守信和高怀德对李筠发动的这一仗，重创了李筠。那个不可一世，甚至要杀入汴京，还皇位给后周的李筠，受到前所未有的压力和耻辱。赵匡胤的大军果然名不虚传。这一仗，也让李筠猛然醒悟，石守信和高怀德等人，尽管昔日与他同朝为官，但此时，已经各为其主，哪里还会倒戈相向，只能刀剑相见。李筠对于自己的壮志，心有不甘，但他处于败势。最终，李筠无奈地退进了泽州城，守着泽州继续与赵匡胤进行周旋。

筠遁入泽州，婴城自固。[2]

当月，还传来了一个好消息，永安军节度使折德扆主动向北汉进攻，打了一个漂亮的胜仗，斩首五百首级，占领与府州一河之隔的北汉沙石寨（在今山西省保德县境）。

是月，永安节度使支中折德扆破北汉沙石寨，斩首五百级。德扆，从阮之子也。[3]

这里简单介绍一下折氏家族，他们是宋朝镇守在西北的重要力量，和北宋的种氏一族一样，为了赵宋王朝尽心尽力。《杨家将演义》中杨业的妻子佘太君的原型，其实就是折德扆的女儿。

李筠据守在泽州不出战，也着实难住了石守信、高怀德等人。而此时，赵匡

1《续资治通鉴》卷一。
2《续资治通鉴》卷一。
3《续资治通鉴》卷一。

胤还未到达前线。石守信、高怀德便在泽州与李筠对峙。赵匡胤命人火速通过太行山，到达泽州，准备对泽州施行攻城战，彻底瓦解李筠的势力。但太行山的山路不好走，赵匡胤便亲自上手，背着石头垫路，打通了宋军前行的道路。

> 车驾自往征之，山路险狭多石，不可行。上自于马上抱数石，群臣、六军皆负石，即日开成大道。筠战败于境上，走入泽州。围而克之，斩筠，遂屠泽州。进至潞州。其子开城降，赦之。[1]

六月初，赵匡胤带领的宋军也到达了泽州城下，与石守信、高怀德等人会合。随即，赵匡胤命人对泽州城发动猛烈攻击，即便李筠坚守不出，即便是尸体堆积成山，也要破了泽州城。这一次，赵匡胤站在中军督战。可李筠率领的部众死守泽州城，宋军攻打了很多天，都没有将泽州城打下来。

> 六月，己巳朔，帝至泽州，督军攻城，踰旬不下。[2]

赵匡胤有些愤怒了。毕竟杀敌一千、自损八百。况且李筠依靠泽州城墙高大，宋军的损失明显比李筠要大一些。赵匡胤认为这样继续攻打下去，迟早有一天会破了泽州，但这也会给宋军带来巨大损失，必须想办法，巧妙破泽州。

赵匡胤打算重新调整部署。不久，赵匡胤将控鹤左厢都指挥使马全义招至军中，询问破敌之策。这时候的马全义也没有更好的办法，只是建议宋军全力攻击，且不能拖延，并希望派出敢死队利用云梯登城楼。赵匡胤也清楚，泽州的李筠，必然抱了必死之心，一定会奉陪到底，只能采取强攻的策略。于是他继续督战。

赵匡胤选出了军队中最勇敢的人，让他们作为冲锋队，攀登泽州的城楼。这些敢死队则在大军的掩护之下，开始攀登泽州城楼。

1《涑水记闻》。
2《续资治通鉴》卷一。

赵匡胤看到城外的宋军损失惨重，但并没有胆怯的意思，而是全力以赴攻城。李筠也看清了赵匡胤对泽州志在必得，作为对手，李筠依然不希望赵匡胤能顺利得手。李筠给守城的将士下了死命令，不惜一切代价，堵住宋军攀爬城楼。

这样一来，一个想破城，而另一个想保住城池，正如矛和盾的关系。不过他们终将打破平衡。

赵匡胤命人掩护敢死队往城墙上冲，登城楼，破城墙。敢死队冲向城楼时，敌军箭如雨下，有些敢死队人员胳膊上连中数箭，依然战斗不息。

这一次，泽州城里李筠部众被宋军不惜死的精神震撼了。这种不顾一切不要命的劲儿，足以销毁一切。李筠部清楚已经难以再抵挡宋军了。他们所有人都人心惶惶，唯有李筠誓死抵抗。可抵抗下去，依旧免不了城破的结果。李筠部众开始军心不稳。他们将目光转向城外的宋军时，总能发现宋军攻势正猛。

不久，敢死队登上了泽州城楼。

赵匡胤的军队一旦登上城楼，也就预示着李筠的防御工作土崩瓦解。还在组织人进行最后抗争的李筠，看到城墙上源源不断的宋军涌入，预料到自己举兵反抗的大势已去，便不再继续抵抗。最终李筠选择了引火自焚。这是一种盛行于唐末五代特有的就义方式，用这种办法赴死的五代皇帝和将领有很多。

随着泽州城破，宋军进入泽州城，李筠的残余势力，基本被宋朝正规军吞噬。北汉的宰相卫融被俘。

对于这次平定，南宋学者吕中就曾评价说，赵匡胤这次平定泽州，打通了两淮的咽喉。等到后来攻取江淮，继续将江淮门户打开。从此之后，便可以直接进取蜀地，再由此到荆、广等地，进而实现统一全国的目的。通过赵匡胤这一举动，就能看出他的雄才大略。

吕中曰："先取泽、潞，所以通两淮之咽喉；次取淮南，所以通两淮之门户。自此而平吴、蜀，自此而取荆、广，混一规模，大略亦可睹矣。"[1]

1《宋史全文》卷一。

在《续资治通鉴》当中，还记载了李筠生前的一段小事，可以为我们了解李筠这个人，提供一定的参考。据载，李筠其人性情暴躁，喜欢动用死刑。可李筠对他的母亲却特别孝顺，每次李筠被属下触怒后，便要杀人。这时候，都是其母在屏风后对李筠说，我听说你又要杀人了，不知道可不可以免除他们的死罪？每到这时候，李筠便都将所要砍杀之人释放了。从这些记载里面，也能看出李筠的另外一面。

> 李筠性虽暴，事母甚孝。每怒，将杀人，母屏风后呼筠，筠即趋至，母曰："闻将杀人，可免乎？为吾曹增福耳。"筠遽释之。[1]

宋军在泽州胜利的消息，迅速在全国传开了。然而，就在宋军节节胜利之际，赵匡胤却贬黜了一个人。

> 是日，贬中书舍人怀戎赵行逢为房州司户参军。[2]

这个人是宋朝的中书舍人赵行逢，一名朝中的大员。此前，赵匡胤带领大军翻越太行山的时候，遇到了道路阻拦，很多地方已经没办法行军，为了尽快翻越太行山，赵匡胤自己下马背石头开路。但这个中书舍人赵行逢却没有加入开路的队伍当中来，他看着大家都在背石头，自己不好意思坐在马上，便故意从马上摔了下来，装着崴了脚。这一幕被当时的所有宋军都看见了。但赵匡胤并未处置赵行逢，或许在赵匡胤看来，读书人比一般的武夫娇贵一些，也可以理解。

> 上之亲征泽、潞也，山程狭隘多石，上自取数石于马上抱之，群臣六军皆争负石开道。行逢惮涉险，伪伤足，留怀州不行。[3]

---

1 《续资治通鉴》卷一。
2 《续资治通鉴长编》卷一《建隆元年》。
3 《续资治通鉴长编》卷一《建隆元年》。

这也是此次征讨李筠的过程中，最让赵匡胤恼火的一件事。

然而，剿灭李筠后，赵匡胤命赵行逢拟圣旨，准备赏赐所有参战人员。赵行逢竟然称自己从马上摔下来，受伤写不了圣旨。这可能是将此前的谎圆满。但赵行逢的此举彻底激怒了赵匡胤。不搬石头可以，这也不是读书人干的事。可不写圣旨就不对了。拟圣旨本身就是中书舍人的职责，赵行逢的推诿扯皮到底为哪般？赵匡胤一气之下，直接将赵行逢从中书舍人贬黜成房州司户参军，连着贬黜了好多级。

> 及师还，将大有除拜，其命甚密。行逢当入直，又称疾，请于私第草制，上怒，下御史府劾其罪而黜之。[1]

当然，这次征讨李筠的结果，对赵匡胤来说依然值得高兴。尽管出现了赵行逢这样的插曲，却不影响赵匡胤的好心情。

宋军破了泽州的消息不胫而走，那些蠢蠢欲动的地方节度使，都收起了自己焦躁不安的心，注视着赵匡胤的下一步打算。

赵匡胤进入泽州后，发现经过战乱的泽州，已经一片狼藉，到处都是尸骸。一座重要的市镇，在李筠的顽强抵抗中被摧残成了废城。赵匡胤命士兵们将那些战死的尸体全部都掩埋了。还禁止军士到处烧杀抢掠，违者军法论处。整个泽州逐渐安稳了下来。

赵匡胤体恤当地的百姓，当即下旨，免除泽州的佃租，让老百姓赶紧恢复生活生产。赵匡胤又安置了几个可信之人担任泽州的地方官，让他们带领百姓们走出战后的困境。

赵匡胤此举，安定了泽州的人心，当地老百姓也都夹道欢迎赵匡胤。这种一路攻打一路安抚的策略，也可以看出赵匡胤这个新帝王的不同之处。诸州皆对赵匡胤的做法非常赞赏。

破了泽州之后，还有李筠的老巢潞州并未收复。只有将潞州也拿下，才算是

1《续资治通鉴长编》卷一《建隆元年》。

平定了李筠叛乱。此前，李筠的手下吐浑府都留后、汾州团练使王全德在泽州南被石守信和高怀德击败之后，并没有跟着李筠退守泽州，而是带领着自己的人回到了潞州，与李筠长子李守节商议据守之策。

> 初，吐浑府都留后、汾州团练使王全德帅所部从李筠战泽州南。既败，走入潞州，与筠子守节为拒守计。[1]

赵匡胤的大军围困泽州时，王全德非常害怕兵败被杀，便带人投奔了宋朝龙捷指挥使王廷鲁，此举让据守在潞州的很多李筠旧部都出城投降宋军。

> 及上围泽州，全德大惧，与亲友数十人犯关来奔，龙捷指挥使王廷鲁亦自潞州相继出降，贼势转蹙矣。[2]

这时候，潞州实际只剩下了李守节一个人在据守。于是，赵匡胤带着大军向潞州开拔。

此时，李守节并没有主动投诚的意愿，而是继续据守潞州，等待变故。不过李守节等来的却是父亲李筠战死的消息。现在，摆在李守节面前的路有两条，要么死战到底，宁可战死决不投降，要么识时务者为俊杰，主动投降宋朝。

那么，李守节会选择主动投降，还是举兵反抗呢？

1《宋史全文》卷一。
2《续资治通鉴长编》卷一《建隆元年》。

第七章

李筠后续

卜之不吉，则如之何？

不免，安置之，系而待。

——《穀梁传·哀公元年》

1. 安置李守节

对于李守节的态度，赵匡胤猜不透，所以，还是要兵发潞州。只有宋军收编潞州，李筠的造反才算得上真正被平定。于是，在泽州做了短暂休整的赵匡胤，开始命人进攻潞州。

先有李筠兵败，后有王全德投降。此时的李守节，已经成了孤家寡人，他不能与赵匡胤率领的大军直接硬碰硬。李守节对自己的处境很清楚。当赵匡胤率领大军到达潞州时，李守节没有抵抗，直接命人开门投诚，向赵匡胤请罪。因为有过之前面圣的往事，赵匡胤选择了对李守节网开一面，赦免了李守节的罪责，并让他担任单州（今山东省单县单城镇）团练使。

丁亥，筠子守节以城降，上赦其罪。升单州为团练，用守节为使。[1]

李守节成了李筠家族中最得善终的一个人。李守节被安置之后，历史上便很少再有其人其事的记载。

当天，赵匡胤的车驾到了潞州，进入了李筠原来的行宫——潞州行宫，并在此设宴款待这次跟着他平定李筠的重臣。

是日，车驾入潞州，宴从官於行宫。[2]

赵匡胤命人在潞州暂时休整，也顺便观察一下天下大势。李筠的平定，给了赵匡胤无比的信心，一个稳定的大宋朝，已经建立了。如今整个南方，还有一个李重进，在蠢蠢欲动。但刚刚平定了李筠，李重进断然不会轻易举兵反叛。他不能继续做第二个李筠。

不久，赵匡胤便下了一道特赦令：对于这次战争中的罪犯，依照律令减轻死罪囚犯罪刑，流刑以下释放。免除潞州附近三十里以内一年赋税。原来那些在后周显德二年荒废的寺院，不再重新修建，没有被废弃的寺院庙宇，继续维持原状。

辛卯，德音："降死罪囚，流以下原之。潞州近城三十里内勿收今年田租。诸路州府寺院经显德二年停废者勿复置，当废未毁者存之。"[3]

这里面的"德音"二字，解释为"特赦令"。这是赵匡胤为潞州颁布的第一条特赦令，也是安定天下的一种策略。不追究相关罪犯的刑事责任，让那些罪行较轻的人员都回家务农，发展农桑，这也体现出了赵匡胤的大度和对百姓的理解。由此，整个潞州也平定了下来。对于在潞州的李筠旧僚，赵匡胤也采取了

1《续资治通鉴长编》卷一《建隆元年》。
2《续资治通鉴长编》卷一《建隆元年》。
3《续资治通鉴长编》卷一《建隆元年》。

安抚政策，让他们继续在当地为官，但必须服从赵匡胤留下的镇守潞州之人的领导。

赵匡胤将一切都处置得井井有条。然而，在处置罪犯的时候，有一个人的安置工作却难住了赵匡胤。这个人就是李筠的爱妾刘氏。此时，刘氏有孕在身，怀的是李筠的孩子。相传刘氏也是深明大义之人，在赵匡胤攻破泽州以后，李筠看到大势已去，决定引火自焚，刘氏作为李筠的女人，本来没打算独活，也想与李筠一起赴死。可是却被李筠拦住了，李筠知道赵匡胤所忌讳的不过是他一人而已，刘氏肚子里的孩子是无辜的，赵匡胤既然连周世宗的孩子都能容忍，肯定也会放过他的孩子。为了肚子里的孩子，刘氏选择活下来。

李筠爱妾刘氏与李筠在泽州的一段对话，被《宋史》记载了下来，可以看出刘氏的为人。宋军攻打泽州时，刘氏曾经问李筠："你身边还有多少人马？"李筠不知刘氏如此询问是何道理。刘氏便对李筠说："如今泽州城危在旦夕，朝不保夕，将军若有数百匹马，则可以突围出去，退守上党（潞州）。"

刘氏还列举了退守上党的优势，她觉得上党城墙坚固，而且临近河东之地，也方便向北汉求援，如今将军与其死守泽州，不如走上党，这样的事情，还有什么可犹豫的？李筠同意了刘氏的意见。等李筠出去查点马匹时，发现身边还有数千匹战马。于是，李筠打算带着这些马，突围退守上党。但李筠的撤退计划遭到了手底下那些将士的阻拦。他们拦住李筠说："如今在泽州城里的人，都与将军同心同德，共同抗击宋军，若大王执意出城突围，那您身后这些人势必会开城投降，到时候大王后悔的机会都没有。"这一说，便将李筠拦住了。李筠不愿看到这些跟着他打江山的将士成为赵匡胤的俘虏，便没有动身退守上党。然而，第二天，宋军就攻陷了泽州，李筠想走也走不了。于是，李筠引火自焚。因为刘氏怀有身孕，李筠命人将刘氏带走。赵匡胤进城时，刘氏便被俘虏了。

泽州之未破也，筠爱妾刘氏谓筠曰："军州马尚有几何？"筠曰："汝何问为？"刘氏曰："今孤城危迫，旦暮且破，若得马数百匹，尚可以犯围走保上党，上党楼堞坚固，且近河东，易於求援，与其守死，不犹愈乎？"筠然之。料见马且千匹，将出，左右或阻之曰："今在帐前之人，皆云与大王同心，一旦出城，劫大王降敌，其可悔乎！"筠犹豫未决。明日城陷，筠走赴火，刘氏将从之，筠以其有娠，麾之使去。[1]

从这段记载中，也可以看出这个刘氏，绝非贪生怕死之人。

当赵匡胤手底下人俘获了刘氏之后，询问出了她的身世。毫无疑问，刘氏肚子里的孩子是李筠的。身边的大臣们都建议"斩草除根"，但赵匡胤不想对这个还未出世的孩子施以毒手，这与他温和的手腕不相符，况且治理国家，也不能仅仅凭借杀戮。赵匡胤便将李守节招至行营，询问李守节如何处置这件事。

李守节表示他没有儿子，愿意将刘氏买回去，悉心喂养孩子，保证不会出现各种赵匡胤担心的事情。对于李守节的这种回答，赵匡胤还算比较满意。于是，赵匡胤爽快地答应了李守节的请求，将刘氏赐给了李守节。后来刘氏生下了这个孩子，将他抚养成人，最后在这个孩子去世前，才将他的身世告诉了他。

守节无子，购得之，生子，卒为筠后。[2]

赵匡胤对此次兵变的参与者，都采取了既往不咎的策略，只要这些人都真心归顺，以前跟随李筠反叛的事情，也就一笔勾销。那些此前收受李筠钱财的武将，也将李筠曾经给他们的钱都上交给了朝廷，同时纷纷伏地请罪。对于这些人，赵匡胤依然选择了既往不咎，这让这些人既战战兢兢，又感激涕零。

不久，赵匡胤又下了一道圣旨，除了免除潞州之地的年租，还对那些在本次平定李筠战争中战死的将士子孙进行了补录，让他们接替父兄之职位。

辛卯，大赦。免附潞三十里今年田租，录阵殁将校子孙，丁夫给复三年。[3]

1《续资治通鉴长编》卷一《建隆元年》。
2《续资治通鉴长编》卷一《建隆元年》。
3《续资治通鉴》卷一。

之后李筠被赵匡胤击败引火自焚的消息传至太平驿，驻守在太平驿的刘钧便马不停蹄地返回了国都晋阳。赵匡胤这么短时间内将李筠叛乱平定，也是刘钧所没有预料到的。这时候的刘钧有些懊恼，他对赵华说："李筠无谋，果然被爱卿料到，幸好我们北汉的大军都全部退到了国内，只可惜卫融和卢赞都成了牺牲品。"

> 北汉主闻筠败，自太平驿遁还晋阳，谓赵华曰："李筠无状，卒如卿言。吾幸全师以归，但恨失卫融、卢赞耳。"[1]

这时候，刘钧开始考虑自己的前途，毕竟李筠这个帮手已经靠不住了。赵匡胤稳定国内大局之后，北汉也将是赵匡胤统一全国需要拿下的目标。刘钧在思考着北汉的前途。有个叫华旋的官员，请求退休，刘钧准许了他的请求，并让华旋一直享受工资待遇到去世。但卫融被宋朝俘获，让刘钧懊悔不已，眼下北汉得马上确立新的宰相人选，否则，国家大事将无人可领政。随即刘钧便让翰林学士承旨、兵部尚书赵弘担任中书侍郎，继续兼任兵部尚书、平章事。也就是说，赵弘成了北汉的宰相。

> 华旋请老，使食禄终身。北汉主以翰林学士承旨、兵部尚书蓟人赵弘为中书侍郎、兼兵部尚书、平章事。[2]

此时，一直以局外人身份看戏的契丹，对于赵匡胤剿灭李筠的举动也震惊了。李筠起兵反宋之事，契丹尽管没有出兵，但一直也在观察事态动静。李筠被赵匡胤迅速击败，是契丹没有料到的。他们本想着在李筠与赵匡胤打得不可开交之时，顺手偷袭一把宋朝，若能将关南之地收复最好不过。可李筠已被赵匡胤击败，契丹便将准备集结于幽州的大军调了回去。

1《续资治通鉴长编》卷一《建隆元年》。
2《续资治通鉴长编》卷一《建隆元年》。

至此，李筠反叛事件，基本处理完毕。赵匡胤准备返回汴京。但回汴京之前，昭义节度使（潞州）的职位人选，还没有定下来。有了李筠的反叛，赵匡胤开始对地方上武将们保持了一份警惕。所以，在潞州这地方，不能继续安置后周旧将，而要安置自己的人，这样他才能放心处理其他事宜。

2. 卫融留置宋朝

遇到问题的时候，办法也就到来了。

没过几天，安国节度使李继勋也到潞州参拜赵匡胤，顺便了解剿灭李筠之事。李继勋是赵匡胤"义社十兄弟"之一，一直与赵匡胤的关系非常要好，在赵匡胤发动兵变时也出过力。这时候赵匡胤便乘机将其封为昭义节度使，把李筠的这一大片土地，交给了李继勋，让他负责管理。

> 癸巳，安国节度使元城李继勋来朝；乙未，命为昭义节度使。[1]

李继勋便按照赵匡胤的安排，留在了潞州，镇守着整个宋朝的北大门，从此他将与北汉和契丹不断交手，成为北宋赫赫有名的将领。

安排了潞州的留守事宜后，赵匡胤准备往回走。毕竟潞州不是久留之地，还得赶紧回到汴京去处置政务。从五月份离京出发，已经快两个月了。京城一切是否安好呢？

赵匡胤重新踏上了返回京城的道路。一路南下，赵匡胤感慨万千。可此时，也容不得赵匡胤有更多的情感抒发，他要迅速将国家的一切事务都捋顺。

七月底，赵匡胤回到了汴京。好在京城一如往常，吴延祚和吕余庆将京城治理得井井有条，社会风气持续好转。而赵光义统领的中央禁军，也没有出现任何不良苗头。

1《续资治通鉴长编》卷一《建隆元年》。

此时，被俘获的北汉宰相卫融还没有处理。赵匡胤回汴京时，将卫融一同带回了汴京。最初，赵匡胤想着放卫融回去，与北汉暂时冰释前嫌。但是不久前，赵匡胤听说刘钧已经让赵弘担任了宰相之位。这时候即便卫融回去，也没有安置之地。

赵匡胤得知卫融这个人有能力，弃之不用很可惜，赵匡胤还想利用卫融。

赵匡胤责问卫融说："你教唆刘钧协助李筠反宋是何道理？"卫融从容以对："狗各叫各的是各为其主，如今我们卫氏一族四十余口都深受刘氏皇恩，我不想辜负北汉对我的器重。"卫融还说："我是不会为陛下您效力的，请速速派人将我诛杀。若你不杀我，我会想尽办法，回到北汉，继续为北汉效力。"赵匡胤听了卫融的话，非常愤怒，便命侍卫拿着铁器击打卫融头部，卫融被重击，头破血流。卫融大声喊叫，我死得其所。

> 初，卫融之被执也，上诘融曰："汝教刘钧举兵助李筠反，何也？"融从容对曰："犬各吠非其主，臣四十口衣食刘氏，诚不忍负之。"陛下宜速杀臣，臣必不为陛下用，纵不杀，终当间道走河东耳。上怒，命左右以铁挝击其首，流血被面。融呼曰："臣得死所矣。"[1]

赵匡胤看看身边的人，对那些人说："如此看来卫融是忠臣，把他释放了吧。"卫融便逃过一劫。赵匡胤命人用良药医治卫融的伤口，并让卫融给北汉刘钧写书信，要用卫融换此前留置在北汉的宋朝大臣周光逊等人。信传到北汉之后，刘钧并未采纳。于是，赵匡胤便对卫融以礼相待，希望卫融看清事实，为宋朝效力。卫融被赵匡胤的礼贤下士感动，表示愿意为宋朝效力。

不久，赵匡胤便命卫融为太府客卿，留在了赵匡胤身边。

> 上顾左右曰："此忠臣也，释之。"命以良药傅其疮，因使融致书北汉

1《续资治通鉴长编》卷一《建隆元年》。

主，求周光逊等，约亦归融太原，北汉主不报。辛亥，以融为太府卿。[1]

这时候，宰相范质的眼病犯了，无法上朝处置国事。赵匡胤便让范质在家好生休养，等到眼疾好了再上朝。赵匡胤赏赐了范质黄金二百两和价值千余的白金器皿，两千匹绢，再赐钱百万。这种赏赐，也是温暖人心的举动，因为赵匡胤此时还得依靠前朝的这三位宰相。

壬子，幸宰相范质第视疾，赐黄金器二百两，白金器千两，绢二千匹，寻复赐钱百万。[2]

在赵匡胤处置李筠反叛之事期间，还发生了一件趣事。后周的赵国公李谷一直处于惶惶不可终日中。此人素有大才，深得郭威器重，一度让他担任宰相。后来在随周世宗南征时，李谷因为身患重病，而卸任宰相。柴宗训继位以后，加封他为赵国公。李谷不愿意继续待在朝廷，力请返回洛阳居住，安度晚年。朝廷准许了李谷的请求，并赐他钱三十万。此后，他便一直在洛阳居住。

恭帝即位，加开府仪同三司，进封赵国公。求归洛邑，赐钱三十万，从其请。[3]

赵匡胤发动兵变时，李谷因为左右不了事态发展，只能冷眼相看赵匡胤的兵变。李谷相信，他已经成了退休人员，在洛阳闲居，想来赵匡胤也不会为难他。

后来李筠起兵反宋，李谷才紧张起来了。因为李谷与李筠的关系非同一般，在柴宗训时代，李谷刚刚到洛阳居住的时候，李筠经常称呼李谷为宰相，并给李谷资助了五十万钱，以及一些物资。李谷收取了这些钱物。

1《续资治通鉴长编》卷一《建隆元年》。
2《续资治通鉴长编》卷一《建隆元年》。
3《宋史》卷二百六十二《李谷传》。

前司空赵国公汝阴李谷，初归洛阳，李筠以谷周朝名相，遗钱五十万，它物称是，谷受之。[1]

听说李筠引火自焚后，李谷便陷入了惶惶不可终日当中。若没有之前李筠资助的事情，李谷还可以摆脱嫌疑。这时候，李筠已死，他李谷就是李筠的同党。夙夜忧叹中，李谷身体便垮了，日日消瘦。不出几日，他便一命呜呼了。赵匡胤听闻李谷去世的消息后，废朝一日，追赠李谷为侍中。

及筠叛，谷忧恚发病，乙卯卒。帝为废朝一日，赠侍中。谷雅善议论，辞气明畅，尤能知人，汲引寒士，多至显位。[2]

整个七月，宋朝都沉浸在平定李筠叛乱的喜悦当中。赵匡胤自然也非常高兴，他当时派出的很多人，在平定李筠之乱中都起到了很大的作用。很多武将也都竭尽所能。所以，赏赐自然不能少。

不久，赵匡胤便在讲武殿召集群臣，赏赐这些人平定李筠之功。韩令坤、慕容延钊、石守信、高怀德等人都得到了赏赐。群臣在讲武殿饮美酒，欢歌舞，非常尽兴地喝着酒。赵匡胤在每一次行动之后，都会款待群臣，这是历代皇帝中非常少见的。但凡国家有点事情，赵匡胤都设宴，以国家的名义招待群臣。这大概与赵匡胤出身禁军有关系，再加上赵匡胤本人喜欢喝美酒。

这时，忽然从契丹传来了一个惊人的消息，对赵匡胤来说，这样的消息是他需要的。消息称：辽国的政事令耶律寿远、太保库阿布等人，意图发动谋反，结果被契丹国主发现，很快便平定了这次叛乱。这些人也都得到了应有的制裁。

辛酉，辽政事令耶律寿远、太保库阿布等谋反，伏诛。[3]

1《续资治通鉴》卷一。
2《续资治通鉴》卷一。
3《续资治通鉴》卷一。

赵匡胤之所以喜欢这样的消息，主要还是觉得，目前宋朝还没有能力与契丹抗衡。他希望契丹国内不太平。只要存在各种叛乱，契丹便抽不出手来骚扰宋朝，他就可以实现稳定国家的目标，进而收编周围的那些小政权。

契丹国内出现了不稳定因素，这让契丹国主也非常不安，他在黑山祭祀天地，希望可以稳定国家内政。

> 辽主以酒脯祀天地于黑山。[1]

3. 郭崇的归宿

此时，剩下最后一个后周旧臣没有安置。这个人就是郭崇。郭崇是成德节度使，也是后周的重要军事力量之一。一直以来，郭崇在心里对赵匡胤的兵变受禅有些抵触。当初听闻赵匡胤发动陈桥驿兵变后，他哭哭啼啼，怀念后周时代太祖郭威和世宗柴荣对他的礼遇。

> 初，成德节度使金城郭崇闻上受禅，时或涕泣。[2]

赵匡胤建立宋朝后，自然不会再像以前后周君主一样对他那般信任了。郭崇的这种举动，让他手底下的智囊团们非常担忧。犹豫不决，只能错失良机。

郭崇的监军陈思诲向赵匡胤汇报了郭崇的动态。陈思诲在密报中声称，郭崇驻军距离常山比较近，希望尽早部署，以防郭崇投奔契丹。

> 监军陈思诲密奏其状，且言常山近契丹，崇怀怨望，宜早为之所。[3]

1《续资治通鉴》卷一。
2《续资治通鉴长编》卷一《建隆元年》。
3《续资治通鉴长编》卷一《建隆元年》。

收到关于陈思诲的密报之后，赵匡胤对群臣说："朕知道郭崇这个人讲恩义，他如今继续担任宋朝节度使，自然是感激我继续留任他。"赵匡胤虽然对群臣这样说，但他还是对郭崇不放心。不久，赵匡胤便派出使臣，探知郭崇的动静，尤其要掌握郭崇的情绪。

其实，对于郭崇的心理，赵匡胤也知悉，毕竟他们曾经都是后周的大将，但这时候的赵匡胤，不能对郭崇施加压力，他不希望郭崇成为第二个李筠。李筠虽然身死，但其叛乱造成的损失，也是显而易见的。如果有可能，赵匡胤还是希望将郭崇拉到自己的阵营当中。

听闻赵匡胤派出使臣到达了自己的地盘，郭崇显得非常紧张，他不知道该如何对待。郭崇自然知道这是前来试探他的，可到底接不接见赵匡胤的使臣呢？非常慌乱的郭崇，向他的手底下人征求意见，郭崇对他们说："赵匡胤派出使臣前来，若要罢了我的节度使，你们觉得我该如何做？"

> 崇闻有使至，忧懑失据，谓左右曰："苟使命不测，将奈何？"[1]

郭崇的那些智囊，也不知如何应对。观察判官辛仲甫对郭崇说："赵匡胤发动兵变之后，后周官员都官居原位，当时你积极响应，处置安抚军民，遵守朝廷制度，这时候，朝廷若要给你加罪，是没有道理的，不用惧怕。等到使臣到了，我们极尽礼数招待，按照制度办事，向他们表明我们归顺宋朝的态度，相信这些使臣们一定能够看到。"

> 左右莫对，观察推官辛仲甫曰："公首效诚节，且军民处置，率循常度，朝廷虽欲加罪，何以为辞？使者若至，但率官吏郊迎，尽礼致恭。淹留伺察，当自辨明矣。"[2]

---

[1]《续资治通鉴长编》卷一《建隆元年》。
[2]《续资治通鉴长编》卷一《建隆元年》。

　　这里简单介绍一下辛仲甫这个人。他是汾州人，当年郭崇在澶州任职的时候，辛仲甫就是郭崇的书记官，被郭崇信任。当时有个厢虞候的官员，杀了两个平民百姓。受害者家属便到官府告状，称家里人被无端杀害。因为这个厢虞候是郭崇的亲信，那些官员们不敢处置他。郭崇知道了这件事，询问辛仲甫的意见。辛仲甫强烈建议郭崇抓捕厢虞候。但当时的那些案件审理之人受了厢虞候的好处，意图替厢虞候开罪。辛仲甫找到郭崇，并对他说："如今平民百姓被杀害，我们又要诬陷他们，实在不该，我们应该将厢虞候及为他开罪之人都予以处置，为老百姓洗刷冤屈，这样我们的公信力才不会失去，百姓才会继续相信我们。"最终，郭崇采取了辛仲甫的意见，将一干人等悉数捉拿归案。

　　　　仲甫，汾州人。崇前在澶渊，仲甫为掌书记。

　　　　厢虞候劫部民二人杀之，其家诉言阴识贼魁。而厢虞候者，崇亲吏也，吏不敢诘。

　　　　仲甫力请捕之，案治有状，吏犹稽缓，欲变其狱。仲甫抗白崇曰："民被寇害，又使自诬，重伤甚矣，焉用僚佐！请易其狱吏，以雪怨愤"。崇大感悟，即遣司法掾李濯移鞫之，正其罪，置於法。[1]

　　郭崇此举，赢得了老百姓的爱戴。这时候，郭崇才意识到辛仲甫的过人之处，便对辛仲甫愈加器重了。

　　故而，这一次辛仲甫说要款待赵匡胤的使臣，并表现出自己的忠心，郭崇便采纳了。

　　辛仲甫的话，让郭崇的心里有了稍许宽慰。在赵匡胤兵变后，他的确是这样做的，若这时候赵匡胤给他无端地罗织罪名，天下人都看着赵匡胤不会让人说他容不下后周大臣的。

　　于是，郭崇便将赵匡胤的使臣邀请到了自己的办公地，并带领着自己手底下那些官僚接见赵匡胤的使臣。整个接待过程都非常周到，礼数也都做得非常到

1《续资治通鉴长编》卷一《建隆元年》。

位，让赵匡胤的使臣没办法挑出毛病。这些使臣将郭崇对待他们的态度，悉数看在眼中。等这些使臣回去之后，郭崇还是不放心。辛仲甫让郭崇等待，一切都在掌控当中，如果不出意外，郭崇很快会得到赵匡胤的调任。到时候，只要见机行事便可保得全家性命。郭崇半信半疑，等待着朝廷对他的进一步"处置"。

使臣回到汴京后，将郭崇对待他们的态度，以及郭崇的情绪，悉数告知了赵匡胤。

> 使者审崇无他，即归奏之。[1]

听了几位使臣的话，赵匡胤放心了。赵匡胤对大臣说："朕知道郭崇是一个识时务的人，他不会反宋的。"

不久，赵匡胤便宣郭崇进京面圣。这时候的郭崇依然非常担忧自己的命运，但他的智囊团，却都建议郭崇前往汴京面见赵匡胤，并要表示出对宋朝的忠心，让赵匡胤放心。于是，郭崇便进京面圣。

赵匡胤对郭崇赏赐一番，旁敲侧击地让郭崇识时务，良禽择木而栖。郭崇战战兢兢地表示，要顺应时代潮流，为宋朝做出自己应有的贡献。郭崇安置之事，便告一段落。

又过了几天，赵匡胤对镇州（今河北省正定县）的守将们进行了调整，赵匡胤任命宣徽南院使昝居润为镇州知州。

> 是日，命宣徽南院使昝居润权知镇州。[2]

这也是将郭崇调离原岗位的策略。周恭帝时期，郭崇和孙行友作为镇定地区的驻守大将，曾在建隆元年的正月初一上报过契丹入境的消息，赵匡胤也依靠这个消息，成功发动了兵变。这时候，赵匡胤让昝居润代替郭崇，说明赵匡胤对郭

1《续资治通鉴长编》卷一《建隆元年》。
2《续资治通鉴长编》卷一《建隆元年》。

崇这个人不放心。这也让郭崇处于一种尴尬的境地。

五年后，郭崇便去世了。

> 干德三年，卒，年五十八。太祖闻之震悼，赠太师。[1]

4.八月是个调任季

赵匡胤平定李筠之后，那些周边的小国，开始向宋朝靠拢。这些摇摆不定的周边政权再不敢小觑宋朝的实力。南唐在与宋朝交好方面走在了时代前列，李璟派出使臣出使宋朝，祝贺赵匡胤平定潞州、泽州叛乱。

> 乙丑，唐主景遣使贺平泽、潞。[2]

赵匡胤以胜利者的姿态接受了李璟送来的祝贺。在赵匡胤看来，不管李璟是否真心祝贺，李筠叛乱被平定都给包括南唐在内的南方政权，释放出了一种信号：宋朝并不弱。从此，他们不再将宋看成一个竞争对手，而是看成有实力统一中原的政权，他们得时刻提防着宋朝率师侵袭他们的家园。在这种情况下，与宋朝拉近关系，成了一种必然之举。

当年柴荣在世时，这些小国就有过这样的想法，一直与后周相处融洽。柴宗训即位后，这些小国统治者稍稍缓了一口气，他们知道柴宗训不是周世宗，也没有那么强硬的手段，小国们对后周也有摆脱之意。可赵匡胤发动的兵变，让所有人措手不及。如今是赵匡胤的统治时代，赵匡胤本人的智慧，不低于柴荣，政治手腕和柴荣一样强硬。小国的统治者们就要想办法，与宋朝搞好关系。所有人都清楚目前自己的处境。此时，南唐毗邻宋朝，他们就显得更迫切了。不久，李璟

1《宋史》卷二百五十五《列传》第十四。
2《续资治通鉴长编》卷一《建隆元年》。

又派出礼部郎中龚谨仪出使宋朝，带着上贡的金银财宝，也带着李璟的诚意。

> 丁卯，又遣其礼部郎中龚谨仪来贡乘舆服御物。[1]

赵匡胤安抚了南唐使臣，希望他们继续做宋朝的附属国，不要有任何异想，那样宋朝自然会与南唐和平相处下去。

其实，此时的赵匡胤对南唐并没有担心，最令赵匡胤担心的是，那些由后周地方节度使转任的官员。李筠是跳起来反抗的，郭崇也有些危险的想法，只是赵匡胤处置得及时，没有酿成再次兵变。

南方还有李重进，一直在蠢蠢欲动。所以，对各地方节度使进行调整，迫在眉睫。只有将这些地方主官都换成自己的人，才能保证国家真正享受和平局面。否则整天处置的都是这些边患问题，国家何时才能安定下来？

这时候，从河阳传来了消息，河阳节度使赵晁身患重疾，想回到京师修养。赵匡胤同意了赵晁的奏请，准许其进京。赵晁进京后，病情并未好转，一直被病痛折磨着。不久，他便病逝了。赵匡胤听闻赵晁去世，亲自到赵晁家里吊唁。赵匡胤先追赠赵晁为太子太师，后来又改追赠其为侍中。

> 河阳节度使、真定赵晁以疾归京师，是月卒。上甚悼焉，初赠太子太师，再赠侍中。[2]

赵匡胤政变半年之内，也有些官员在岗位上去世，赵匡胤对能追赠的，都予以追赠了。可赵匡胤为何偏偏在赵晁去世后，两次追赠他官职呢？按说，这个赵晁只是资历老，并没有多少功业。原来赵晁与赵匡胤的父亲赵弘殷曾经都在后周初年的时候，执掌禁军，算是中央禁军高官。两人关系也比较好，只是赵弘殷去世早。对于赵晁，赵匡胤有着父亲一般的感情，这才对赵晁格外器重，两次追封

1《续资治通鉴长编》卷一《建隆元年》。
2《续资治通鉴长编》卷一《建隆元年》。

他。这在宋朝的历史中，也非常少见。

> 但以周初与宣祖同掌禁军，有宗盟之分，故蒙优礼，再加赠典，非常例也。[1]

说白了，就是赵昷沾了赵弘殷的光。毕竟这种做法，会让其他人觉得不公平，是赵匡胤不遵守相关制度。此例只能破此一次。这也反映出赵匡胤有时候有感性处理问题的短板，以后他得逐渐克服这一弱点。

不久，赵匡胤再次在广德殿设宴招待近臣。恰逢其时吴越、南唐派遣使臣出使宋朝。赵匡胤便一并邀请他们参加宴会。以后，其他地方使臣前来出使宋朝，在广德殿设宴也成了一种制度。

> 庚午，宴近臣于广德殿，江南、吴越朝贡使皆预。自是，江南、吴越使来朝，即宴如例。[2]

但这时候，赵匡胤心里考虑的还是地方各节度使的调任问题，以及重新设置边境一些地方守军问题。比如，贝州曾经是永清军节度之地，但后周曾将永清军撤掉。赵匡胤恢复贝州永清军节度。

> 壬申，复升贝州为永清军节度。[3]

当天，赵匡胤还到了玉津园游览。

赵匡胤每次遇到问题时，都要召集几个重要的大臣商议对策，群策群力，让解决事情的办法更臻于完善。不过，这次并未商议重要事务，只是单纯游玩、散心。然而，在玉津园游览之后，就出现了持续干旱，京城一带多日不见雨，庄稼

1《续资治通鉴长编》卷一《建隆元年》。
2《续资治通鉴长编》卷一《建隆元年》。
3《续资治通鉴长编》卷一《建隆元年》。

不同程度受到影响。地方官们将受灾情况及时上报给了朝廷。八月份，是秋收秋种的重要季节，不下雨便无法播种。人没有粮，心里就慌。随即，赵匡胤命人在京城的各个寺庙开展祭祀活动，祈求上苍降雨。可能是朝廷的祭祀活动起了作用，不久就下了几天大雨，解决了朝廷的干旱问题。

赵匡胤在一边处置其他政事的时候，一边将主要精力放在了官员之间的调整上。归根结底，国家的一切都需要官员来完成。此前，尽管想尽了一切办法对这些人或调任，或调离，但赵匡胤心里还是不放心。

前文提到过的那个被赵匡胤想办法调出京城的袁彦，又成了麻烦。这个袁彦，本身就与赵匡胤不和。当初赵匡胤意图在陈桥驿发动兵变前，便设计将袁彦调出了京城。如今，赵匡胤对后周那些节度使要进行大换血，袁彦自然是其中之一。此时，袁彦在陕西与河南交界处担任保义节度使[1]。赵匡胤派人了解了袁彦履职情况。这是赵匡胤对每个后周大将调任之前必须做的事情，即派出使者到地方节度使任职的地方，了解他们的履职经历、思想动态等。

使者反馈的消息称，袁彦在河东任职期间，性情大变，听信身边小人的谗言，不断制造事端，当时陕西之地的人，都非常惧怕袁彦。更让赵匡胤不放心的是，袁彦在他发动兵变建立宋朝之后，整日操练兵士，修整战备武器。这时候的赵匡胤，害怕袁彦反叛，便将身边的亲信潘美安排在了袁彦身边，担任袁彦的监军，观察袁彦的言行，以防袁彦突然举兵反抗。

> 保义节度使河东袁彦，性凶率，政出群小，陕人患之。及闻禅代，日夜缮甲治兵。上虑其为变，命潘美往监其军，遂图之。[2]

赵匡胤本打算给潘美一些武士，跟着去袁彦节度之地。但潘美表示他只身前往即可，若袁彦真有反叛之心，也不会一直等到现在。想来还是袁彦害怕宋朝，尤其是李筠反叛被剿灭之后，袁彦更是惧怕宋朝。若带一些武士，反而会让袁彦

---

1 保义节度使又叫陕虢节度使，原为陕虢观察使，为唐朝、五代在今河南省、陕西省之间设立的节度使。

2《续资治通鉴长编》卷一《建隆元年》。

心生疑虑。潘美的态度很明确，自己一个人便能完成这件事，人多了反而会破坏计划。

于是，潘美一个人骑着马去了袁彦节度之地。等到进了城，便差人去请袁彦，当面向袁彦传达了圣意，要求袁彦到朝廷去面圣。潘美还给袁彦分析了天下大势，说赵匡胤代周立宋是天命所归，不宜再与赵匡胤对着干。袁彦便穿了官服去了汴京。赵匡胤听闻这件事之后，非常高兴，对着身边的人说，潘美没有杀袁彦，正符合我的意思。之后，赵匡胤便让袁彦担任彰信节度使。

> 帝喜，谓左右曰："潘美不杀袁彦，成我志矣。"丙子，徙彦为彰信节度使。[1]

袁彦只是一个开始，接下来，赵匡胤便开始了其他地方节度使的调任工作。

不久，赵匡胤让忠正节度使、兼侍中杨承信担任护国节度使（驻地在河中，今山西省永济市）。这个杨承信在后周时，也是挂职宰相头衔的地方节度使，名望不低。他跟着赵匡胤亲征李筠，实力不容小觑。赵匡胤这次调任他到别的地方担任节度使，也是希望杨承信离开自己盘踞多年的地方，到一个陌生的地方任职，这样才能让赵匡胤放心。

面对赵匡胤的调任，杨承信不敢有丝毫的马虎，只能到河中去任职。

但杨承信到达河中后不久，便有传言称他要谋反。这样的消息让赵匡胤非常惧怕，那些地方节度使也非常害怕。赵匡胤是坚决不允许有人谋反的。不过消息既然传出来了，不管是真是假，一定要派出人去调查。若无其事，就还杨承信一个清白，若果有其事，亦可趁早做打算。

赵匡胤派出作坊副使魏丕去调查这件事。但这种调查，只能秘密进行，不能让杨承信知道。赵匡胤还给魏丕下了密令：凡事尽量忍让，不要逼迫杨承信举起反抗大旗。魏丕自知责任重大，不敢马虎，到达了河中后，便主动表明身份，还在杨承信生日的当天，带给了杨承信御赐的礼物。杨承信感恩赵匡胤，邀请魏丕

1《续资治通鉴长编》卷一《建隆元年》。

加入寿宴。以后几日，魏丕观察杨承信的举动，发现他并没有反叛的意思。魏丕便回到京城面见赵匡胤，将自己的所见所闻汇报给了赵匡胤，赵匡胤便不再盯着杨承信了。

> 承信至河中，或言其谋反，帝遣作坊副使魏丕赐承信生辰礼物，因察之，还，言承信无反状。承信因是获殁于镇。[1]

处理完杨承信的事情，下一个需要安置的人便是张永德。对于张永德，赵匡胤有着非常复杂的感情。张永德和他一起成为后周的禁军高官，甚至有一段时间，还是他的顶头上司。那时候，赵匡胤与张永德的关系，就相处得比较融洽。

据《续资治通鉴长编》记载，后周显德末年，有个地方术士曾经偷偷给张永德说，赵匡胤有受命之符，张永德就有了拥戴之意。那时候，赵匡胤打算迎娶他的第二任妻子王氏，张永德便给了赵匡胤数千金钱。

> 初，显德末，有方士私谓永德言上受命之符者，永德在军中谮意推奉。将聘孝明皇后，永德出缗钱金帛数千，以助纳采，上甚德之。[2]

但这种记载并不符合史实，若果真当时有江湖术士称赵匡胤是真命天子，赵匡胤还能活命吗？因为此时柴荣还活着。赵匡胤迎娶王氏后，因其行为品行较好，柴荣还加封王氏为"琅琊郡夫人"。

> 孝惠崩，周显德五年，太祖为殿前检点校，聘后为继室。后恭勤不懈，仁慈御下。周世宗赐冠帔，封琅琊郡夫人。[3]

若这时候有人说赵匡胤是天子的人选，那周世宗还不将赵匡胤诛杀？而张永

1《续资治通鉴长编》卷一《建隆元年》。
2《续资治通鉴长编》卷一《建隆元年》。
3《宋史》卷二百四十二《列传》第一。

德当时会不会拥立赵匡胤为皇帝，不好分说。

这段历史如此记载，还是为了给赵匡胤兵变找理由。这也看得出，宋朝的各种史籍，其实还是受官方主流意识形态所左右的。

不过，赵匡胤与张永德的关系，确如史籍记载的那样友好。用现在的话说，就是铁哥们儿。赵匡胤不仅在军营当中有"义社十兄弟"，还与后周的那些高级将领之间，形成了一种非常要好的关系，这也是他能兵不血刃成功政变的一个原因。

因此，赵匡胤建立宋朝以后，对张永德非常器重。各种恩宠都降临在了张永德身上，其他的后周旧臣，得宠程度与张永德不可同日而语。

　　于是，自许来朝，命改镇邓，恩宠优渥，旧臣无与比者。[1]

这时候，赵匡胤便宣召张永德进京面圣，张永德就到京城去面见赵匡胤了。不过这一次，赵匡胤是以开国皇帝的身份召见张永德，而不是以原来张永德属下的身份。赵匡胤对于张永德这个人，还是比其他人更看重。赵匡胤设宴招待了张永德，打发了身边所有人，两个人在一起喝酒，觥筹交错间，都喝醉了。赵匡胤便称呼张永德为驸马，张永德虽然有些惧怕，但他从赵匡胤的眼神中，看不到任何试探他的意思。

　　其后复入觐，召对后苑，道旧故为乐，饮以巨觥。永德妻，周太祖女晋国公主也，但呼驸马而不名。[2]

酒酣之际，赵匡胤看了看张永德的穿着，已经没有他们一起南征时的神气，便问张永德说："驸马，你的通天犀带哪里去了？"

据说当时张永德有一条通天犀带，经常戴在身上。但这次进京面圣，赵匡胤

1《续资治通鉴长编》卷一《建隆元年》。
2《宋史》卷二百四十二《列传》第一。

却发现张永德腰间的通天犀带已然不见踪迹。所以赵匡胤才有此询问。听到赵匡胤询问，张永德略显尴尬地说："以前征讨江淮的时候，我曾使用过公款二十万，征讨结束后，我就将通天犀带卖了，还了这二十万的公款，也算没有贪污腐败。"听闻张永德将通天犀带换作钱财还账了，赵匡胤便问张永德："你那通天犀带虽然是珍宝，但也不值二十万，你现在还欠多少钱？"张永德红着脸说："还欠五万。"赵匡胤当即表示，赏赐给张永德二十万，用来支撑家用，原先欠的钱也不用还了。

这种趣事，能记载在正史当中，最能体现出赵匡胤与张永德关系不一般。当然，赏赐钱财，并不是赵匡胤的最终目的。他这次召见张永德，其实是为了调动张永德的岗位。只是，这种事不好开口，只能在喝醉的时候说。

这时候，赵匡胤便对张永德说："我打算将你调为武胜节度使，不知道你愿不愿意去？"张永德自然不敢称自己不愿意去。张永德表示，到哪里都是为了大宋的家业，他愿意去。于是，赵匡胤便将张永德调任为武胜节度使。

> 忠武节度使、兼侍中阳曲张永德徙武胜节度使。[1]

赵匡胤并没有让张永德马上上任。第二天，赵匡胤还带着张永德去游览玉津园。赵匡胤打算对北汉出兵，便征求张永德的建议。张永德对赵匡胤说："北汉虽然兵少将寡，但北汉的士兵都非常强悍，加上还有契丹的支援。不可在无把握的情况下对北汉用兵。我认为我们应该设置一些散兵游勇，经常骚扰北汉，让北汉处于一种紧张状态，荒废他们的农事，让它的百姓处于饥荒之中。我们再派出间谍，去离间北汉和契丹之间的关系，断了契丹对北汉的支援，到时候再攻取北汉，就顺利多了。"赵匡胤听了张永德的话，若有所思地点了点头。表示自己认可张永德的意见。这让张永德心里宽慰不少。

> 从游玉津园，命卫士代执其辔。时上将有事於北汉，因密访策略，永

---

[1]《续资治通鉴长编》卷一《建隆元年》。

德曰："太原兵少而悍，加以契丹为援，未可仓卒取也。臣愚以为每岁多设
游兵，扰其田事，仍发间使谍契丹，先绝其援，然后可图。"上曰："善。"[1]

5. 对至亲的安排与调整

除了调任这些后周旧臣，赵匡胤对自己的亲人，也都极尽可能地安插到重要
的岗位上，为宋朝的进一步稳定创造条件。不久，赵匡胤便将自己的弟弟赵光义
调任到泰宁军担任节度使。

壬午，以皇弟殿前都虞候、睦州防御使光义领泰宁军节度使。
甲申，立琅琊郡夫人王氏为皇后。后，华池人，彰德节度使饶之女也。[2]

赵匡胤对妻子和妹妹也做了加封。此前，有些大臣已经建议，赵匡胤册封了
所有人，国家也是时候确立皇后了，因为整个后宫也需要有人打理。赵匡胤当时
并没做这件事。在赵匡胤看来，只有安顿好所有人，最后才能加封家里人，群臣
都敬佩赵匡胤的做法。现在国家稳定，赵匡胤开始着手做这些事了。赵匡胤将第
二任妻子王氏立为皇后。这个王皇后性格好，温良贤淑，是标准的贤妻良母，可
命运对她不公。她生了三个子女，全都夭折了。她自己也命不长，几年后就去世
了。她去世之后，赵匡胤就立宋延渥的女儿宋氏为皇后。

常服宽衣，佐御膳，善弹筝鼓琴。晨起，诵佛书。事杜太后得欢心。
生子女三人，皆夭。乾德元年十二月崩，年二十二。有司上谥，翰林学士窦
仪撰哀册文。二年四月，葬安陵之北。神主享于别庙。太平兴国二年，祔享
太庙。[3]

1《续资治通鉴长编》卷一《建隆元年》。
2《续资治通鉴长编》卷一《建隆元年》。
3《宋史》卷二百四十二《列传》第一。

然而，就在赵匡胤安置家里人的时候，京城却发生了一件公案。案子由一个刚刚被提拔之人引起，此人叫李秉。李秉的属下在岗位上非法动用了数十万的钱财，这些账目在交接工作时，并未告诉李秉，而李秉自己也没有发现。这些钱财虽然不是李秉自己非法挪用的，但他也有不可推卸的责任，因为他没有发现这笔钱被人非法挪用了。

> 右司郎中李秉责授左赞善大夫。秉前判吏部官告院，吏盗用官钱数十万，秉不知觉，故有是命。[1]

之后，李秉便被贬谪了。《宋史》将他的这种官场浮沉说成是"命运之神"的操控，其实是不合理的。他只是在上岗之前，并未对部门的账务进行审计而已。如此，便背了黑锅。

这件事让赵匡胤有些恼火，他处置起来也非常坚决。这就是要提醒官员们，要洁身自好，不要做触犯刑律之事。

不久，赵匡胤还对赵普进行了加封。其实，赵匡胤在兵变之后，就打算加封赵普为宰相。可当时有王溥、范质、魏仁浦三位前朝宰相，赵普便没法安置。且还有很多条条框框限制。赵普当时不过是个右谏议大夫、枢密直学士，一下子提拔成宰相，不合礼仪制度。所以，需要将赵普先一步步提拔，到了赵普担任副宰相时，顺利过渡为宰相也就符合制度了。

这次提拔赵普与其说是为平定李筠治乱的大臣加官晋爵，毋宁说是为赵普担任宰相铺路。在平定李筠战乱时，赵普作为智囊团核心人物，曾跟着赵匡胤到前线去。当时，赵匡胤本欲将赵普留在京城，让他和吴延祚一起镇守京城。但赵普觉得，留守京城的人，没有人比赵光义更合适了。所以，赵普建议让赵光义留守，他随军出征。赵匡胤听从了赵普的建议。

1《续资治通鉴长编》卷一《建隆元年》。

初，上征泽、潞，留枢密直学士、右谏议大夫赵普居京师，普因皇弟光义请行，上笑曰："普岂胜甲胄乎！"许之。[1]

故而，在安置了赵光义、加封了皇后和公主之后，赵匡胤觉得是该赵普升官的时候了。这一次，赵匡胤没有顾忌其他，直接将赵普提拔为兵部侍郎，并让其充任枢密副使。这个枢密副使，也就相当于副宰相级别的高官了。

及第功推赏，上曰："普宜在优等。"戊子，以普为兵部侍郎、充枢密副使。[2]

赵普也从此真正进入宋朝中央领导的核心层。三年后，王溥、范质、魏仁浦相继请辞，中书门下三天没有宰相。三天后，赵匡胤便任命赵普为宰相。按照制度，宰相的任命需要有其他宰相签署任命书才能生效。但三位宰相都纷纷辞职，没有宰相签署赵普宰相的任命文书，赵匡胤无奈之余，只能找挂职宰相头衔的赵光义签署文书，这才让赵普成为真正的宰相。

乾德二年，范质等三相同日罢，以普为门下侍郎、平章事、集贤殿大学士。中书无宰相署敕，普以为言，上曰："卿但进敕，朕为卿署之可乎？"普曰："此有司职尔，非帝王事也。"令翰林学士讲求故实，窦仪曰："今皇弟尹开封，同平章事，即宰相任也。"令署以赐普。既拜相，上视如左右手，事无大小，悉咨决焉。是日，普兼监修国史。命薛居正、吕余庆参知政事以副之，不宣制，班在宰相后，不知印，不预奏事，不押班，但奉行制书而已。先是，宰相兼敕，皆用内制，普相止用敕，非旧典也。[3]

在加封了赵普之后不久，因为秋天没有盛大节日，赵匡胤便制定了每年在此

1《续资治通鉴长编》卷一《建隆元年》。
2《续资治通鉴长编》卷一《建隆元年》。
3《宋史》卷二百五十六《列传》第十五。

时举行秋宴的制度。

> 上以长春节在二月，故每岁止设秋宴。[1]

不久，荆南节度使、守太傅、兼中书令南平王高保融身患重病，向朝廷提出了辞职申请。这个南平就是南平国，是五代十国中南方的一个小国家。在周世宗时期，已经向后周称臣。赵匡胤代周立宋，南平也向宋朝称臣，赵匡胤便让其继续统治南平。

这一次，高保融身患重疾，赵匡胤得尽快想出策略，对南平的执政者进行重新任命。这种情况下，父业子承是最好的安排，可此时高保融的儿子高继元年幼，无法稳固统治。赵匡胤与群臣商议后，决定让高保融的弟弟高保勖承袭高保融的爵位，管理南平。

> 融卒，保勖权知军府，奉章以闻，太祖即授以节度使。[2]
>
> 荆南节度使、守太傅兼中书令、南平贞懿王高保融寝疾，以其子继元幼弱，未堪承嗣，命其弟行军司马保勖总判内外军马事。[3]

高保融对赵匡胤的这个安置也非常满意。不久之后，高保融便病故了。事实上，南平国在五代后期因高保融性情迂腐，没有什么才智和能力，无论事情大小，都委任其弟高保勖决定。高保勖年轻时，深受他的父亲高从诲的喜爱。高保勖口吃的样子，总能让高从诲高兴起来。据说每一次高从诲遇到不顺心之事时，便愤怒不已。可当他看到高保勖，就开心了。当时南平之地的老百姓，都称呼高保勖为"万事休"。"文献王甚爱之，虽盛怒，见保勖，怒必解，荆南人谓之'万事休郎君'。"

1《续资治通鉴长编》卷一《建隆元年》。
2《宋史》卷四百八十三《列传》第二百四十二。
3《续资治通鉴长编》卷一《建隆元年》。

初，保勖在保抱，从诲独钟爱，故或盛怒，见之必释然而笑，荆人目为"万事休"。及保勖之立，藩政离弱，卒裁数月遂失国，亦预兆也。[1]

然而，此时南平已经出现军民不守法的现象，高氏一族在南平的统治地位也逐渐衰落。"保融性迂缓，御军治民皆无法，高氏始衰。"这次赵匡胤选定的高保勖尽管熟悉政务，但他决非良主。高保勖一开始还能做到政治开明，但不久之后，他便开始放纵荒淫，不守节制。他召集娼妓到园中，调集一些强壮的军士，让他们在园中调戏淫谑。而他自己则带领着爱妾们在一旁观看，完全不顾礼义廉耻，恍如野蛮部落之人。

即便如此，这还不能满足高保勖的折腾之心。高保勖在担任南平王之后，大兴土木，命人营造亭台楼阁，一时间民不聊生，到处是反抗的声音，高保勖并不管这些。对于忠臣的建议，高保勖也不听。这也为以后宋朝优先拿下南平埋下了伏笔。

保勖幼多病，体貌癯瘠，淫泆无度。日召娼妓集府署，择士卒壮健者令恣调谑，保勖与姬妾垂帘共观，以为娱乐。又好营造台榭，穷极土木之工，军民咸怨。政事不治，从事孙光宪切谏不听。[2]

就在安置南平事宜的时候，南唐李璟又派出大臣到汴京，恭贺赵匡胤回京事宜。也就是说，从赵匡胤亲征李筠开始，南唐便一直关注着宋朝的动静，每一次，南唐都派出使臣来祝贺。这也让赵匡胤对南唐产生了警惕之心。毕竟让人天天惦记的日子，并不舒服，甚至如芒刺背。但是，赵匡胤清楚，这时候还不能直接征讨南唐，只要南唐一直惧怕宋朝，赵匡胤的目的就达到了。

不久，赵匡胤将自己的妹妹嫁给了殿前副都点检、忠武节度使高怀德。

---

[1]《宋史》卷四百八十三《列传》第二百四十二。
[2]《宋史》卷四百八十三《列传》第二百四十二。

是月，燕国长公主出降殿前副都点检、忠武节度使、驸马都尉高怀德。[1]

这算是拉拢高怀德的一种方式。从此之后，高怀德成了宋朝的驸马，这种联姻让赵匡胤与高怀德的关系更加密切了。高怀德再也没有理由对赵匡胤建立的宋朝有想法，且高怀德要尽一切可能为宋朝效力，以报答赵匡胤的再造之恩。

此后，宋朝呈现出了一片欣欣向荣的样子。然而，就在这种欣欣向荣的政局下面，依然存在着不稳定因素。

泾州马步军教练使李玉涉案，让赵匡胤又保持了警惕之心。李玉这个人本性凶残，对待身边的人不好。他与彰义节度使白重赟不合，对白重赟一直有看法，想扳倒白重赟。

泾州马步军教练使李玉者，本燕人，性凶狡，与彰义节度使白重赟有隙。[2]

有一日，李玉与他的部下阎承恕商议对付白重赟的办法，商议的结果是诬陷。李玉派人在市井当中寻得了一块马缨，伪造了白重赟造反的制书，宣布白重赟造反。随即，李玉命人诛杀了白重赟的家人。

李玉还将自己伪造的制书拿给都校陈廷正，并让陈廷正拿着这份诏书去面见赵匡胤。此事被白重赟得知后，非常害怕。

乃持伪制并马缨以告都校陈延正曰："使者致此去矣。"延正得之，亟白重赟，重赟具以闻。[3]

陈廷正到了汴京之后，将白重赟谋反的制书上报给了赵匡胤。赵匡胤听闻白重赟谋反非常震惊。但赵匡胤与宰执们看了这份谋反制书后，发现里面漏洞百

1《续资治通鉴长编》卷一《建隆元年》。

2《续资治通鉴长编》卷一《建隆元年》。

3《续资治通鉴长编》卷一《建隆元年》。

出，明显是伪造的。这时候，赵匡胤才询问了陈廷正，了解到所有这一切都是李玉搞的鬼。于是赵匡胤命人火速赶往泾州捉拿李玉和阎承恕，并陈列其罪状，诛杀。

> 上大惊，视其制书，率皆诈谬，遽命六宅使陈思诲驰驿赴泾州擒玉与承恕，鞫问具伏，咸弃市。[1]

随即，赵匡胤提拔陈廷正为刺史。

这虽然是一件小事，也给赵匡胤提了醒，这种武将之间的矛盾有可能会引发叛乱。赵匡胤认为这恰好是一个整顿武将的机会。于是，赵匡胤下了一道诏书，一旦发现谋反书信，各地要进行审核，勘察文笔，相互印证，不能再出现诬告的事情。

> 仍诏诸道，凡被制书有关机宜者，印文笔迹，并须详审考验。[2]

---

1 《续资治通鉴长编》卷一《建隆元年》。
2 《续资治通鉴长编》卷一《建隆元年》。

幕　间

制度改革

天下之治，有因有革，期于趋时适治而已。

——《宋史·列传第九十三·徐禧传》

赵匡胤在处置李筠反叛之事前后，还同时实行了一系列制度改革，为宋朝的初步稳定奠定了基础。这里只列出建隆元年他所改革的几个关键点，来呈示赵匡胤想要开创太平盛世的决心。

1. 废除坐论之礼

赵匡胤在巩固政权的同时，废弃了三公坐论之礼。"先是，宰相见天子议大政事，必命坐面议之，从容赐茶而退，唐及五代犹遵此制。及质等惮帝英睿，每事辄具札子进呈，具言曰：'如此庶尽禀承之方，免妄庸之失。'帝从之。由是奏御浸多，始废坐论之礼。"[1] 这就是说，以前天子与宰相一起议政时，天子总要给宰相赐座，还要让人端上茶水和果盘，让他们坐着论政，这是对宰相的一种尊

---

[1]《宋史》卷二百四十九《列传》第八。

重。但赵匡胤以为这种坐论之礼，程序太过烦琐，浪费时间，不利于政务，也不符合宋朝实际，便废弃了这一制度，让宰相站着奏报。

钱穆先生在他的《国史大纲》中也称："宋初文臣，出五代南唐之遗，皆猥琐浮薄，无堪建树。古者三公坐而论道，唐五代宰相见天子议大政事，亦必命坐赐茶。宋初，周世宗旧臣范质等为相，惮帝英睿，请每事具劄（zhá）子进呈。由是奏御浸多，始废坐论之礼，而宰臣见天子亦立谈矣。"

这是一千余年来，第一次以皇帝的名义，废除宰相坐论之礼。赵匡胤是个实干家，又出身军人世家，自幼没有接受儒家礼教洗礼，自然对这些礼教性的东西并不重视。废除这个礼仪制度也是按照他的治国理想进行的。

可这样的废除，是不是与礼不合？

汉代哲学家仲长统对坐论之礼有专门的解读，仲长统说，古代的君王跟大臣见面，都有互相答拜的礼仪制度。历朝历代以来，不同的帝王虽然对这样的答拜之礼都进行过改革，不会拘泥于一成不变的礼仪制度，但他们总归是坚持着这样的答拜之礼。可如今，皇帝在面见三公御史大夫时，却不履行答拜之礼。

> 古者君之于臣，无不答拜也。虽王者有变，不必相因，犹宜存其大者。御史大夫，三公之列也，今不为起，非也。[1]

关于废除坐论之礼的举动，宋代王巩在他的《闻见近录》中，有详细的记载：最初上朝奏事，宰相都坐在大殿之上。太祖皇帝继承皇位以后，便打算撤掉宰相们坐的凳子，让他们站着奏事。因此，在一次奏事的时候，太祖说自己眼神不好，要求宰相起身拿着奏折到他面前奏事。宰相们信以为真。但当宰相们离开了凳子之后，赵匡胤马上命人撤掉他们的凳子。几位宰相瞬间就明白了皇帝的意思，只能站着说话。从此之后，坐论之礼的凳子也就被撤换掉了。宋朝后世基本上都遵从了这一制度。

1《后汉书》卷八十九《昌言》下。

故事，执政奏事，坐论殿上。太祖皇帝即位之明日，执政登殿，上曰："朕目昏，持文字近前。"执政至榻前，密遣中使撤其坐。执政立奏事，自此始也。[1]

赵匡胤假借看不清奏疏上的字，废掉了一项制度。几位宰相心里有想法，但不敢多说。因为他们毕竟是后周旧臣，而赵匡胤所有的举动，都是合情合理的。一向遵从一切旧制度的赵匡胤，为什么突然之间就撤了几位宰相的凳子，着实匪夷所思。

赵匡胤废除这个坐论之礼的原因，恐怕只有赵匡胤自己知道。诚如前文所言，赵匡胤是个实干家，他不喜欢这些烦琐的礼仪。当然，还有一个原因，大概是赵匡胤为了自己专政，有意打压宰相们的势力，才搞出了这一招。

总之，宰相坐论之礼就此废除了。以后上朝，宰相和其他官员一样，都站着汇报工作，不搞特殊。此后，明清王朝也延续了这项制度。

2. 立更成法

第二项制度改革，便是军队改制。

随着赵匡胤建立宋朝以及对整个国家军队的掌控，他也隐隐有种担忧。半生戎马的赵匡胤通过兵变建立了新的国家，所以，他对军队的各种弊病，比谁都清楚。

五代十国之所以混乱，就是因为手握兵权的武将不听中央指挥，拥兵自重，以致不断发动兵变。如今，他自己建立国家之后，对武将的管理，也尤为看重。尤其是在他刚刚即位之初，李筠就发动了叛乱，再一次给赵匡胤敲响了警钟。

在赵匡胤看来，他所建立的宋朝，决不能重蹈五代以来的覆辙。他甚至立志要改变这一状况。事实上五代以来，那些成功发动兵变的统治者，其实早就意识

1《闻见近录》。

到这个问题的严重性，都想通过自己的手段来实现军制改革。后唐皇帝李嗣源曾着手整顿过军制改革，可他的办法是杀戮一批不听话的武将，随着他身死，武将乱政之事，并未根绝；到了后周郭威时代，也想过这么做，可郭威依然免不了壮志未酬身先死的遗憾；周世宗也曾想过改革军制，只是周世宗怎么也不会想到自己三十几岁就英年早逝。

不管是李嗣源、郭威，还是柴荣，他们对五代乱象的认识都非常清楚，也想到了如何解决这些问题的措施。但他们在改革方兴未艾时，往往身先死，没办法实现彻底的军制改革。直到赵匡胤建立宋朝，这一重任最终落在了赵匡胤肩上，赵匡胤若要让赵宋政权长治，也须得进行军制改革。

后周的军制改革给了赵匡胤启发，可改革绝不是一朝一夕就能完成的。受唐代府兵制废止的影响，五代以来的军制混乱，宋朝的军制也带有浓厚的五代色彩。那么，赵匡胤能够摆脱原来军制的弊端吗？

为了便于理解唐代兵制，这里先简单介绍一下府兵制。所谓府兵制就是一种带有世兵制与征兵制色彩，兵农合一的军事制度。府兵平时为耕种土地的农民，农隙训练，战时从军打仗，其训练征发由分布在全国各地的地方政府负责。这种制度既可以为国家提供数量庞大且稳定的兵员，同时由于府兵平时即为耕种土地的农民，也可以减轻国家负担。

但这种制度，在唐末已经遭到了破坏，很多割据政权，已开始自己建立专门的军队。拥兵自重的情况，就是这时候产生的。各节度使都拥有自己的军队，且基本脱离了土地，成为专业军人。但这时候地方节度使的军队有个短板，就是人员鱼龙混杂、良莠不齐，这让军队的战斗力受到限制。后梁朱温就规定，战役中将校有战死者，其所部之士兵均需全部问斩，此称之为"跋队斩"。这种残酷的制度，也让将士们纷纷叛逃。

五代承唐藩镇之弊，兵骄而将专，务自封殖，横猾难制。[1]

初，帝在藩镇，用法严，将校有战没者，所部兵悉斩之，谓之跋队斩，

---

[1]《文献通考》卷一百五十三《兵考五》。

士卒失主将者，多亡逸不敢归。[1]

后周太祖郭威为了改变五代以来武人乱政现象，对后周的军队也进行了尝试性改制。等到了周世宗时期，周世宗继续进行这一项改革，并逐渐形成了后周的军制改革。如果说，郭威是五代军制改革的倡导者，那么周世宗就是践行者。

周世宗改革军事制度，实施练选制度，精简中央禁军，把最为精良的部队留下来，裁掉了那些无用人员。同时，周世宗觉得中央禁军让他很不放心，许多中央禁军的首领都是行伍出身，真刀真枪拼出来的。管理这些人，难免有困难。所以，周世宗在中央禁军中挑出了最为勇敢之士，建立了殿前军。

> 显德初，世宗自高平还，乃大阅，帝亲临之。帝自高平之役，睹诸军未甚严整，遂有退却。至是命太祖皇帝一概简阅，选武艺超绝者，署为殿前，诸班因是有散员、散指挥、内殿直散、都头、铁骑、控鹤之号。复命总戎者自龙捷虎捷以降一一选之，老弱羸小者去之，诸军士伍无不精当。由是兵甲之盛，近代无比。[2]

所谓殿前诸班，是五代后周禁军名。显德初年，周世宗下令招募天下有为壮士进京参加军队选拔，和今天选拔特种兵差不多。当时负责这件事的人就是赵匡胤。通过选拔，淘汰掉一部分人，将能胜任的人员留下来，由赵匡胤负责给他们考教武艺。最终在各项考核中成绩突出者，就能选拔为殿前诸班人员。通过这样层层选拔上来的人员，战斗力远高于一般的禁军。整顿之后，殿前诸班兵士强悍精锐。其班直番号计有散员、散指挥使、内殿直、散都头、铁骑、控鹤等，属殿前司（由殿前都点检总领）。他们的主要任务是扈从皇帝，为禁军之最亲近者。

后周的殿前军直接由皇帝指挥，这就预防了武人乱政现象。后周的殿前军和中央禁军，共同组成了后周军队主力。殿前军设有都指挥使、水陆都部署、殿前

---

1 《资治通鉴·后梁太祖开平元年》。
2 《太平御览》卷二十九。

都点检等高级军官。当然，仅仅改制军队还不行，周世宗又结合殿前军的特点，专门制定了相关法律法规。

同时，为了防止殿前军独大，周世宗还建立了另一支中央禁军侍卫军，以达到相互制衡的作用。

后周的军制改革，对以后赵匡胤建立宋朝后实行军制改革有极大的启发。宋朝在结合后周军制改革的基础上，对军队又进行了改制，建立了"三司"[1]，也叫三衙。

尽管深受后周军队改制影响，但赵匡胤决定建立更为专业的军队制度。那便是由国家出资，供养专门的职业军人。这些军人无战争时，便在军营驻扎，操练本领，等到战争到来时，拉出来就能上战场打仗。

这样的军队战斗力大大提升。但是这样的制度，也会让很多军队形成各种利益集团，尤其是有威望的将领，容易培养自己的亲军。导致这些亲军只接受某个将领的领导，不听中央的调遣。

为了解决这一弊端，赵匡胤采纳赵普的建议，对全国的军队实行了更戍法。所谓更戍法，就是以禁军分驻京师与外郡，内外轮换，定期回驻京师。形成了"兵无常帅，帅无常师"的状态。这种制度让将领与军队之间轮番换岗，有效遏制了武将独大的弊端。这无疑是遏制五代以来武将们拥兵自重的有效办法。

> 祖宗初定天下，惩创其弊，分遣禁旅，戍守边地，率一二年而更，欲使往来道路，足以习劳苦，南北番戍，足以均劳佚，故将不得专其兵，而兵亦不至骄惰。及承平既久，方外郡国，合为一家，无复如曩时之难制，而禁旅更戍，尚循其旧，新故相仍，交错旁午，相属于道。[2]

但更戍法有优势的同时，也存在着巨大的漏洞，那便是将领与士兵之间不熟悉，在遇到真正战争时，军队发挥不出应有的战斗力，进而影响战争的成败。与

---

1 根据《宋史》整理：宋代掌管禁军的专门机构，分为殿前司、侍卫亲军马军司、侍卫亲军步军司，合称三司，其长官分别称为殿帅、马帅、步帅，合称三帅。

2《文献通考》卷一百五十三《兵考五》。

契丹二十五年间的战争，宋朝军队多次失利，就与这种更戍法有很大关系。包括与西夏的战争中，宋朝也败多胜少。

到了宋神宗时代，更戍法已经不适合国家军队建设。当时宋神宗打算拓边，于是，在王安石的建议下，更戍法被彻底废除。

> 议者以为更番迭戍，无益于事，徒使兵不知将，将不知兵，缓急恐不可恃。神宗即位，慨然更制，部分诸路将兵总隶禁旅，使兵知其将，将练其士卒，平居训厉搜择，无复出戍，外有事而后遣焉。[1]

另外，朝廷就调拨权与训练权分开，平日军队训练有三司负责。遇到战事时，则由枢密院调拨军队。枢密院对战时武将的调任也是随机的。这种将平日管理与战时管理权分开的做法，有优势，也有弊端。

3. 官帽改制

官帽，也叫乌纱帽。这个词在现代社会中，多为贬义。但在中国古代，却是一种身份的象征。

官帽最早起源于东晋时期。东晋成帝时，便让在宫廷中做事的官员戴一种用黑纱制成的帽子，谓之"乌纱帽"。后来在南北朝时期，也出现了"乌纱帽"。这一时期，戴帽子成了一种潮流，不管士族百姓，都戴着乌纱帽，而且帽子的颜色也不一样。但这也仅仅是一种帽子，不分具体阶层。

到了隋朝时，受关陇集团的影响，隋文帝杨坚自己也戴着乌纱帽上朝。由于隋朝继承了南北朝的风俗，不管是官员还是百姓，也都戴着乌纱帽。

唐朝虽然对乌纱帽有改进，却没有限制戴帽子人的身份。

隋唐以来，帽子形状都带两个弯曲形状的翅，看起来像两个翅膀，或者

1《文献通考》卷一百五十三《兵考五》。

尾翼。

> 武德九年十一月，太宗诏曰："自今以后，天子服乌纱帽，百官士庶皆同服之。"幞头本名上巾，亦名折上巾，但以三尺皂罗后裹发，盖庶人之常服。沿至后周武帝，裁为四脚，名曰幞头。唐侍中马周更以罗代绢，又令重系前后，以象二仪，两边各为三撮，取法三才，百官及士庶为常服。[1]

宋朝建立后，赵匡胤本来也没想着动官帽，对帽子的佩戴设置，也延续了唐制。可有一次，在早朝的时候，赵匡胤给文武大臣们训示，却发现有些班位靠里的官员们，却在交头接耳，没有听他的训示。这让赵匡胤非常恼火。此风不能开。于是，赵匡胤便决定设置一种制度，禁止官员们在朝会时交头接耳。

想来想去，赵匡胤把目光放在了官帽上。赵匡胤便命人着手准备修改帽子的形状。最终，经过多次论证，赵匡胤决定加长官帽两翅，而且是直翅。这样官员在上朝时，相互之间便被帽翅所阻挡，不能交头接耳了。

后来，又根据官员的官职不同，设置出不同长度帽翅的官帽。如此，整个官帽才算改制完成。

等到官帽改制完成后，宋朝的大臣们，便根据个人官职的不同，被分到了不同样式的乌纱帽。看着满朝文武都戴着自己设计的帽子，赵匡胤心里舒心多了。他的这一次官帽改制又开了先河。

4. 颁布大典

赵匡胤在稳定国家的同时，一直在着手完善相关制度。建隆元年八月，赵匡胤就准备颁布大典，以正视听。

1《中华古今注》卷中《乌纱帽》。

> 八月丙戌，诏有司按前代旧式，作新权衡，以颁天下，禁私造者。[1]

因为宋朝初建，国家的很多制度，只能沿袭后周。比如在律历方面，宋朝就延续了《钦天历》，而这个《钦天历》就是后周能臣王朴所作。

> 宋初混一寰内，能士毕举，国经王制，悉复古道。
> …………
> 宋初承五代之季王朴制律历、作律准，以宣其声，太祖以雅乐声高，诏有司考正。[2]

当然，律历只是一方面，还有各种礼仪大典都要以正式文件发放到各个地方，让各地严格遵守朝廷制定的制度，包括度量、礼乐等制度。

根据《汉书》对礼仪大典的注解：一般的大典大致分为备数、和声、审度、嘉量、权衡等几个方面。

> 《汉志》有备数、和声、审度、嘉量、权衡之目，后代因之。今亦用次序以志于篇：
> 曰备数。《周礼》，保氏教国子以六艺，其六曰九数，谓方田、粟米、差分、少广、商功、均输、方程、赢朒、旁要，是为九章。其后又有《海岛》《孙子》《五曹》《张丘建》《夏侯阳》《周髀》《缀术》《缉古》等法相因而起，历代传习，谓之小学。唐试右千牛卫胄曹参军陈从运著《得一算经》，其术以因折而成，取损益之道，且变而通之，皆合于数。复有徐仁美者，作《增成玄一法》，设九十大三问，以立新术，大则测于天地，细则极于微妙，虽粗述其事，亦适用于时。古者命官属于太史，汉、魏之世，皆在史官。隋氏始置算学博士于国庠，唐增其员，宋因而不改。

1《续资治通鉴长编》卷一《建隆元年》。
2《宋史》卷六十八《志》第二十一。

日和声。《周礼》，典同掌六律六同之和，凡为乐器，以十有二律为之数度。古之圣人推律以制器，因器以宣声，和声以成音，比音而为乐。然则律吕之用，其乐之本欤！以其相生损益，数极精微，非聪明博达，则罕能详究。故历代而下，其法或存或阙，前史言之备矣。周显德中，王朴始依周法，以秬黍校正尺度，长九寸，虚径三分，为黄钟之管，作律准，以宣其声。宋乾德中，太祖以雅乐声高，诏有司重加考正。时判太常寺和岘上言曰："古圣设法，先立尺寸，作为律吕，三分损益，上下相生，取合真音，谓之形器。但以尺寸长短非书可传，故累秬黍求为准的，后代试之，或不符会。西京铜望臬可校古法，即今司天台影表铜臬下石尺是也。及以朴所定尺比校，短于石尺四分，则声乐之高，盖由于此。况影表测于天地，则管律可以准绳。"上乃令依古法，以造新尺并黄钟九寸之管，命工人校其声，果下于朴所定管一律。又内出上党羊头山秬黍，累尺校律，亦相符合。遂下尚书省集官详定，众议佥同。由是重造十二律管，自此雅音和畅。

日审度者，本起于黄钟之律，以秬黍中者度之，九十黍为黄钟之长，而分、寸、尺、丈、引之制生焉。宋既平定四方，凡新邦悉颁度量于其境，其伪俗尺度逾于法制者去之。乾德中，又禁民间造者。由是尺度之制尽复古焉。

日嘉量。《周礼》，㮚氏为量。《汉志》云，物有多少受以量，本起于黄钟之管容秬黍千二百，而龠、合、升、斗、斛五量之法备矣。太祖受禅，诏有司精考古式，作为嘉量，以颁天下。其后定西蜀，平岭南，复江表，泉、浙纳土，并、汾归命，凡四方斗、斛不中式者皆去之。嘉量之器，悉复升平之制焉。

日权衡之用，所以平物一民、知轻重也。权有五，日铢、两、斤、钧、石，前史言之详矣。[1]

这里面的权衡之目，又分出了很多的类别。其实，权衡之目也就是度量单

1《宋史》卷六十八《志》第二十一。

位。因为每个朝代的度量单位都不尽相同，尤其是五代以来，各个政权之间，度量单位都有较大差异。所以，宋朝初建，度量单位的统一，也非常重要。毕竟度量单位涉及千家万户，很简单的购物都需要用到各个方面的度量单位。统一度量是重中之重。

但若制定一整套新的度量单位，也不是短时间内可以实现的。只能按照前朝制定的进行完善，制定出适合于宋代的度量单位，后续不断完善即可。于是，赵匡胤"诏有司按前代旧式作新权衡"。赵匡胤命人对这些律历大典进行了整理，并在全国进行了颁布。以后所有律例之事，都要按照这个来运作。

赵匡胤还禁止了私造。这里的私造涉及方方面面，也就是一切官方令行禁止的东西都要禁止，私人不能制造。

赵匡胤此举无疑要控制住经济命脉，不允许私人造设各种工具、房屋、器具等。这一切的制造，都要国家相关部门设立专门制造的地方。私人制造，就是触犯刑律，是要被处罚的。这种国家层面出台的禁令，对宋初的经济有巨大的影响。

5. 户籍管理

赵匡胤对人口发展工作也非常重视。摸清人口底数，对于实施各种大政方针，都具有重要意义。

在赵匡胤派人统计户籍之前，负责户籍人口统计的部门，已经意识到这个问题了。于是，他们给赵匡胤上书，请求皇帝让他们对宋朝版图上的人口进行统计。

这时候，为了统计方便，统计者便将天下的县域依照人口多少进行划分。有四千户以上人口的县为望县，四千户以下三千户以上，命名为紧县，三千户以下两千户以上的县可以称之为上县，两千户以下一千户以上，可以称之为中县，不足一千户的县，称之为中下县。

升降天下县望，以四千户以上为望，三千户以上为紧，二千户以上为上，千户以上为中，不满千户为中下。仍请三年一责户口之籍，别定升降。[1]

依人口户数多少，来确定县的兴旺程度，也是一种巧妙的统计办法。那时候的官员相对较少，不可能挨家挨户去普查，所以才有了这样的大致划分。对于这样的划分，宋朝中央还是比较认可的。

听了有司衙门提供的这种统计办法，赵匡胤准许了。

有了这类人口划分县域的办法，那些中央的官员，便开始梳理整个宋朝境内的县类型。最后归纳出了宋初有望县五十个、紧县六十七个、上县八十九个、中县一百一十五个、中下县一百一十个。然后根据每个县不同的人口，便可以大致统计出，全国总共有九十六万七千三百五十三户。

凡望县五十，户二十八万一千六百七十；紧县六十七，户二十二万八千六百九十三；上县八十九，户二十一万八千二百八十；中县一百一十五，户一十七万九千三十；中下县一百一十，户五万九千七百七十。总九十六万七千三百五十三户，此国初版籍之数也。[2]

这就是宋朝初期，全国人口总和。当然，这个人口总数，在后代各种资料记载中都受到质疑，因为在宋朝的各种资料中记载的这一时期的人口总数与《续资治通鉴长编》有出入。比如，《册府元龟》所记后周显德六年的统计数字是二百三十万户，从显德六年到赵匡胤建立宋朝的建隆元年，也就一年多时间，人口基数应该相差不了多少。但《续资治通鉴长编》中记载的宋初人口中数反而比显德六年时低，这也是历代学者质疑的主要原因。更多的人，将二百三十万户作为北宋初人户数字的依据。但不管是九十六万户，还是二百三十万户，都代表了当时赵匡胤对国家人口的关注。

1《续资治通鉴长编》卷一《建隆元年》。
2《续资治通鉴长编》卷一《建隆元年》。

有司部门统计出这个数据后，上报给了赵匡胤。尽管赵匡胤只是粗略地记住了这个模糊的数字，但看到自己拥有这些人口基数，还是非常高兴的。

人口是国家实力最重要的一个标志。人口多，人力资源自然就多。宋朝若要实现大治，没有人是不行的。各行各业都需要人力资源，这是赵匡胤在后周为臣子的时候就知道的事情。不管是农业，还是军队，人都会起决定成败的作用。

赵匡胤这时候统计户籍人口总数，其实是为宋朝长治久安考虑的。对唐朝的户籍制度弊病，作为五代崛起将领的赵匡胤有着深刻的理解。"编户"和"非编户"的户籍制度，让天下的百姓身份呈现出非常明显的阶级等级。"编户"就是良民，是合法居民，而"非编户"则是贱民。

赵匡胤建立的宋朝，除了让百姓安心做一个良民，自然也希望宋朝的子民，享受到更多自由的权利。当然，这只是赵匡胤统计人口的初衷之一。不过这样的制度，在北宋不断发展的过程中，真正实现了，这就是宋代自由的户籍制度。到了宋仁宗时代，人口户籍分类基本上只有两种："坊郭户"和"乡村户"。说白了，就是城市户口和农村户口。这已经与我们今天的户籍制度非常相似。

6. 入合仪制度

有废弃的制度，也有重新确立的制度。比如入合仪制度，在唐代非常盛行。但是在五代以来，政令不合古礼，导致很多国家都不遵从原来的制度。这项入合仪制度，便被废除了。

> 唐制："天子日御正衙以见群臣，必立仗。朔望荐食陵寝，不能临前殿，则御便殿，乃自正衙唤仗由宣政两门而入，是谓东、西上阁门，群臣俟于正衙者因随以入，故谓之入阁。五代以来，正衙既废，而入阁亦希阔不讲，宋复行之。"[1]

1《宋史》卷一百一十七《志》第七十《礼》二十（宾礼二）。

所谓入合仪制度，是朝会制度中一项重要的礼仪制度。这项制度在唐朝中期时兴盛，也是因为唐朝不断完善的国家制度体系。但到了唐末时，各种制度均遭到破坏。即便是天子早朝之事，也时有中断，入合仪制度更形同虚设了。

五代以来，国家更迭频繁，皇帝更是频出。五代十国时期，整个北方地区在五十三年中，换了十四任皇帝，基本上四年换一任。而且这些皇帝中，不乏柴宗训之类的小皇帝，根本不知道什么是入合仪制度。这种大动乱的时代中，更是没有人尊崇这项制度。

赵匡胤建立的宋朝，不能延续五代时期的弊病，有些需要改制的地方，必须改。这时候，入合仪制度便被重新确立起来了。

> 建隆元年八月朔，太祖常服御崇元殿，设仗衔，文武百官入阁，始置待制、候对官，乃以工部尚书窦仪待制，太常卿边光范候对。仗退，赐食廊下。[1]

赵匡胤穿常服在崇元殿面见文武百官，设置仗卫，百官进入合门，设置待制、候对官，并让工部尚书窦仪待制和太常卿边光范候对专门负责这件事。

如此，整个入合仪制度便确立起来了。

整个入合仪制度与坐论之礼相反，一个被确立，一个被废除，都是宋朝国家初建工作的需要。赵匡胤这时候重塑入合仪，其实还是出于治理国家的需要。五代废除的一些制度，恰恰是为了巩固皇权而存在的制度。赵匡胤要集皇权于一身，必然要设立一些新制度。

入合仪，不过是朝会制度，但这也足以反映出赵匡胤对回归正统的认知。

不过入合仪在宋代有了新的改制，尤其是宋仁宗以后，大家对入合仪制度进行过讨论。最终，形成了宋朝特有的朝会仪式。

1《文献通考》卷一百七《王礼考》二。

宋初，因唐、五代之旧，讲究修葺，尤为详备。其殿庭之仪，则有黄麾大仗、黄麾半仗、黄麾角仗、黄麾细仗。凡正旦、冬至及五月一日大朝会，大庆、册、受贺、受朝，则设大仗；月朔视朝，则设半仗；外国使来，则设角仗；发册授宝，则设细仗。其卤簿之等有四：一曰大驾，郊祀大飨用之；二曰法驾，方泽、明堂、宗庙、籍田用之；三曰小驾，朝陵、封祀、奏谢用之；四曰黄麾仗，亲征、省方还京用之。南渡之后，务为简省。此其大较也。若夫临时增损，用置不同，则有国史、会要、礼书具在。今取所载，撮其凡为《仪卫志》。[1]

1《宋史》卷一百四十三《志》第九十六《仪卫一》。

第八章

最后的反抗

上之入京也，韩通率众备御。上之即位也，李筠泣周祖画像
以起兵，重进以周祖之甥而起兵，虽在周为顽民，在商为忠臣，
然三人者皆不知天命之所归也，正《易》所谓"后夫凶"也。

——《宋史全文》卷一

1. 李重进的处境

时间大踏步进入九月份。九月初，赵匡胤在万春殿招待群臣，总结八月份的工作，也对国家各项工作中存在的问题进行梳理。

九月辛丑，宴近臣于万春殿。[1]

不久之后，赵匡胤继续设宴，不过这次是曲宴[2]。没过几天，被赵匡胤调往北

1《续资治通鉴长编》卷一《建隆元年》。

2 曲宴，并非设有音乐歌舞之宴。它是古代宫廷赐宴的一种，其特别之处就在于无事而宴，时间、地点不固定，席上常有赏花、赋诗等活动，参加的人员主要是宗室成员、外国使臣以及近密臣僚。曲宴是一种高档的休闲方式，由汉到清不断发展变化，而以在宋代最为兴盛，也最典型，多为辽、金所模仿。

方边境守卫的李继勋给赵匡胤上了一道奏疏，表明他带领着属下，进入了北汉地界，对平遥县进行了偷袭，俘获了众多人口，掠夺了很多物资。

> 后九日，又宴于广德殿，皆曲宴也。凡曲宴无常，惟上所命。
>
> …………
>
> 壬寅，李继勋言帅师入北汉界，烧平遥县，掳掠甚众。[1]

赵匡胤并没有鼓励李继勋这么做，让他保持边境安稳，尽量不要惹北汉。眼下赵匡胤需要做的是维稳！

此后，除了宋朝周边的那些小国家不断向宋朝示好，进贡财物，那些较远的国家，也开始主动与宋朝交好，寻求建立外交关系。比如这时候的三佛齐国[2]，也开始主动与宋朝建立关系。"癸卯，三佛齐王悉利大霞里坛遣使来贡方物。"

赵匡胤对于这些小国家的进贡，也都接纳。虽然这些小国家不会威胁到宋朝的统治，但那么多国家来进贡，足以说明宋朝的强大。彰显国力是一门学问，外交仅仅是一个方面。由此，赵匡胤款待了三佛齐国的使臣，又赐给了这些人中原的特产，让他们带回三佛齐国。

不久，赵匡胤命人准备礼册，打算祭祀宗庙。那些负责宗庙的礼仪人员，便开始做准备工作。祭祀是意识形态领域的工作，虽然缥缈，却能稳固人心。一个重视祖先的帝王，必然对他的臣民也有怜悯之心。反之亦然。于是，几天后，赵匡胤便到崇元殿，祭祀祖宗。

> 太祖御崇元殿，备礼册四亲庙，奉安神主，行上谥之礼。[3]

时间大踏步进入了九月。九月初三是赵匡胤父亲赵弘殷的忌辰，三位宰相

---

1 《续资治通鉴长编》卷一《建隆元年》。

2 三佛齐国起源于苏门答腊岛东南部的巨港，在其鼎盛时期，势力范围包括马来半岛和巽他群岛的大部分地区，是一个海上强国。

3 《续资治通鉴长编》卷一《建隆元年》。

按照礼制，带着百官拜慰赵匡胤和皇后王氏。这算是一种安慰礼仪。皇帝也有亲人，也要祭祀先人。

不久，赵匡胤便去找三弟赵廷美相聚，赵廷美将接待之地设在了自己的花园宜春苑。据说这个宜春苑是北宋四大名园之一，位置在汴京城东。这个花园不同于玉津园等地方，是一个以繁华闻名的花园。这里种植着各类花草树木，四季都各有特色，以繁花似锦、池沼秀丽闻名京师。赵匡胤能在忙乱的政务当中，抽出时间来到宜春苑，说明他的心情是愉快的。

此时，距离陈桥驿兵变已过去八个多月，赵匡胤能做的事情，都已经做了，只要国家继续按照现在设置的正轨运转，相信用不了两年，赵氏便可稳坐天下。然而，赵匡胤这种愉快的心情没有持续多久，便被李重进的叛乱所败坏。

其实，对于李重进的关注，赵匡胤一刻也没有放松。

> 淮南节度使、兼中书令沧人李重进，周太祖之甥也，始与上俱事世宗，分掌内、外兵权，而重进以上英武出己右，心常惮焉。恭帝嗣位，重进出镇扬州，领宿卫如故。[1]

从李筠叛乱开始，李重进便已经在着手准备发动叛乱。可赵匡胤以迅雷不及掩耳之势平定了李筠叛乱，让李重进一下子有些恍惚。他难以想象赵匡胤竟然在一个月之内，平定了李筠叛乱。李重进只能暂时压制要叛乱的心，等待时机。

早在赵匡胤刚刚发动兵变时，赵匡胤对李重进这个人就充满了忌惮。唯一可以和他抗衡的两个人，一个是被王彦升诛杀的韩通，另一个就是李重进。当时，赵匡胤就想着让韩令坤接替李重进的职位。

> 及上受禅，命韩令坤代重进为马步军都指挥使。[2]

1《续资治通鉴长编》卷一《建隆元年》。
2《续资治通鉴长编》卷一《建隆元年》。

　　听闻赵匡胤欲让韩令坤代替自己，李重进慌了。毕竟江淮之地是他的大本营，这些年来，他都在那个地方驻守，也算是为后周竭尽心力。可赵匡胤忽然代周立宋是他没有想到的，他知道自己与赵匡胤之间，必然会产生难以弥合的嫌隙。

　　但他只能忍耐，继续在江淮之地做节度使。不承想赵匡胤竟然先一步向他动手了。赵匡胤让韩令坤代替他，这不就是要将他架空吗？这种行为，是李重进不能忍受的。等韩令坤到来，他就成了鱼肉，而赵匡胤是刀俎。到时他只能任由赵匡胤宰割。石敬瑭不就是拒绝被李从珂调任，才举兵反抗的吗？这时候的李重进，已经在考虑自己的退路。

　　不久，李重进上书，要求进京面圣。解决矛盾的最好方式就是面对矛盾。李重进似乎要当面问问赵匡胤，为何无故将他调离。对于李重进的请求，如何回复难住了赵匡胤。此时赵匡胤自然不希望见到李重进。不久前，他们还都是中央禁军的一把手。半年时光，赵匡胤就成了皇帝，他该如何面对李重进？赵匡胤将自己的担忧告诉了当时的翰林学士李昉，让李昉按照他不想见李重进的意思，草拟一份诏书，婉拒李重进进京面圣。

　　　　谓翰林学士饶阳李昉曰："善为我辞以拒之。"[1]

　　李昉自然知道赵匡胤拒绝面见李重进的原因，他极尽可能地将这份婉拒诏书写好。赵匡胤看到李昉写的诏书内容，便知道这次他是找对人了。这道诏书的内容大致为：国家的元首相当于人的头颅，而臣子则是人的胳膊大腿。头与胳膊大腿虽然有距离，却是人不可分割的一个整体。如今我们君臣的关系，也如人的头与胳膊大腿一样，应该保持一定距离，为什么非得坚持进京面圣呢？

　　　　昉草诏云："君为元首，臣作股肱，虽在远方，还同一体。保君臣之分，

1《续资治通鉴长编》卷一《建隆元年》。

方契永图，修朝觐之仪，何须此日。"[1]

这份诏书，让李重进无言以对。李昉的话太高明了。

赵匡胤不见，李重进不能强行到汴京见圣驾。这是不合乎礼仪的，地方官们没有皇帝的召见，是不能离开自己的驻地的，擅离职守可是大罪。

赵匡胤越是不见李重进，就越让李重进不安。李重进清楚赵匡胤不见自己的原因。这时候的李重进，已经开始准备谋反工作了，只是他做得比较隐秘而已。

重进得诏，愈不自安，乃招集亡命，增陴浚隍，阴为叛背之计。[2]

然而，就在李重进坐立不安的时候，李筠反了。听到这个消息，李重进非常兴奋。他对李筠是知根知底的，这时候李筠举起反抗大旗，他若是在南方遥相呼应，赵匡胤必然处于南北夹击的局面。到时两股力量不断夹击，赵匡胤必败无疑。于是，李重进马上派出自己的亲信翟守珣北上联络李筠，意图联手合击，进而颠覆宋朝。

李筠举兵泽、潞，重进遣其亲吏翟守珣间行与筠相结。[3]

不得不说，李重进的这步棋非常妙。他若与李筠联手，加上北汉，宋朝必然大乱。到时候，再动员宋朝周边的那些小国家一起造反，宋朝必然会树倒猢狲散。

然而，这么巧妙的一个计谋，却被翟守珣给轻易破解了。原来这翟守珣早就与赵匡胤认识，在赵匡胤没有当皇帝时，他曾与赵匡胤有过几面之缘。当翟守珣被李重进派往前线去联络李筠时，翟守珣却没有去前线，而是北上直接到了汴京。

1《续资治通鉴长编》卷一《建隆元年》。
2《续资治通鉴长编》卷一《建隆元年》。
3《续资治通鉴长编》卷一《建隆元年》。

当李重进在扬州等待翟守珣的消息时，翟守珣找到了赵匡胤的枢密承旨李处耘。李处耘在陈桥驿兵变时，就曾当过联络官。翟守珣找到李处耘后，便将事情的经过全部告诉了他。李处耘知道问题的严重性，一刻也不敢耽误，便带着翟守珣去面见赵匡胤。

守珣素识上，往还京师，潜诣枢密承旨李处耘。[1]

赵匡胤随即召见翟守珣，详细了解了李重进的情况。翟守珣表示，他就在李重进身边，李重进自从被拒绝面圣后，整日坐立不安，便准备举兵反抗。尤其是得知李筠反了之后，李重进反抗之心日渐加重。赵匡胤对翟守珣说："朕打算给李重进赐一个丹书铁券，不知道李重进信不信我？"

求见上，召问曰："我欲赐重进铁券，彼信我乎？"[2]

翟守珣对赵匡胤说，以我对李重进的观察，他肯定不会有归顺之心。翟守珣还列举出了李重进在江淮期间的各种不轨行为，提示赵匡胤对李重进进行防备。

赵匡胤及时得到这个消息，紧张中有些兴奋。若不是这个翟守珣，等李重进与李筠同时举兵，他必然处于被动状态。赵匡胤重赏了翟守珣，还给翟守珣承诺了爵位，只要翟守珣帮着他设计挑拨李重进与李筠的关系，让这两个人形不成合力，宋朝就有机会逐个击破。等到收拾了李重进，翟守珣就能得到高官厚禄。

上厚赐守珣，许以爵位，使说重进稍缓其谋，无令二凶并作，分我兵势。[3]

为了不打草惊蛇，赵匡胤让翟守珣先回去。

1《宋史》卷四百八十四《列传》第二百四十三。
2《续资治通鉴长编》卷一《建隆元年》。
3《续资治通鉴长编》卷一《建隆元年》。

当然，翟守珣回去还有重要任务，就是想办法离间李重进与李筠的关系。李重进其人向来不服任何人，只要在语言上稍加挑拨，李重进必然上当。

翟守珣领会了赵匡胤的弦外之音，便又从汴京赶到了扬州。反正李重进不知翟守珣到汴京了，还是去潞州了。翟守珣回来，说李筠根本不愿意和李重进联手反宋，还说了一些李重进的坏话，比如李筠觉得李重进有勇无谋，若联合李重进，自己反而多了一个拖累。李重进听了翟守珣的话，非常生气。他大骂了李筠一番，决定不再与李筠联手。

> 守珣归，劝重进养威持重，未可轻发，重进信之。[1]

李重进打算等等看，诚如翟守珣所言，目前形势不太明朗，还得看一看再说。

就在李重进迟疑的时候，赵匡胤命自己最得力的石守信、高怀德、慕容延钊等人率大军扑向了李筠，赵匡胤自己也率领大家翻越太行山。不久，赵匡胤就消灭了李筠。

李筠被镇压，这让李重进震惊万分。他还等待着李筠成功的消息呢。若李筠成功夺取太行山以南的地方，也就形成了新的割据势力。到时候，即便李筠不联合他，他也会举兵反叛，让中原形成三足鼎立的状态。赵匡胤定然分不出那么多精力对付他和李筠。

可李筠引火自焚了，李重进产生了恐惧感。相较于李筠，李重进的实力虽然强一些，但赵匡胤也绝非一般人物，他能在神不知鬼不觉中发动兵变建立宋朝，就能看得出这个人必有过人之处，还有一帮智囊。

与赵匡胤对峙，他能成功吗？李重进一点儿胜利的把握都没有。

1《续资治通鉴长编》卷一《建隆元年》。

2. 李重进反

赵匡胤平定李筠之后，并没有调离李重进。毕竟李筠的失败，给了赵匡胤巨大信心，即便有人想要反叛，赵匡胤也能及时平叛。而李重进身边，还有赵匡胤派出的重要人物翟守珣。他会将李重进的一举一动，都秘密报告，让赵匡胤及时掌握。所幸的是这段时间以来，李重进尽管疑心重重，但并没有表现出要反叛的意思。

这时候的赵匡胤，就想给李重进一次人生的选择，让李重进看清眼前事实，做一个合格的宋朝将领。

赵匡胤派出六宅使陈思诲给李重进拿去了御赐的丹书铁券，还加封李重进为平卢节度使。

但李重进接到丹书铁券之后，一点也高兴不起来，赵匡胤的想法他猜不透。这份所谓的丹书铁券，到底有无免死作用李重进不想知道，但李重进非常清楚，赵匡胤会一直盯着他，只要他有任何举动，宋朝大军都能以最快速度来剿灭他。

> 上已平泽、潞，则将经略淮南，戊申，徙重进为平卢节度使，重进心益疑惧，庚戌，又遣六宅使陈思诲赍铁券往赐，以慰安之。[1]

其实，赵匡胤派出陈思诲去找李重进，也是试探李重进。赵匡胤想看看李重进对他的加封和丹书铁券到底如何处置。

陈思诲到达江淮时，李重进慌乱不知如何应对，李重进甚至准备整理行装，钦点军队，以谋大事。

1《续资治通鉴长编》卷一《建隆元年》。

> 思诲至淮南，李重进即欲治装随思诲入朝。[1]

陈思诲自从进入淮南，便已经感受到了李重进地盘上凝结着一种说不清的感觉。但作为赵匡胤的使臣，他必须将自己的使命完成，而不管在完成使命的道路上会遇到什么。但这时候，李重进的手底下人却挡住陈思诲，不让他进门。原来，这时候的李重进与当初的李筠一样，面对赵匡胤的使者也犹豫不决，他在思考到底该不该见赵匡胤派来的使臣。

李重进知道自己是后周的宗亲，与赵匡胤关系一直不好，和张永德没办法比。所以，对于赵匡胤的使臣，他就惧怕了。最终，李重进没有听陈思诲的辩解，而是直接将他拘押起来。

> 又自以前朝近亲，恐不得全，乃拘留思诲，益治反具。[2]

拘押皇帝派遣的使臣，自然就是公开反叛了。随即，李重进命人准备反叛事宜。只是汴京还没有收到李重进反叛的消息。李重进随即派出使臣，出使南唐，向南唐求援，让南唐与他共同反宋，意图大业。南唐李璟不敢与宋朝有军事冲突，拒绝了李重进的求援。

> 遣使求援于唐，唐主不敢纳。[3]

当时被赵匡胤派到扬州的监军安有规听说李重进拘押了陈思诲，便知道李重进必反。作为赵匡胤派到扬州监督李重进一举一动的人，他必须在李重进对他下手之前逃离，并迅速将李重进叛变的消息，上报给赵匡胤。

于是，安有规便领着几个人，晚上用绳子吊着，逃出了扬州城。李重进身边的智囊团，也意识到安有规的危险性，准备将安有规和陈思诲一样秘密拘押起

1《续资治通鉴长编》卷一《建隆元年》。
2《续资治通鉴长编》卷一《建隆元年》。
3《续资治通鉴长编》卷一《建隆元年》。

来，以防反叛的消息外传。但他们进入安有规居所时，却发现安有规早已不见踪迹。

安有规领着自己的几个亲信，马不停蹄地从扬州往汴京赶去，他要在最短的时间内，将李重进反叛的消息带给赵匡胤。

安有规跑了之后，李重进便开始对他的属下都不放心，总觉得这些人像安有规一样，对自己不忠诚。李重进将很多将领都抓了起来，一时间被抓的中高级将领就达数十人。

重进疑诸将皆不附，乃囚军校数十人。[1]

李重进这一举动，让那些跟着他出生入死的将领非常失望。被抓的这些人大声对李重进说："我们都是为了后周来驻守边关的，如今将军您侍奉后周，我们也是为后周尽力，难道不让我们上战场，却将我们抓起来吗？"

军校呼曰："吾辈为周室屯戍，公苟奉周室，何不使吾辈效命？"[2]

这时候的李重进已经听不进去这些人的辩解了。李重进命人将这些将领们都杀了，以绝后患。李重进的这一举动，也让那些跟着他的将士寒了心，很多人已经开始为自己想后路。李重进用屠刀，将他身边的人赶出了自己的阵营。这种残暴的手段，只能让将士们更加畏惧李重进。当年朱温推行"跋队斩"，让他众叛亲离，此时，李重进诛杀身边武将，注定他会一败涂地。

此后，李重进身边的人，都认为唯有投奔宋朝是所有人的归宿。他们在密谋投奔宋朝的事宜。

1《续资治通鉴长编》卷一《建隆元年》。
2《续资治通鉴长编》卷一《建隆元年》。

3. 部署镇压事宜

李重进反叛的消息，最终还是传到了汴京。赵匡胤料到李重进是一匹难以驯服的烈马，一些预防李重进反叛的计划早就部署好了，只是等待着时机。若李重进这一次安然接受了他的丹书铁券，甘心称臣，一切都好说。可李重进的脾性赵匡胤太清楚了。所以，他早就部署了宋延渥在李重进身边驻扎。不过这一次，赵匡胤不仅仅调派了宋延渥，还继续让石守信为主将，对扬州进行镇压。赵匡胤还将那位身边的卫士李处耘也派到了前线，配合石守信和王审琦。

> 己未，重进反书闻，上命马步军副都指挥使、归德节度使石守信为扬州行营都部署兼知扬州行府事，殿前都指挥使、义成节度使王审琦为副，宣徽北院使李处耘为都监，保信节度使宋延渥为都排阵使，率禁兵讨之。[1]

就在赵匡胤派出大军镇压李重进的时候，南方吴越国也发生了叛乱。吴越国王钱俶有个舅舅叫吴延福，当时有人说吴延福有异心。

> 宁国军节度使吴延福，吴越王俶之舅也。或告延福有异图。[2]

这可不是钱俶所能忍受的。钱俶素有大志，他觉得吴越国需要的是安宁，需要的是稳定的社会环境，这样才不至于在列强林立的时代被人吃掉。不管传言是真是假，钱俶都要将这样的流言抹杀掉，稳定国内政局。于是，钱俶便派出内侍指挥使薛温围住了吴延福的家，将吴延福的五个兄弟都抓了起来。

---

1 《续资治通鉴长编》卷一《建隆元年》。
2 《续资治通鉴长编》卷一《建隆元年》。

　　庚申，俶遣内牙指挥使薛温以兵围其第，收延福兄弟五人。[1]

　　当时担任睦州刺史的吴延福听闻家人全部都被抓了起来，非常紧张，不知道该怎么处置。国主这样不信任他，即便他有一百张嘴，也难以解释。随即，吴延福此时做了一个愚蠢的决定，他想以死证明自己的清白。于是，吴延福自杀了。

　　睦州刺史延福，恐惧自杀。[2]

　　但吴延福这样，反而让他叛乱的事情更扑朔迷离。难不成是吴延福谋反消息泄露，畏罪自杀？总之，这时候他的自杀，连累了家里人。

　　当时，钱俶身边的那些武将想将吴延福的兄弟们都诛杀了，但钱俶不同意，钱俶看到诸将虎视眈眈的样子，便哭着说："他们都与我的母亲同出一支，他们体内流着一样的血，如今要我对他们白刃相加，我实在不忍心。"最终，钱俶选择了将这些人罢免官职，全家都安置在了诸州。

　　吴越国发生的事情，赵匡胤也听说了，但这是吴越国的内政，宋朝不好干涉。目前，宋朝有更重要的事情要做，那就是平定李重进的叛乱。

　　不久，赵匡胤便命翰林院的大学士们起草了一道诏书，极尽可能地将宋朝如何对待李重进的恩义写出来，也将李重进不思皇恩浩荡，拘押了派去给他颁布丹书铁券的使臣等行为公之于众——这是宋朝反击的第一步，即在意识形态领域，将李重进的种种恶行都揭露出来。在这份诏书中还明确指出，从李重进反叛的那一刻起，宋朝将剥夺李重进的官爵，将他当成乱臣贼子。

　　癸亥，诏削夺李重进官爵。[3]

　　也就是从此刻起，只要是宋朝的合法百姓，都应该将抵抗李重进的叛乱当成

1《续资治通鉴长编》卷一《建隆元年》。
2《续资治通鉴长编》卷一《建隆元年》。
3《续资治通鉴长编》卷一《建隆元年》。

是自己的责任。石守信、王审琦、李处耘率领的大军向扬州出发，宋延渥也在长江边上驻扎着，等着宋朝大军到来。

赵匡胤牵挂着扬州的战事，不过赵匡胤这一次对于平定李重进的反叛，比镇压李筠更有信心。李筠的反叛，一定程度上让他有了一次演习的机会。对付李重进，不过是将平定李筠的手段重新再演一遍而已。况且，比起李筠，李重进有各种短板和劣势。比如，扬州没有上党的地理优势；李重进身边也没有力挽狂澜的智囊团及将领，宋朝初建不稳定的因素已经平息，此时的宋朝已经四方安定了；李重进还诛杀了很多将领，扬州局势不稳……这一切的天时、地利、人和因素，李重进一样不占。

李重进已经处于黔驴技穷的境地。

这时候，北方守将李继勋又上了一道奏疏，说他先前攻打北汉时，俘获的数百北汉的百姓，无处安置，请求处置办法。赵匡胤看到李继勋的奏折，有些生气，李继勋看起来是掳掠了北汉，其实为他制造了很多麻烦，这些被掳来的百姓需要安置。但安置百姓就需要钱粮，朝廷给李继勋的粮草是供养大军的，不能给这些百姓。最好的办法，就是将这些掳来的百姓放回去。于是，赵匡胤便命李继勋将这些北汉百姓悉数放回去。李继勋自然也不乐意，这些百姓是他的战利品，就这样放回去，心里实在不甘心。可皇命不可违，李继勋只能奉旨行事。

先是，边将获北汉民数百人，甲子，命悉放还。[1]

另外，这段时间因为天气变冷，朝中大臣们偶有得疾病者，告假不能上朝。这时候，赵匡胤还专门下了一道诏令，对于那些文武官员得病请假超过三日的，都派遣御医查看病情。

诏文武常参官请病告过三日，以名闻，当遣太医诊视之。[2]

1《续资治通鉴长编》卷一《建隆元年》。
2《续资治通鉴长编》卷一《建隆元年》。

这算是对文武大臣的一种福利性优惠政策，当然也能看出赵匡胤治理国家的决心，若没有这些臣子，赵匡胤就无法实现国家的大治。这项福利看起来是一件小事，但透露着赵匡胤对国家、对文武大臣的关怀。所有的工作都是人干出来的，没有人，一切理想都是空洞的。

当月，还从吴越传来了一个消息，吴越国开始榷酒酤[1]。这项制度是一项非常成熟的增加国家收入的制度。钱俶在全国推行这样的制度，对赵匡胤的触动也很大，他将借鉴吴越国的成功经验，在宋朝也推行诸如榷酒酤等一系列制度。

时间在急匆匆中，便到了十月。天气已经非常寒冷了。这是赵匡胤继承皇位之后的第一个冬天，他要让文武大臣士兵将校都感受到宋朝的温暖。于是，赵匡胤给百官和全军都御赐了冬服，还命各地行政长官，要给各处的官员和守边将士们及时送上冬衣，让大家避免寒冷侵袭。

> 冬十月丁卯朔，赐百官诸军校冬服，诸州长史、屯戍将士，遣使就赐之。[2]

不管是给生病大臣派御医察看病情，还是为全国官员送去冬衣，都体现了赵匡胤笼络人心的强大行政手段。这是五代以来很少有过的。赵匡胤的形象日渐高大起来，官员们也都对赵匡胤更加认可了，守将们也都竭尽心力守卫着边关。

这时候，赵匡胤还对一个后周旧将进行了岗位调整，此人叫杨庭璋，也是后周的重臣，时任建雄[3]军节度使。据说前不久李筠叛乱时，曾派出自己的使臣，走访联络杨庭璋，希望杨庭璋和他一起出兵伐宋。李筠的使臣将李筠伐宋的部署全部告诉了杨庭璋。不过杨庭璋并没有出兵支援李筠。

---

1 榷酒酤是古代政权实行的酒类专卖制度，亦称榷酤、酒榷。始行于汉武帝天汉三年（公元前98年），官府控制酒的生产和流通，独占酒利，不许私人自由酿酤。以后，历朝历代都将这项制度作为增加财政收入的重要来源。

2《续资治通鉴长编》卷一《建隆元年》。

3 五代方镇名。后唐改后梁建宁军置，治所在晋州（今山西临汾市）。

> 李筠之叛也，遣使邀建雄节度使真定杨庭璋，庭璋执其使以闻，仍献
> 攻取之策。[1]

后来李筠兵败，杨庭璋便继续在建雄节度使上任职。李重进反宋时，赵匡胤开始对杨庭璋不放心。除了李筠生前联络过杨庭璋一起谋反，另外一个重要的原因是杨庭璋的妹妹曾经是周太祖郭威的妃子，杨庭璋算是正宗的后周外戚。此时，李重进反宋，杨庭璋会协助李重进吗？赵匡胤无法猜透杨庭璋的想法，只能将其调离。于是，赵匡胤便命郑州防御使信都荆罕儒到晋州去观察杨庭璋的动静。

> 庭璋姊，故周祖妃，上疑有异志，命郑州防御使信都荆罕儒为晋州兵
> 马钤辖，使伺察之。[2]

赵匡胤派遣荆罕儒到晋州任职，杨庭璋自然知道赵匡胤的意图。杨庭璋也清楚荆罕儒是个厉害角色，他既然敢只身前往晋州，找自己报到就能说明荆罕儒的胆识。为了印证荆罕儒的胆识，以前荆罕儒到杨庭璋府中时，杨庭璋都命手下们手持刀剑，摆出一副凶神恶煞的样子，但荆罕儒毫不畏惧。不过这一次与以往不同，杨庭璋表现出了非常成熟的政治手腕，他热心接待了荆罕儒，并不在荆罕儒面前耀武扬威，表现出要反叛的意思，荆罕儒也没办法抓住杨庭璋的把柄。

> 罕儒每入府中，从者悉持刀剑，庭璋开怀接纳，殊不设备，罕儒亦不
> 敢发。[3]

赵匡胤见杨庭璋并没有反叛的意思，便给杨庭璋下了一道诏书，让杨庭璋进

1《续资治通鉴长编》卷一《建隆元年》。
2《续资治通鉴长编》卷一《建隆元年》。
3《续资治通鉴长编》卷一《建隆元年》。

京面圣。杨庭璋手底下的那些谋士建议，不要去面圣，否则极有可能会被赵匡胤扣押在京城，永远也回不了晋州。但杨庭璋却认为自己身正不怕影子斜，若不去面圣反而徒增赵匡胤的怀疑，那些后周旧臣中面圣的人都得到了好的归宿，没有到京城面圣的人，都没有好下场。于是，杨庭璋一个人去了汴京。

> 会有诏召庭璋赴阙，庭璋即日单车就道。[1]

杨庭璋只身前来，赵匡胤非常欢喜，赏赐了杨庭璋一番。但赵匡胤还是不放心杨庭璋，因为晋州是杨庭璋的老巢，他在那里已经经营多年，各种关系错综复杂。若让杨庭璋继续在晋州担任节度使，赵匡胤会不安心。于是，赵匡胤表示想给杨庭璋换个地方，征求杨庭璋的意见。此时的杨庭璋已经处于一种自身难保的境地中，不敢违逆赵匡胤。于是，赵匡胤就下了一道圣旨，将杨庭璋调任静难节度使。这是赵匡胤试探杨庭璋的举动，若杨庭璋欣然接受任命，就说明杨庭璋并无反心；若杨庭璋不愿意离开晋州，只能说明杨庭璋也有反宋的心思，就得对杨庭璋这个人特别关注了。

但接到圣旨后，杨庭璋想也没想，便到静难节度使任上去了。自此，赵匡胤对杨庭璋放心了。

4. 荆罕儒遇难

在获取李重进叛乱的消息上，安有规起到了巨大的作用。李重进叛变时，安有规果断采取措施，翻越城墙，将消息第一时间上报给了赵匡胤。这份沉着冷静，让赵匡胤对安有规另眼相看。当然，赵匡胤也不会亏待一直为他效忠的人。不久，赵匡胤便对安有规进行了擢升，让他担任滁州刺史，并让他负责监军征讨李重进。

1《续资治通鉴长编》卷一《建隆元年》。

> 庚午，安友规至自扬州，上以为滁州刺史，令监护前军进讨。[1]

此时，石守信等人率领的宋军已经到了江南。李重进也带着自己的人与宋军正面交火。赵匡胤由于没有亲征，所以格外挂念平定李重进的事宜。他给有司衙门下了命令，一旦有前方战报，要第一时间上奏朝廷。

然而，这时候，黄河决堤了。泛滥的黄河先后将棣州厌次县和滑州灵河县淹没。

> 壬申，河决棣州厌次县，又决滑州灵河县。[2]

一时间，百姓流离失所，到处都有难民。赵匡胤不得不将工作重心放在抗洪救灾上面，他派出人员抓紧时间去抗洪救灾，安置受灾百姓。

漏屋偏逢连阴雨，这时候，契丹听说李重进反了，打算在河北边境上驻兵，威胁宋朝。赵匡胤果断加强河北之地的布防，他将镇州的娘子关升了一个层级，从一个关卡升成了承天军。这便一下子提升了娘子关的防御部署，承天军是节度使级别，远非一个关卡相比。契丹意图从娘子关南下的计划落空。

这些事处理完毕后，赵匡胤还心心念念着平定李重进的事情。事实上，此时前方迟迟没有传来李重进被平定的消息。赵匡胤在焦急之余又想到了亲征。然而，就在赵匡胤打算亲征扬州的时候，又得到了一个令人震惊的消息。当时晋州地方官给赵匡胤上了一份奏疏，陈述了兵马钤辖、郑州防御使荆罕儒侵略北汉的事宜，也报告了荆罕儒被北汉狙杀的消息。得到消息的赵匡胤非常震惊，他怎么也想不到大将荆罕儒就这样被北汉狙杀了。

> 乙酉，晋州言兵马钤辖、郑州防御使荆罕儒战没。[3]

1《续资治通鉴长编》卷一《建隆元年》。
2《续资治通鉴长编》卷一《建隆元年》。
3《续资治通鉴长编》卷一《建隆元年》。

据奏疏内容反映，荆罕儒被北汉狙杀，是他咎由自取。当时荆罕儒自恃英勇无敌，经常带着人入侵北汉境内，攻打城镇，掠夺财产。为了躲避荆罕儒，北汉边境之地，常常紧闭城门，将全城百姓集中在城内。即便这样，那些边缘的地方还是会遭到荆罕儒的掠夺。有一次荆罕儒还领着千余人到了汾州城下，将汾州城外围的草市都焚烧了，才带着大军回撤。

荆罕儒不断骚扰北汉，让北汉军民非常记恨荆罕儒，他们一直在想办法狙杀荆罕儒。有一次，荆罕儒带着大军到达京土原（今山西省隰县附近）。由于当时天色已晚，荆罕儒便命军队在京土原驻扎。不知何故，荆罕儒率军在京土原驻扎的消息，被北汉守将郝贵超知道了。郝贵超觉得报仇的时刻到来了，便率领着自己的一万人马，偷袭了荆罕儒。荆罕儒对于此次偷袭，完全不知情。等郝贵超大军冲入荆罕儒的军营时，宋军一片混乱。荆罕儒让都监、毡毯副使阎彦进与他一起分兵抵抗郝贵超。

夕次京土原，北汉主遣大将郝贵超领万众来袭，黎明及之，罕儒遣都监、毡毯副使阎彦进分兵以御贵超。[1]

当夜，激战异常惨烈，荆罕儒用他的袍子裹着战甲，在胡床（亦称交床、交椅、绳床，是古时一种可以折叠的轻便坐具）上率领着将士们反抗。由于现场处于一种混乱中，荆罕儒也不知道北汉来了多少人。不久之后，荆罕儒听说阎彦进没有抵挡住北汉军，反而撤退了。荆罕儒便上马，领着大军去抵挡郝贵超的前锋。由于荆罕儒匆忙出兵，被郝贵超的前锋迅速围住。荆罕儒陷入阵中，难以逃脱。北汉将士用刀枪戳荆罕儒的战马，荆罕儒从马上坠落，被郝贵超的大军团团围住。即便如此，荆罕儒还是奋战不已，杀了数十人，最终因为寡不敌众，被郝贵超的大军狙杀。

1《续资治通鉴长编》卷一《建隆元年》。

罕儒锦袍裹甲，据胡床飨士，方割羊臂臑以食，闻彦进小却，即上马麾兵径犯其锋。北汉人攒戈舂之，罕儒坠马，为北汉人所获，罕儒犹格斗，手杀十余人，乃遇害。[1]

一直欣赏荆罕儒的北汉刘钧希望活捉荆罕儒，但他得到的消息却是荆罕儒已被杀。刘钧气愤之余，将那些诛杀荆罕儒的人悉数杀了。

北汉主欲生致罕儒，及闻其死，求杀罕儒者戮之。[2]

赵匡胤听闻荆罕儒被害，痛心不已。既为荆罕儒的鲁莽痛心疾首，也为宋朝损失一员悍将而痛心不已。为了安抚荆罕儒的家人，赵匡胤授予荆罕儒的儿子荆守勋西京武德副使。

上痛悼不已，擢其子守勋为西京武德副使。[3]

赵匡胤也严肃处理了荆罕儒手底下的将士。在赵匡胤看来，若不是这些人有退却心意，荆罕儒也不会陷入北汉的包围之中。原荆罕儒手底下的慈州团练使王继勋罢为率府率，阎彦进罢黜为殿直（皇帝的侍从官），还斩杀了龙捷指挥使石进德等二十九人。

因索京土原之将校不用命者，黜慈州团练使王继勋为率府率，阎彦进为殿直，斩其部下龙捷指挥使石进德等二十九人。[4]

赵匡胤兵变以来，还从未出现过这么严重的处罚。这也是赵匡胤杀鸡给猴

1《续资治通鉴长编》卷一《建隆元年》。
2《续资治通鉴长编》卷一《建隆元年》。
3《续资治通鉴长编》卷一《建隆元年》。
4《宋史》卷二七二。

看的做法，赵匡胤就是要以严厉的赏罚，来提醒将士们，若临阵脱逃，结果就是这样。

荆罕儒的事件给赵匡胤留下了深刻教训，赵匡胤对地方官的工作职责划分有了新的打算。一直以来，地方长官都是主抓一切工作，军政一把抓，听不进去不同建议，也无人敢提建议。这极容易形成"一言堂"的局面，导致很多工作处于被动状态。这种情况非常不利于国家大策的运行。

此前，赵匡胤已打算给每个地方都新增一个判官职务，形成地方治理两人牵制的局面。但因为政事太多，这件事也就一直被搁置下来。荆罕儒之事，催生了赵匡胤要在地方设立判官的打算。

不久，赵匡胤决定先从两京治理入手，对两京那些州郡都增加一个判官职位，让知州与判官形成某种钳制作用。这也是赵匡胤的特创。也就是说，以后各个地方长官们不再是一人独大，增加一个判官的目的，就是要分权。赵匡胤命吏部抓紧时间草拟判官人员名单，尽快通过宰相府议定，给全国颁发下去，以实现州郡两人分治的格局。

> 先是，两京军巡及诸州马步判官，皆以补将吏，于是诏吏部流内铨注拟选人。[1]

5. 再次亲征

处置完了地方判官之事后，赵匡胤才开始考虑扬州李重进叛乱的事情。

赵匡胤向枢密使赵普询问扬州事宜。赵普说："李重进这个人既没有薛公（田文，孟尝君）的谋略、诸葛孔明的深谋远虑，也无诸葛诞的布施之心，亦没有袁绍的名门声望。他所拥有的不过是扬州一座孤城而已。李重进的现状是断绝外援，城内也缺乏粮食，我们只需要派出大军猛攻扬州，必然可以攻破。不管是

1《续资治通鉴长编》卷一《建隆元年》。

速取扬州，还是稳扎稳打，扬州都难以抵挡我们大宋的兵马。但兵法有云：兵贵神速。我们立即派人速取，扬州必破。"

> 上问枢密副使赵普以扬州事宜，普曰："李重进守薛公之下策，昧武侯之远图，凭恃长淮，缮修孤垒。无诸葛诞之恩信，士卒离心；有袁本初之强梁，计谋不用。外绝救援，内乏资粮，急攻亦取，缓攻亦取。兵法尚速，不如速取之。"[1]

对于赵普的计划，赵匡胤非常赞同。不过赵匡胤在思谋之后还是决定亲征扬州。也唯有亲征才能震慑四方。于是，赵匡胤下旨，他要亲征李重进。

赵匡胤延续了赏赐征讨李筠时期的策略，让赵光义继续掌管中央禁军，让吴延祚和吕余庆主管京城的政务。

> 丁亥，下诏亲征，以皇弟光义为大内都部署，吴延祚权东京留守，吕余庆副之。[2]

特色了留守之人，赵匡胤命人选定良辰吉日，南下征讨李重进。这个良辰吉日选在了庚寅日。当天，赵匡胤带着满朝文武举行了祭天仪式，向上天祈福。之后，赵匡胤就率领宋朝五万多将士南下。

> 上发京师，百司六军并乘舟东下。[3]

不久，赵匡胤一行便到了宋州（今河南商丘，此地在宋真宗时代被提升为应天府），这里是赵匡胤曾经建节的地方，赵匡胤对此地有非同一般的感情。当时，宋州城内有很多人家的孩子都在扬州当兵，他们看到赵匡胤率军南下准备攻打扬

1《续资治通鉴长编》卷一《建隆元年》。

2《续资治通鉴长编》卷一《建隆元年》。

3《续资治通鉴长编》卷一《建隆元年》。

州，扬州当兵的人家都非常恐惧，担心受此牵连。赵匡胤不得不派人安抚这些人。并告诉这些人，即便是宋州人士到扬州当兵，他们也不会被株连，请宋州的父母妻子们都放心。这才让那些孩子在扬州当兵的人家心里多少有些安慰。

> 癸巳，次宋州。城中军有戍扬州者，父母妻子颇怀疑惧，分命中使就抚之。[1]

之后，赵匡胤乘坐龙舟南下。到了十一月初，赵匡胤一行人已经到了宿州（今安徽宿州）。

赵匡胤并没有在宿州停歇，继续率部南下，几天时间，赵匡胤一行便到了泗州。这时候，已经没办法继续乘着龙舟行驶。赵匡胤命全军将士登陆，沿着陆地而行。赵匡胤故意让人击鼓而行，营造声势，以达到震慑江南的作用。

到了十一月中旬，赵匡胤带领的宋军，已经到达了大义驿站。这里距离扬州只有四十余里，半天时间就能赶到。此时，由于赵匡胤长时间的行军有些疲惫，本想着在此处休息一晚，第二天再到扬州督战。但此时，石守信知道赵匡胤已经在路上了，便派出信使去给赵匡胤汇报，说扬州破城在即，请赵匡胤到现场督战。

> 丁未，至大义驿，石守信遣使驰奏扬州即破，请上亟临视。[2]

听到石守信的捷报，赵匡胤忍着疲惫，火速赶往扬州，他要目睹李重进的失败。当天晚上，赵匡胤率领的宋军五万主力到了扬州城外。此时，石守信率领的宋军正在攻打扬州。赵匡胤命自己率领的士兵们也加入战争中。

宋军的主力多了一倍多，扬州被围成了铁桶一般，一只苍蝇也飞不进去。随即，赵匡胤命人对扬州发起猛烈攻击。扬州人心惶惶，加上李重进不善待属下，

1《续资治通鉴长编》卷一《建隆元年》。
2《续资治通鉴长编》卷一《建隆元年》。

将士们对李重进多有抱怨之情。

> 重进性鄙吝，未尝有觞酒豆肉及其士卒，下多怨者。[1]

随着宋军猛烈攻城，李重进的士兵开始溃逃。不久，宋军就登上了扬州城楼，扬州城破。

李重进看到宋军入城，知道大势已去，便不再抵抗，将妻妾都困在府中，点燃了房子。顷刻之间，全家人都被大火吞噬。而赵匡胤派出的使臣陈思诲，也被李重进手下杀害。

> 李重进尽室赴火死，陈思诲亦为其党所害。[2]

这时候，赵匡胤又派出人去寻找翟守珣，发现翟守珣安然无恙。赵匡胤便对翟守珣进行了赏赐。

> 上购得翟守珣，补殿直，俄迁供奉官。[3]

李重进的几个亲属家人，也未得到善终。李重进的哥哥是深州刺史李重兴，听闻弟弟造反以后，知道会累及家人，自杀而死。李重进的弟弟解州刺史李重赟和李重进的儿子李延福，被石守信的大军抓住后都处死了。

> 兄深州刺史重兴，初闻其叛即自杀。弟解州刺史重赟，子尚食使延福，并戮于市。[4]

1《续资治通鉴长编》卷一《建隆元年》。
2《续资治通鉴长编》卷一《建隆元年》。
3《续资治通鉴长编》卷一《建隆元年》。
4《续资治通鉴长编》卷一《建隆元年》。

建隆元年淮南李重进的叛乱就此落下帷幕。李重进的家人，基本上在这次平叛中全部死去。比起李筠而言，李重进的下场自然要惨烈许多。与征讨李筠所不同的是，这一次，赵匡胤基本上没有操心，整个扬州便被平定了。他只是以亲征的名义，给南方的那些国家释放一种不服宋朝就会被消灭的信号。赵匡胤释放的这种信号，的确在那些南方小国家中形成了不小震动。他们对赵匡胤的手段，也都非常惧怕，不敢再有举兵自立的打算。

赵匡胤进入扬州城之后，也及时采取了安抚人心的策略。因为扬州多日遭受炮火，许多人死于非命，城内也一片狼藉。赵匡胤让扬州的地方官员们火速投入救灾和安抚工作中。那些地方官，便给扬州老百姓散发吃食，每人一斛米，十岁以下的每人半斛。如此，赵匡胤稳住了扬州臣民的心。赵匡胤又对那些被李重进胁迫的军士赏赐了衣服，允许他们顺应时代潮流，投奔宋朝。

赵匡胤还下了一道圣旨，招李重进没有死去的家属主动出来，到官府自首，届时朝廷会赦免他们的罪行。赵匡胤对于那些已经战死而抛尸于荒郊的双方战士，命人悉数掩埋。对那些战死在城下的宋军将士，都赏赐绢三匹，家里三年不服兵役。

> 庚戌，诏重进家属、部曲并释罪，逃亡者听自首，尸骼暴露者收瘗之，役夫死城下者，人赐绢三匹，复其家三年。[1]

南唐李璟听闻赵匡胤平定了李重进的叛乱，便派遣大臣带着江南特有的粮食和礼品到扬州犒师。赵匡胤统统都收下了。这时候，正好是彰显国威之时，赵匡胤就是要让南唐看到宋朝的强大。

不久，南唐李璟又派遣他的儿子蒋国公李从鉴带着户部尚书新安冯延鲁到扬州来买宴[2]。

1《续资治通鉴长编》卷一《建隆元年》。
2 古代臣下献钱财以参与国君所设的宴会。

甲午，诏今后诸侯入朝，不得进奉买宴。[1]

甲午，前静难节度使侯章献买宴绢千匹，银五百两；帝不受，曰："诸侯入觐天子，宜有宴犒，岂待买邪！自今如此比者，皆不受。"[2]

庚申，复遣其子蒋国公从鉴、户部尚书新安冯延鲁来买宴。[3]

这个冯延鲁就是南唐著名词人冯延巳的弟弟。

在这场宴会上，赵匡胤开始对南唐的使臣们进行责难。赵匡胤板着脸问冯延鲁："你们的国主为什么私底下要与叛臣李重进交往？"冯延鲁辩解说："我们的国主只知道李重进是宋朝的节度使，所以才与他有交往，但不知道李重进要谋反啊！"赵匡胤不相信冯延鲁的话，便询问南唐李璟为何不知道李重进要谋反。冯延鲁这才说出了事情缘由："李重进当初派出使臣到了我们南唐，我们国主担心李重进有诈，便让我探问李重进的使者。在我见李重进的使者之前，我们国主就曾给我交代说，大丈夫郁郁不得志，必然有反叛的人，但反叛这件事是因时因地而做出的。当时陛下您刚刚建立宋朝，人心不安，又遇上党李筠兵乱，李重进都没有反，如今四方一定，天下归心，李重进意图以扬州的一座城，几千残兵就想反抗宋朝，即便是韩信、白起复生也不会成功。所以我们尽管有粮草，但绝不会资助李重进。"

帝厉色谓延鲁曰："汝国主何故与我叛臣交通？"延鲁曰："陛下徒知其交通，不知预其谋反。"帝诘其故。延鲁曰："重进使者馆于臣家，国主令人语之曰：'男子不得志，固有反者，但时有可、不可。陛下初立，人心未安，交兵上党，当是时不反，今人心已定，方隅无事，乃欲以残破扬州，数千散卒，抗万乘之师，借使韩、白复生，必无成理，虽有兵食，不敢相资。'重进卒以失援而败。"[4]

---

1 《旧五代史·周书·太祖纪三》。
2 《资治通鉴·后周太祖广顺二年》。
3 《续资治通鉴长编》卷一《建隆元年》。
4 《续资治通鉴长编》卷一《建隆元年》。

听了冯延鲁的辩解，赵匡胤才换了另一副慈祥的脸庞。赵匡胤对冯延鲁也有了更进一步认识。这个冯延鲁不露声色，便将李重进当时想拉拢南唐的事情，推得一干二净。

赵匡胤继续对冯延鲁进行刁难，对冯延鲁说："今李重进已经平定，诸将都劝我乘着龙舟南下，过长江向江南（指南唐）进军，你觉得这样做怎么样？"赵匡胤的意思很明确，诸将劝我乘着这次机会，直接过长江，灭了南唐。这种言辞，是在挑战冯延鲁的底线。但冯延鲁一点惧怕的意思都没有，而是义正词严地对赵匡胤说："陛下您英明神武，要带着六军攻打江南小国，我们怎么能抵抗得了你们的大军？不过江南也有兵甲数万，都是我们国主的亲兵，与我们国主誓同生死，若陛下您要带着数万军士过河与我们作战，他们一定会抵抗到底。况且长江上波涛汹涌，宋军若要进取江南，没有粮草辎重，这是宋朝南下攻唐最大的隐患。"听完冯延鲁的话之后，赵匡胤哈哈大笑，他对冯延鲁说："我刚刚不过是一句戏言，你何必那么认真呢？"[1]

> 上曰："虽然，诸将皆劝吾乘胜济江，何如？"延鲁曰："陛下神武，御六师以临小国，蕞尔江南，安敢抗天威？然国主有侍卫数万，皆先主亲兵，誓同生死，陛下能弃数万之众与之血战则可矣。且大江风涛，苟进未克城，退乏粮道，亦大国之忧也。"上笑曰："聊戏卿耳，岂听卿游说耶。"

赵匡胤见识到了冯延鲁的厉害，但赵匡胤总觉得心里有些吃亏，毕竟此刻宋朝十多万大军在扬州集结。这是威吓南唐的最佳时机，可冯延鲁的一番话，让赵匡胤无言以对。文化人的嘴堪比一支军队，以后宋朝得重用文化人。但不吓唬吓唬南唐，若想要再次举兵到长江边上，也不是一件容易的事情。

于是，赵匡胤便让诸军操作战舰到江面上迎接銮驾，故意闯入南唐的边境游览。这件事让李璟非常恐惧，他担忧宋朝大军乘着战舰过了长江，南唐就处于

1《续资治通鉴长编》卷一《建隆元年》。

危险之中了。恰巧这时候，有个叫杜著的小官，巧舌如簧，口若悬河善辩，他化身为一个商人，主动过江投奔了赵匡胤。另一个南唐官员彭泽令薛良，因为遭受到刑罚，心中不服，也前来投奔赵匡胤，而且这个薛良还给赵匡胤献上了《平南策》。这件事被李璟知道后，愈加恐惧宋朝会过江，直接取金陵。

> 上使诸军习战舰于迎銮，唐主惧甚。其小臣杜著，颇有辞辩，伪作商人，由建安渡来归，而彭泽令薛良坐事责池州文学，亦挺身来奔，且献平南策。唐主闻之益惧。[1]

但这两个人的做法，并不被赵匡胤认可。这种卖主求荣之举，让赵匡胤对其品行产生了怀疑。随即，赵匡胤命人将这两人都捉拿了，以卖主求荣的罪名将他们在街市上斩首示众，还将他们的妻妾也都发配到了庐州，让她们给庐州的低级军官充当家属。赵匡胤的这种恩威并施的办法，愈加让李璟紧张了。不久，李璟便命人商议迁都之事，准备将国家的都城从金陵迁到洪州（今江西省南昌市）。

> 上命斩著于下蜀市，良配隶庐州牙校，唐主乃少安，终以国境蹙弱，遂决迁都之计。[2]

事实上，赵匡胤只是为了吓一吓南唐而已，并不想南下。诚如冯延鲁而言，此时赵匡胤举兵南下，南唐势必会誓死抵抗，即便赵匡胤能灭南唐，赵匡胤也会受到重创。这自然是赵匡胤不愿意看到的。总之，这一次赵匡胤亲征的主要任务是平定李重进，而非进攻南唐。

不久，赵匡胤便思谋北返事宜。但在北返前，赵匡胤首先得将扬州之事安排妥当。扬州初降，百废待兴，需要选一个靠得住的人做扬州知州，领导扬州人迅速走出战争的阴影，恢复生产生活秩序。赵匡胤在自己的亲信中寻找着合适的人

1《续资治通鉴长编》卷一《建隆元年》。
2《续资治通鉴长编》卷一《建隆元年》。

选。最终，赵匡胤将人选确定为李处耘。李处耘是陈桥驿兵变的参与者，又跟着赵匡胤南征北战，是他可以放心的人。于是，赵匡胤便让李处耘担任扬州知州。

李处耘在扬州任职期间，为了迅速恢复生产，想尽办法，出台了各种惠民政策。比如，他到处巡视平定叛乱之后的状况，减免扬州的赋税，并带领人到处访贫，了解民间疾苦，这一系列操作下来，扬州逐渐恢复秩序，扬州的百姓也逐步安定下来。

> 乙丑，命宣徽北院使李处耘权知扬州。时扬州兵火之余，阖境凋弊。处耘勤于抚绥，轻徭薄赋，召属县父老访民间疾苦悉去之。扬州遂安。[1]

6. 尾声

十二月初，赵匡胤决定北返，回汴京。这时候已经到了新年，这是他当皇帝后的第一个新年，他要赶回去，好好过一个年。去年的这时候，他还在策划着兵变，这第一个新年，对赵匡胤意义重大。腊月中旬，赵匡胤便到达了汴京。

赵匡胤到达汴京之后，占城[2]国王释利因塔蛮派遣使臣出使宋朝，给宋朝也带来了地方特产。这些特产当中，有一种种子很快在宋朝得到普遍推广，这便是占城稻。这个占城稻在宋代起到了非常巨大的作用，为宋代粮食丰收立下了不世之功。但这时候，它只是作为一种礼物，进贡给了宋朝。真正让占城稻得到大面积推广的人是赵光义的三儿子，也就是宋代第三位皇帝宋真宗。

当月，看到赵匡胤强势的军事手段后，那位被柴荣拒绝的留从效继续给赵匡胤上疏，表示愿意向宋朝称藩。后周时，留从效就表示要归附中原王朝，还请求周世宗准许他到汴京为官，但周世宗为了缓和与南唐的关系，没有同意。此时，留从效又故技重施，表示归附，赵匡胤不好拒绝，但又不得不拒绝。因为留从效

1《续资治通鉴长编》卷一《建隆元年》。
2 位于中南半岛东南部，北起今越南河静省的横山关，南至平顺省潘郎、潘里地区。

在一天，泉州和漳州就能保持安宁，不会出现战乱，而留从效若进京为官，这两个地方势必会乱起来，没有人能管束得了他们。最终，赵匡胤还是选择了周世宗的做法，奖赏留从效，从精神和物质层面，都对留从效进行抚慰，让留从效继续留在漳、泉之地。

是月，唐清源节度使留从效遣使奉表称藩，上亦遣使厚赐以抚之。[1]

留从效似乎早就料到赵匡胤会拒绝他，所以从这一年开始，连续三年，留从效都向赵匡胤上疏，希望归附宋朝，但赵匡胤都没有答应。苦等赵匡胤松口的留从效，最终死在了他割据的地方。

宋建隆初，唐元宗迁都南昌，从效大惧，以为见讨，乃遣子绍基贡唐，又遣使假道吴越入贡于宋。宋太祖特命使厚赐以抚之，使未至，而从效发疽薨，年五十有七，唐赠太尉、灵州大都督。[2]

建隆元年年底，宋朝处在一种平稳的气氛当中，北汉却并不安定。此时，北汉对高层人事也进行了调整。北汉主刘钧以郭无为为谏议大夫，并参与中书省的事宜。这实际上就是安排郭无为为宰相了。

是岁，北汉主以抱腹山人郭无为为谏议大夫，参议中书事。[3]

郭无为这个人也是赵匡胤的旧识，很多年前，他就与赵匡胤相识了。当时赵匡胤还在郭威手底下做事，郭无为已经成了鼎鼎大名的名士，能言善辩，是不可多得的人才，只是身着道服，在武当山隐居，一般人根本请不动他。

1《续资治通鉴长编》卷一《建隆元年》。
2《十国春秋》卷九十三《闽四》。
3《续资治通鉴长编》卷一《建隆元年》。

> 无为，安乐人。方颡乌喙，好学多闻，善谈辩。尝衣褐为道士，居武当山。[1]

早年间，郭威征讨李守贞，郭无为有意投奔郭威，便站在门口请求郭威召见，并声称自己有匡扶宇宙之才。郭威对这个郭无为有所耳闻，但并没有立即面见郭无为，而是打算先晾一阵，杀一杀郭无为的傲气。但郭威清楚，郭无为有大才，也不能太冷落他了。郭威最终还是面见了郭无为。

不过郭无为和那些有高才的人一样，有一个毛病，自恃无人能及他的才华，便也将很多人不放在眼里。因为郭威没有及时召见他，等见了郭威便说："公乃后汉大臣，手握重兵在外，却故意怠慢大学之才，这是一个军官没有远见的表现。"

> 周太祖讨李守贞河中，无为诣军门上谒，询以当世之务，甚奇之。或谓周祖曰："公为汉大臣，握重兵居外而延纵横之士，非所以防微虑远之道也。"[2]

这一句话，伤了郭威的面子，郭威不想再用郭无为。郭无为便离开了郭威的军营，继续在抱腹山做隐士。后来，郭无为又辗转到了太原，被北汉的大臣结识，最终被推荐给了北汉刘钧。到了建隆元年，刘钧将郭无为授予宰相职位。"无为去，隐抱腹山。枢密使段恒识之，荐其才，北汉主召与语，大悦，因授以政，复命恒及侍卫亲军使太原蔚进皆同平章事。"

这里需要补充的是，当年郭威不想用郭无为的时候，郭无为却结识了赵匡胤。两个人一见如故，差点结成生死弟兄。因为这时候赵匡胤也只是郭威手底下的一名将领，没有能力决定郭无为的去留，郭无为便离开了郭威，但郭无为与赵

---

1 《续资治通鉴长编》卷一《建隆元年》。
2 《续资治通鉴长编》卷一《建隆元年》。

匡胤的这份友谊却存留了下来。以后，郭无为掌控了北汉的军政，还想着率领北汉投奔赵匡胤，但他很快发现这一想法不过是自己的一厢情愿而已，北汉的文武大臣与赵匡胤之间，根本就存在着隔阂，他们不可能投奔赵匡胤。此后，郭无为这种亲宋的举动，也被北汉皇帝刘继元发现，最终，将郭无为赐死。

> 继元立，太祖遣李继勋等讨之，仍诏许继元以青州节度、无为邢州节度，无为得诏色动。一日，继元宴群臣，契丹使亦在焉，无为恸哭于庭曰："今日以空城抗大军，计将安出？"引佩刀欲自刺，继元遽降阶，持其手，引无为升坐，盖无为欲以动众心也。及太祖亲征，长围既合，无为请自将兵夜出击围，欲自拔来归，值天阴晦而止。阉人卫德贵告其事。会太祖壅汾水浸城，城中人情大惧，继元乃杀无为以徇。[1]

不过眼下郭无为才刚刚担任北汉宰相，赵匡胤也非常兴奋，他等待着与郭无为再次见面的时刻。

但这样的机会，可遇不可求，赵匡胤只能先管理自己的国家。这时候，宋朝的一切，都已经处于一种稳定当中。赵匡胤害怕自己久居深宫大院，不知民间疾苦，便打算带上身边的人，乔装打扮，走入市井当中，探访民情。赵匡胤将自己的想法说给大臣们听，有一些官员不同意赵匡胤这么做。他们认为，赵匡胤刚刚得到天下，人心还不安稳，若这样轻装出行，存在巨大安全隐患。这时候，赵匡胤便搬出了当年周世宗到处诛杀方脸大耳之人的案例，来说服臣子。在赵匡胤看来，他作为方脸大耳之人，天天在周世宗身边，周世宗还是没有诛杀他。赵匡胤之所以这么说，还是希望大臣们不要阻止他微服私访。大臣们便都不敢再劝诫。赵匡胤微服私访于市井当中，并没有发现对他不利的因素，赵匡胤便对跟着他的人说："若谁真有天命，可以自行做任何事情，我一定不会阻拦。"于是，所有人都佩服赵匡胤的胆识。

1《宋史》卷四百八十二《列传》第二百四十一。

> 上笑曰："帝王之兴，自有天命，求之亦不可得，拒之亦不能止。周世宗见诸将方面大耳者皆杀之，然我亦终日侍侧，不能害我。若应为天下主，谁能图之，不应为天下主，虽闭户深居何益。"既而微行愈数，曰："有天命者，任自为之，我不汝禁也。"由是中外慑服。[1]

赵匡胤遍访京城，了解民间疾苦，看到和平之后的汴京是一个百业待兴的京城，各行各业的人都在奋斗着，这让他非常高兴。

之后，赵匡胤又到军营，检阅军队。此时，有军校拿出一个比较少见的防身手杖献给赵匡胤。赵匡胤问军校："这个手杖有什么特殊之处，你非得将他敬献给我？"军校悄悄对赵匡胤说："陛下您拿着这个手杖看一看，手杖的首端，其实是剑柄，手杖表面看起来是手杖，其实里面藏着利刃。手杖平时可以当手杖用，紧急时刻，也可以当作武器使用。"赵匡胤却将这个手杖投掷在地上说："你让我亲自使用这个手杖，但真正遇到大事时，这个东西果然能发挥它的作用吗？"

> 亲军校有献手挝者，上曰："此何以异于常挝而献之？"军校密言曰："陛下试引挝首视之。挝首，即剑柄也，有刃韬于柄中，居常可以杖，缓急以备不虞。"上笑投之于地曰："使我亲用此物，事将奈何，且当是时此物果足恃乎？"[2]

这位军校本来打算给赵匡胤一个惊喜，让赵匡胤对自己另眼相看，结果拍马屁拍到了马蹄子上，现场一度陷入尴尬之中。不过赵匡胤并没有追究这位军校的问题，只是提醒那些将士们，多练杀敌本领为第一要务，以后不要做此等事情。

时间进入到这年最后几天，在赵匡胤当皇帝这一年的最后几天里，有些黑色的幽默，也被史官记载了下来。比如有一日，刚刚退朝之后，赵匡胤坐在大殿之上，看起来非常不高兴。身边的人便问缘由，赵匡胤人说："你们以为做天子很

1《续资治通鉴长编》卷一《建隆元年》。
2《续资治通鉴长编》卷一《建隆元年》。

容易吗？朕刚才乘着兴致去谋划一件政事，结果出现了失误，所以到现在我都感觉很不高兴。"

> 一日罢朝，坐便殿，不乐者久之。左右请其故，上曰："尔谓天子为容易耶？属乘快指挥一事而误，故不乐耳。"[1]

还有一件事，说的是赵匡胤在林子里用弹弓打麻雀，这时候有人求见，说有紧急事情禀奏。赵匡胤不得不暂停打麻雀的活动，等着官员汇报工作。但这个官员禀报后，赵匡胤觉得并不是多么重要的事情，便很不高兴，批评这个官员打搅了他打麻雀的兴致。官员也是个执拗人，便对赵匡胤说："臣禀报的事情看起来不重要，但总比打麻雀的事情重要吧？"听了这样的回答，赵匡胤非常愤怒，随手拿起了玉斧，用斧柄敲击这官员的嘴巴，导致这个官员的牙齿都被打掉了两颗。那人将两颗牙齿都捡起来，装入到自己的衣兜里。赵匡胤大声斥责说："你拿着被朕打掉的牙齿，难道还要与朕打官司吗？"不料那个臣子一点也不惊讶，沉着对赵匡胤说："臣不敢和官家您打官司，不过陛下打掉我牙齿的事情，自有史官记载下来。"听了这番话，赵匡胤瞬间转怒为喜，赐给了这个官员许多金币，慰劳他刚刚挨了自己一顿打。

> 尝弹雀于后苑，或称有急事请见，上亟见之，其所奏乃常事耳。上怒诘之，对曰："臣以为尚亟于弹雀。"上愈怒，举斧柄撞其口，堕两齿。其人徐俯拾齿置怀中，上骂曰："汝怀齿，欲讼我乎？"对曰："臣不能讼陛下，自当有史官书之也。"上悦，赐金帛慰劳之。[2]

这样的事情，有些无厘头。但这也展示了赵匡胤作为普通人的一面，为我们研究他，提供了一定的素材。赵匡胤怕史官。

1《续资治通鉴长编》卷一《建隆元年》。
2《续资治通鉴长编》卷一《建隆元年》。

不久，赵匡胤命人制作了传国玉玺，还让负责铸钱的部门开始铸钱，激活经济。

> 初作受命宝。铸宋通元宝钱。[1]

整个腊月就要过去，新的一年即将开始。这时候，一个计划开始在赵匡胤心中酝酿。这个计划，就是如何处置手握重兵的武将。

在平定了二李之后，赵匡胤一直在思谋破除武将拥兵自重的办法。所以，在建隆元年的腊月里，大家都休息的时刻，赵匡胤专门将赵普召进宫，与赵普进行了一次非常深刻的对话。赵匡胤对赵普说："自从唐末以来，数十年间中原的帝王换了八姓十四君，到处都在上演无休无止的争战，以致生民涂炭，不知道这是什么原因？而如今朕建立了宋朝，为国家长久计，该如何做，才能避免继续出现五代以来的乱象呢？"

> 初，帝既克李筠及李重进，一日，召赵普问曰："自唐季以来数十年，帝王凡易八姓，战斗不息，生民涂地，其故何也？吾欲息天下之兵，为国家计长久，其道何如？"[2]

对于赵匡胤的询问，赵普心中早就有了策略。这也是他一直以来思考的问题。于是，赵普便对赵匡胤说："官家您这么想，真是我们大宋之福。五代以来政变不断的主要原因，是藩镇权力太大，而作为皇帝的国君，却没有多少权力。解决这个问题也没有什么特殊的办法，只要削夺地方节度使的权力，控制他们的钱粮，将他们的兵甲都收归中央统一管理，天下自然就安定了。"

> 普曰："陛下言及此，天地人神之福也。此非它故，方镇太重，君弱臣

1《续资治通鉴》卷一。
2《续资治通鉴》卷二。

强而已。今欲治之，惟稍夺其权，制其钱粮，收其精兵，则天下自安矣。"[1]

赵普的建议与赵匡胤心里想的不谋而合。于是，一个重建中央集权专制制度的计划开始在赵匡胤的脑海中酝酿。而且，赵匡胤急不可耐地想要实施这个计划，他为此苦恼了整个冬天。第二年，他便将这个计划实施了。这就是赵匡胤在建隆二年的重大创举——"杯酒释兵权"。

就在赵匡胤思谋如何罢除武将军权的时候，从北方草原上传来了一个消息：契丹主耶律璟荒淫无道，契丹国内出现了各种不稳定因素。这是个千载难逢的机会。

这时候，便有臣子建议，率军北上，攻击契丹，毕竟这时候的契丹已经不是耶律德光[2]时期的契丹。契丹主耶律璟整天纵情享乐，不务政事，致使国家出现了动荡。耶律璟还性情残暴，对大臣们也经常举起屠刀。耶律璟执政时期，是契丹最为昏暗的时期。

当时契丹国主的弟弟太平王谙萨噶素有大志，辽主弟太平王谙萨噶，太宗第二子也，世宗时，诏许其与晋主往复以昆弟礼。至是见辽主耽酒嗜杀，阴怀异志；辽主不悟，委以国政，唯日事游畋，穷冬盛夏，不废驰骋。侍臣有追咎师败于周、三关失地为非计者，辽主曰："三关本汉地，今复还之，何失之有！"其不恤国事如此。[3]

但是这样的进言，也不是所有人都认可的。就有很多大臣认为，宋朝初建，又刚刚平定了李筠和李重进的叛乱，国家百废待兴，亟须稳定大环境，让国家迅速发展起来。

赵匡胤最终采取了止兵休息的策略。

赵匡胤的这一策略，让他错失良机，若当时赵匡胤挥师北上，攻打契丹，契

---

1 《续资治通鉴》卷二。

2 契丹第二任皇帝，曾经灭了后晋，入主中原。

3 《续资治通鉴》卷一。

丹是没办法抵挡的，即便消灭不了契丹，也能将幽云十六州收回来。如此，就不会给后代儿孙留下祸根。等他击败了契丹，然后再考虑灭南方的小国家，才是上上之策。但这样的机会，只有一次，一旦错失就不会再有了。

后来，赵匡胤雪夜访赵普，与赵普畅谈统一大策。最终，赵匡胤采取了赵普"先南后北"的策略，等到赵匡胤想要对付契丹时，契丹国内已经安定，国家也正式运转了。赵匡胤终其一生，有几次北伐北汉的经历，一生与契丹没有正面交过手，但赵匡胤清楚，幽云十六州问题不解决，宋朝与契丹之间必然会发生大战。他甚至不惜修建封桩库，想要从契丹手中赎回幽云十六州，但这种想法只是一个美丽的梦罢了。赵匡胤把最棘手的边患问题留给了子孙，以至于宋辽之间发生了近二十五年的战乱。直到景德元年，才由宋真宗与契丹签订了"澶渊之盟"，结束了辽宋之间几十年的战争。两国的疆域，还是按照赵匡胤建国时期的疆域来维持现状，所不同的是，宋朝每年要给契丹三十万岁币。

以上内容，就是发生在公元960年的各类大事件。这些事件汇集起来，就是赵匡胤建立宋朝的整个经过。值得庆幸的是，赵匡胤并没有重蹈五代覆辙，在建国这一年中，就确定了以后国家的大致走向，为宋朝延续319年定了调子。

第九章

开启大一统时代

"一统者，万物之统皆归于一也……此言诸侯皆系统天子，不得自专也。"疏曰："王者受命，制正月以统天下，令万物无不一一奉之以为始，故言大一统也。"

——颜师古

赵匡胤统一中原以后，经过一系列的改革，摆脱了五代以来王朝频繁更迭的命运，国家趋于统一。同时，赵匡胤起用文人治国，大力推行文治。全国学文风气日益浓厚，产生了灿烂的宋代文明。赵匡胤还吸取五代以来乱象的教训，推行各种制度，让宋王朝在政治、经济、文化、商业贸易等方面迎来了高速发展时期。这一系列举措，让宋朝逐步确立了一个中原大国的地位，并屹立三百余年。本章试图从三个方面，简述宋朝立国后，中原汉人国家统治的新时代，以及宋代取得的各种成就，为今天人们了解宋朝，揭开一道幕帘。

1. 汉人再次统一中原

赵匡胤统一中原，是北方少数民族统一中原几百年后，汉民族再次统一中原。此前的几百年间，都是北方少数民族在统治着中原王朝，整个中国呈现出南北分治的局面。尽管建立隋王朝的杨坚是汉人，但他最初依然来自关陇集团，而在中国历史上享有盛名的唐王朝，其创立者李渊，也有学者考证是鲜卑人的后代。五代更是南北分治的典型时期，赵匡胤建立宋朝，才终结了这一问题。

事实上，中国少数民族统一中原的原因，要归结于魏晋。

三国之后，西晋司马炎统一了全国，建立起了汉代之后另一个统一的王朝——晋朝。这是中原汉人结束三国纷争后的统一。虽然应了《三国演义》里那句"天下大势，分久必合合久必分"的预言，但晋朝是个短命王朝，或许从他即位之初就决定了这个王朝不会长久下去。

司马懿一生工于心计，耗死了曹操、曹丕、曹睿，他的儿子司马昭最终夺取了曹氏政权。最后，由其孙司马炎建立了西晋王朝。司马炎也是有大志的帝王，所以在他主政早期，晋朝有过一段短暂、稳定的发展时期，史称"太康之治"。但统一全国后，司马炎便纸醉金迷，不问政事。也就是从此时开始，各大权贵集团之间相互勾结，西晋政风黑暗，官员贪赃枉法，贿赂风行。西晋还推行西周制，对全国各地藩王进行分封，允许各藩王拥有自己的军队，这也为"八王之乱"[1]埋下了伏笔。

后来司马炎去世，由其子司马衷即位，是为晋惠帝。司马衷没有政治才能，政权落在了皇后贾南风手中。贾南风依靠政治手腕，不断对官员进行屠杀，或者贬谪。此举遭到了司马氏家族的强烈反弹，一些亲王相继出兵反抗，最终导致了"八王之乱"。

正当八王在中原掀起战乱的时候，北方游牧民族中的匈奴、鲜卑、羯、羌、氐五个胡人大部落从西晋的动荡之中，看到了自己的机会。

一直以来，中原王朝繁荣的经济、先进的技术、完善的制度，都让这些北方

---

1 "八王之乱"从开始到结束共历时十六年，这次动乱可以分为两个阶段：第一阶段，从元康元年（291年）三月到六月，历时三个月；第二阶段，从元康九年（299年）到光熙元年（306年），历时七年。也就是说，从公元291到306年期间，到处都有小规模的叛乱。我们将这些叛乱合在一起，称作"八王之乱"。

游牧民族垂涎欲滴。在与中原王朝不断打交道的过程中，向中原王朝学习，成了他们的必修课。中原王朝灿烂的文明，是中原汉族一直强于北方胡族的优势。正是这些优势，让北方少数民族无法与中原汉人相抗衡，即便是三国时代，他们都不敢染指中原。可西晋的朝政腐败，给了这些北方游牧民族机会。"八王之乱"带来的影响，远比三国时代要严重。于是，这些北方少数民族开始入主中原。他们开始在中原建立王朝，其时是北方最为混乱的时期，能载入史册的政权，主要有十六个，被称为"十六国"。这十六国主要分布在华北地区和四川地区，先后有成汉、前赵、后赵、前燕、前凉、前秦、后燕、后秦、西秦、后凉、北凉、南凉、南燕、西凉、夏、北燕。而在十六国之外，还有汉人冉闵建立的冉魏、丁灵翟氏建立的翟魏、武都氏帅杨氏建立的仇池国、鲜卑慕容氏建立的西燕、汉人谯纵在蜀地所建的谯蜀、鲜卑拓跋氏建立的代及北魏等政权，先后总计二十多个政权。

这以后，北方游牧民族逐渐占据北方大片土地并建立政权。这时候，西晋政权已经分崩离析，那些西晋的旧臣，不愿意看着司马氏家族的政权就此被消灭，便率领一部分北方的世家大族，向南迁移。最终，他们过了长江，在建康（今江苏省南京市）定都，建立了东晋。

东晋的政治是门阀政治，就是皇帝与居于权力中心的世家大族共同执掌皇权。这是中国古代政治模式的变态。这个门阀政治，自从东晋建立之后，便一直存在到了唐末，直至五代。

西晋末年，"八王之乱"及游牧民族入主中原，导致西晋亡国。西晋世家大族中的王导，便劝解琅琊王司马睿南迁，建立新王朝。司马睿在西晋时，就郁郁不得志，这次恰巧是个机会，便同意了王导的建议。在王导等人的扈从下，到了建康，建立了东晋王朝。

正是因为王导家族在司马睿称帝的过程中起到了很关键的作用，所以，在东晋刚刚建立的时候，司马睿也对王导非常依赖。这时候东晋实际掌控大权，在王导手里。司马睿只是一个被扶到皇帝宝座上的人，很多政事司马睿没有决断权，而需要听从王导的建议。且这时候，整个东晋的主要矛盾是几大家族之间的矛盾。皇帝只是扮演调停这些家族的角色。皇帝不能干涉这些家族。如果这样做，只能带来这些家族的强烈反弹。这样必然造成不稳定因素。这一时期，琅琊王氏家族权倾朝野。后来还出现了陈郡谢氏、龙亢桓氏、颍川庾氏，他们也都成为门阀政治的代表。

无法改变现状的司马睿只想偏安一隅，就连王导都想维持现状，不想恢复西晋的疆域。不过王导和司马睿不想恢复祖宗家业，并不代表所有人都不想。

在东晋建国一百余年时间里，南方相对安定。当时的主政者也曾多次试图北伐，不过因为整个东晋内部各种势力相互之间的斗争，数次北伐都以失败告终。大将祖逖素有大才，希望恢复祖宗家业，但司马睿不信任他，导致他郁郁而终。另外桓氏家族的桓温，也曾率军北伐，却被慕容垂击败。

此后，东晋不敢再轻易北伐。这时候，北方少数民族政权的前秦统治者苻坚却打算领兵南下，收编东晋。苻坚这次南下行动，被东晋宰相谢氏家族的谢安组织军队猛烈攻击，导致苻坚在"淝水大败"，这就是著名的淝水之战。这一战以后，南方的东晋政权不敢北上，北方的各政权也不敢轻易南下。

从此，南北分治的局面形成。

此后出现的南北朝，也是以此为依据，在中国黄河南北，形成了各个政权。但中原人自古就将中原之地当成是汉人的统治中心。后来，在整个中原王朝的中心，又先后有北魏、东魏、西魏、北齐、北周五个少数民族政权建立。

北魏是鲜卑族拓跋珪建立的政权，是南北朝时期北朝第一个王朝。当时前秦苻坚领导的政权日渐式微，拓跋珪乘机摆脱前秦，在牛川建国，定都盛乐（今内蒙古自治区呼和浩特市和林格尔县）。为了巩固自己所建立的王朝，公元三九八年六月，拓跋珪正式定国号为魏，史称北魏。同年七月，拓跋珪率领自己的部众，从盛乐迁都平城（今山西省大同市东北）。

公元 439 年，北魏太武帝拓跋焘率领大军，东征西讨，最终统一了北方。

到了孝文帝拓跋宏即位时，原来鲜卑族的那一套制度，已经不适合在中原立住脚的北魏王朝。为此，孝文帝实行了一系列的大策。公元 493 年，孝文帝迁都洛阳，在洛阳大刀阔斧地改革，效仿汉文化，大量起用汉人，让原来鲜卑族人逐渐被汉化，北魏的国家政治制度，也开始趋近于中原的政治制度，北魏一定程度上出现了繁荣的局面。孝文帝还大力提倡佛教，佛教得以空前发展。

但这种改革的背后，也隐藏着极为不稳定的因素。北魏来自六镇（沃野镇、怀朔镇、武川镇、抚冥镇、柔玄镇、怀荒镇）的鲜卑族正在壮大。六镇是他们的龙兴之地，他们也一直将六镇作为国家发展的基础。

事实上孝文帝改革之后，北魏政权中心逐渐与六镇疏离，驻守六镇的鲜卑贵族与将士的待遇、地位，也不及中原汉人，升迁之路，也没有中原汉人来得快。这就引起了六镇鲜卑贵族的不满。六镇被人遗忘了，这是那些鲜卑贵族不能容忍的。饮水思源，皇帝怎么可以遗忘这些为他打下江山的旧部？

即便如此，那些鲜卑六镇的贵族，还是忍了。到了北魏孝明帝末年，整个北魏政治腐化，权贵奢侈，守宰暴敛。六镇的那些鲜卑贵族，愈发遭到了朝廷的盘剥，很多应该有的待遇，都被免了。那种不公平感愈发突出。这些鲜卑贵族再也没办法容忍躲在深宫大院的皇帝了，他们要造反，要搞出动静来，让皇帝注意到他们。于是这些六镇旧部的首领带领六镇氏族和农民揭竿而起。

北魏随即对起义进行了镇压。不久之后尽管起义被镇压下去了，但北魏也受到了重创，再也回不到孝文帝的繁荣时代。这时候，有个叫尔朱荣的人，趁乱迅速崛起，把控朝政，挟天子以令诸侯。但后来尔朱荣被诛杀，他手底下的一个叫高欢的将领脱颖而出。比起尔朱荣，这个高欢显得更加残忍和强硬，他诛杀了北魏节闵帝，立孝武帝，由此，北魏政权落入高欢手中。孝武帝也算是铁血男儿，他不想继续做高欢控制的傀儡皇帝，便轻装出逃，投奔了当时的另一个重要军事首领宇文泰。随即，宇文泰拥立孝武帝登基，但孝武帝素有大志，宇文泰非常忌惮，于是宇文泰便诛杀了孝武帝，拥立元宝炬为西魏皇帝，从此，中国北方政权分裂成东魏和西魏。

随后，东魏、西魏又被北齐、北周所取代。北周武帝宇文邕聪明，有远识和智谋，能断大事。他在位期间，整顿吏治，使北周政治清明，百姓生活安定，国势强盛，灭了北齐，统一了北方。但宇文邕命不长，等他去世之后，皇位由他的儿子宇文赟继承。宇文赟是个昏庸帝王，不思父辈们创业艰难，整日沉湎酒色，暴虐荒淫，大修宫殿，滥施刑罚，监视大臣。最终，宇文赟又被隋文帝杨坚取代。

整个南方，也在隋文帝的大军压境下，全部都收入了隋朝的版图当中。因为隋文帝的主要实力来自六镇以及关陇集团[1]，这让他处处受到限制。关陇集团的势力，可以影响到整个国家的运转。这一点，与门阀政治非常相似。

隋文帝统一全国之后，就想着摆脱关陇集团的影响，削弱那些世家大族的实力。但天不假年，隋文帝十几年后就去世了。此后，皇位由其子杨广继承，是为隋炀帝。历史上对隋炀帝的评价不高，大多认定隋炀帝是个昏君。

其实，隋炀帝也想成就一番事业，但却急于求成。他开凿大运河，营建洛阳，搞得民不聊生。尽管他想摆脱贫困，想和秦皇汉武一样，流芳百世，可他太急于求成了，人们的思想，国力的支撑，都无法满足他的野心。他的改革，如三省六部制、科举制，尽管有成效，尽管为后世留下了不可磨灭的贡献，可实现改革是需要强大的国力来支撑的，很显然，那时候的隋朝，还不具备这样的条件。所以，怨声载道，战乱四起。

关陇集团的大族们开始左右朝政，宇文化及、李渊等来自武川镇大集团的这些人最终成了隋王朝的掘墓人。一直以来，都以为隋朝灭亡是隋炀帝残暴和不得人心所致。但隋朝灭亡的真正原因，是得罪了关陇集团的几大家族势力，加上隋炀帝改革步伐太快。

隋王朝灭亡以后，唐朝继承了隋王朝的一切制度和物质基础。唐朝统治者汲取了隋王朝的教训，不断完善制度，这才有了一个强盛王朝的诞生。

但唐王朝尽管辉煌一时，依然难以阻挡衰败的命运。"安史之乱"以后，藩镇割据的局面再一次形成。唐王朝的统治者，没有能力约束这些地方藩镇集团，中央的权力越来越小。似乎中原王朝再一次回到了魏晋南北朝时期的割据局面。

1《中国通史·三国两晋南北朝时期（上册）》：武川镇本是北魏前期在首都平城以北设置，用以防备柔然入侵的六镇之一。六镇，一般是指沃野、怀朔、武川、抚冥、柔玄、怀荒。六镇之外，又有御夷等镇。大部位于北魏的北方边境，即今内蒙古境内。六镇是北魏的军事要塞，历史上曾一度占有重要地位。因为北魏原来一直以平城为国都，为了防御北边的柔然南下，拓跋焘设此六镇，以拱卫都城。当时，六镇将领，乃至一般士兵，身份都是比较高贵的，在六镇作兵是光荣的。

尤其是黄巢起义后，朱温[1]和李克用[2]的崛起，导致了唐王朝的灭亡。

随即而来的是五代十国的混乱时期。

赵匡胤便出生在这一时期，经历了各种王朝的兴衰。他游历的那些年，早就看到战乱带给百姓的巨大创伤，这激发了赵匡胤树立统一中原、建立霸业的宏伟目标。也就是从那时候起，他就决定要建立一个统一的王朝，彻底改变五代以来的乱象。只是郭威和柴荣的强硬政治手段，让赵匡胤曾一度担心自己还天下太平的理想会落空。后来郭威和周世宗的相继离世，重新给赵匡胤树立了信心。于是，赵匡胤于建隆元年发动兵变，建立宋朝，并标榜以文治国，由此，开启了延续319年的宋王朝。

2. 开启文人治国的先河

在中国历史上，历朝历代统治者们大多都尊崇文化人。统治者们似乎都明白，打天下须依靠武将，但安天下则需要文治。文治就需要选一批可以治理国家的文人士大夫，但各个朝代，对他们地位尊崇的态度不一。

秦汉以来，尽管朝廷对文人士大夫都比较尊崇，却也有所顾忌。即便是汉代独尊儒术，在对士大夫的起用上，依然受到当时各种因素的限制。

南北朝时期，门阀政治，整个国家人才储备库，都被几大家族把控着，普通士子根本进不到官僚阶层里。官僚阶层出现了"阶层固化"现象。隋唐虽然开创了科举制度，但受各大集团政治势力的影响。平民阶层依然难以进入官场，真正为国家效力。所以，唐代的很多文人作品表现出了要建功立业的渴求，这是没有

---

1 朱温曾参加王仙芝、黄巢领导的农民起义军，动摇了唐王朝的统治地位。后来他掉转枪头，成为唐消灭黄巢起义的重要将领。再后来他被赐李姓和梁王。他以河南为中心，极力扩大势力，逐渐成了唐末最大的割据势力。公元907年，朱温通过禅让的形式夺取了唐哀帝的帝位，代唐称帝，建国号梁，史称"后梁"。

2 李克用也是唐末的重要藩镇力量，因与朱温一起剿灭黄巾起义，被封为晋王。后来与朱温反目，成为朱温最大的对手。他死后，其子李存勖用他交给的三支箭，激励自己，建立五代第二个国家后唐。李克用被追赠为武皇帝，庙号太祖。

实现理想的一种感情倾诉。李白、杜甫、王维等，都得不到朝廷的重用，一生颠沛流离。

唐末五代以来，乱象更为严重，文人的地位跌到了谷底。这一时期，崇尚武力成了一种风尚。只要手中有兵权，便可以拥有一切。尤其是后晋皇帝石敬瑭，非常忌惮文人士大夫，导致国家政令不通，政治黑暗。

后汉、后周虽然起用文人，但总体上文人的地位要比武将低得多。一代雄主周世宗看到赵匡胤在读书，也劝赵匡胤应该把更多的精力放在操练士兵上，不要只读书。

赵匡胤就是在这样的一个环境中成长起来的武将，他深知五代以来各种乱象的根源。他要想让自己建立的宋朝长治久安，就必须反其道而行之，即遏制武将，大量起用文人治国。

赵匡胤确定文人治国的大策以后，士大夫的地位有了前所未有的提升。这是作为最高统治者的赵匡胤树立的百年大计。一时间，学文成了一种时尚。人们普遍学习文化，进朝为官。一个崭新的时代，已经开始展现出了它的重要性。

这也开启了文人治国的先河。历朝历代尽管重视文化，但将文人士大夫推崇之至的，也仅有宋代。外国学者由此对宋朝大加推崇。

这其实与赵匡胤所经历的事情有着莫大关系。赵匡胤通过政变，从后周手里接过了政权，他对五代以来的乱象有着刻骨的体会。所以，在他继承皇位之后，要改变武将乱政现象。他首先做的是"杯酒释兵权"，解除了朝中大臣们的兵权，让所有的军队管理权归中央。同时，他又设立更戍法，轮换驻军，这样的确起到了遏制武将独大的作用。

这还不足以让赵匡胤放心。五代以来的乱象不断地告诉赵匡胤，要重新改变策略，压制武将独大的局面。赵匡胤曾说："五代方镇残虐，人民深受其害。朕欲选干练的儒臣百余人分治大藩，即使他们都贪污受贿，也比不上一个武人的祸害。"

为了营造学文的氛围，赵匡胤自己非常重视读书，也经常规劝武将们多读书。赵匡胤的目标，不仅仅要培养出一大批文人来治国，还要动员武将们学习知识，通晓大义，明辨是非，这样才能稳定全国的大局。

文人治国的前提，当然是要形成完整的选官制度。唐宋以来的科举制度，给了赵匡胤很多提示，赵匡胤也把科举制度作为人才选拔的基本制度。

但宋朝的整个选官制度，还得表现出与隋唐以来有所不同。隋唐皇族本是关陇集团，他们虽然进行了官员制度改革，但对于士大夫的使用，还是受门第影响。赵匡胤要打破这一规律，让天下的寒门士子都进入官僚阶层。只要是学而优者，便可以出入庙堂。只要全社会形成学文的风气，武将自然就被抑制住了。这一目标，在宋朝后世的几代君王手中得以实现，以至于宋朝的很多高官，都是布衣出身。比如范仲淹、欧阳修等人。

这也让科举制度臻于至善。以前的考试，都是三年考定功绩，经过三次考核，废黜不贤的官，升任明哲的官。

> 明试以功，三载考绩，三考黜陟幽明。[1]

这种选官制度也有弊端，而且取士人数，也非常有限。宋朝要实现以文治国，就得大量录取士大夫，选用一大批新兴人才，补充到各级官员里面，激活干部队伍。

随即，赵匡胤命人主持科举考试。宋初的考试，基本沿袭了唐代的考试办法，规定每年都要考。只是赵匡胤的取士，的确做到了不问出身，只要考试成绩好，便可录用。在赵匡胤统治初期，录取的一部分人的确出身于寒门。赵匡胤还将朝中官员的子孙与白衣士大夫的考试区分开来，这样便减少了人为操作的空间。

赵匡胤还打破了荫官制[2]，改变了因为身份问题造成的社会不公现象，所有士子凭借真才实学考试，中皇榜者进入官场。此举也有效遏制了一家出多官的弊端。

但赵匡胤时代，因为王朝初建，加上还有统一南北战争，整个取士，只能延

1《宋史》卷一百一十七《志》第七十。

2 高级官员可以保任其子弟为官，是先秦世官制度的孑遗，是贵族特权制度在秦汉时期的变异形态。

续唐朝的制度，再加以适当调整。但是国家的科举考试改革政策已经制定，后代帝王只需要不断地完善即可。到了宋太宗时期，宋朝基本统一，整个取士过程，也就有了新的创举。宋太宗对取士制度进行了改革，把录取的进士分为甲、乙两等。他所处的时代，是宋代取士最多的时代。在他执政的二十多年中，每年取士人数高达几百人，总共录取的士子有近一万人。其中一部分人成为国家的栋梁，尤其是公元980年那一届取士，录取进士121人，其中的苏易简、李沆、向敏中、寇准、王旦、宋湜等人，都官拜宰相，真正成为宋朝历史上的"龙虎榜"。这些人为宋朝的制度改革，都起到了推波助澜作用。

正因为大量录取进士，宋朝的官僚机构变得非常臃肿，到处都是领着俸禄不干工作的人。宋朝还有个专有名词叫"寄禄官"，也就是闲散的官员，他们没有具体职务，没有具体工作，但照样领取工资。

到了宋仁宗时期，朝廷意识到了这个问题的严重性，便对取士人数做了限制，要求考官每届取士不得超过四百人。

尽管如此，宋朝的科举取士人数，依然不断地在增加。宋朝取士有个奇怪的现象，就是人才会扎堆出现。比如前文中提及的980年那一批士子中，就有好多人官拜宰相。而在宋仁宗时期，出现的包拯、欧阳修、苏辙、范仲淹、晏殊、文彦博、富弼、韩琦、吕夷简等人，更是大放光彩，在历史上留下了难以磨灭的印记。他们当中的很多人，都成了家喻户晓的人物。

宋仁宗的宽宏大量，将文人治国发挥到了极致，出现了皇帝与士大夫共治天下的局面，被后来人津津乐道。这在封建王朝是不可想象的，集皇权于一身是每位统治者毕生都要努力实现的目标。但是宋仁宗却甘愿与士大夫共治，让国家呈现一种欣欣向荣的局面。如果说赵匡胤时代，只是确立了文人治国的大策，那么经过宋太宗和宋真宗的发展，到了宋仁宗时期，文人治国的条件便成熟了。宋朝边患问题（与契丹缔结了"澶渊之盟"）得到解决，即便西夏偶有动作，也难以影响宋朝的发展。国家机器高速运转，城市文明飞速发展，汴京也成了世界上特别发达的城市之一。宋仁宗的包容与大度，也让他所处的时代，独领风骚。

随即而来的宋神宗时期，对士大夫的包容再次体现出来。但这一时期，由于国家的重点放在了推行变法上，所以朝廷在选拔官员时，有时候只注重士大夫的才情，却忽略了他们的品行，以致出现了很多钻营之人。整个宋朝的官僚阶层良莠不齐，原来宋真宗、宋仁宗时期品质高尚的官员逐渐呈现出一种萎缩状态，随即选拔的官员也就突出了见风使舵，为了自己不择手段的品性。另外一点，就是宋神宗时期，由于变法的推行，出现了激烈的党派之争。许多大臣都有各自阵营，即便苏轼这样不愿意参与朋党的人都被牵连。而王安石和司马光之间的斗争，几乎动摇了宋朝的根基。

即便如此，宋代的历代皇帝，尊崇士大夫，实行以文治国的大策并没有改变，一直到南宋。尽管南宋与北宋相比较，国家政治开明程度不高，但文人的地位并没有改变。可以说，宋代是文人治国的辉煌期，营造了皇帝与士大夫共同管理天下的政治生态。宋朝的三角权力机构"皇帝—宰职群体—台谏"形成了特有的国家管理体系。唤起士大夫责任意识的觉醒，让文人主动参与国家治理，这是历朝历代都不曾有过的制度体系，对今天的我们依然有启迪作用。

3. 首屈一指的繁荣

一直以来，中国人对宋朝的印象都是积贫积弱。大量影视剧的胡乱编造，扭曲事实，也误导了人们对宋代的认识。即便是历史学家钱穆也说："宋室内部之积贫难疗，宋代对外之积弱不振；始终摆脱不掉贫弱的命运。"[1] 但是，随着对宋朝研究的不断深入，我们会发现，其实宋朝并非影视剧那样，也不是钱穆先生所说的那样。

可以这样说，中国封建王朝发展到宋朝，已经达到了一千多年来从未有过的高度（抛开单独用战争的眼光审视）。其实，即便是用战争眼光的角度审视，也能发现，宋朝国家是很强大的。这个享国三百一十九年的王朝，与周边各个国家打仗的时间，基本占据了享国时间的一半以上。即便这样，宋朝的繁荣，也是同时期其他国家望尘莫及的。用国学大师陈寅恪的话说，就是"华夏民族之文化，

1《金明馆丛稿二编》。

历数千载之演进，而造极于赵宋之世"。著名历史学家齐夏先生也说："在宋朝统治的300多年里，我国的经济文化发展处于世界前列，是当时最先进、最文明的国家。"

美国密歇根大学历史系博士、历史学家黄仁宇也这样评价宋朝：公元960年宋代兴起，中国好像进入了现代，一种物质文化由此展开。货币之流通，较前普及。火药之发明，火焰器之使用，航海用之指南针，天文时钟，鼓风炉，水力纺织机，船只使用不漏水舱壁等，都于宋代出现。在11、12世纪内，中国大城市里的生活程度可以与世界上任何其他城市比较而无逊色。[1]

那些外国的历史研究者，更是对宋朝青睐有加。比如，美国历史学家罗兹·墨菲说："（宋朝）这些进展有可能导致中国发生一场真正的工业革命，并给世界带来它应有的一切深远影响吗？我们将永远无法知道这个问题的答案，因为蒙古人的进犯把这一切都打断了，而以后各个朝代又不可能全面重复宋朝的模式。"[2]美国伊利诺伊大学教授伊沛霞也说："12、13世纪的中国是当时世界上首屈一指的国家。"[3]世界著名经济史学家冈德·弗兰克也认为："11世纪和12世纪的宋代，中国无疑是世界上经济最发达的地区。自11世纪和12世纪的宋代以来，中国的经济在工业化、商业化、货币化和城市化程度远远超过世界其他地区。"英国历史学家汤因比甚至说："如果让我选择，我愿意活在中国的宋朝。"

为什么世界各地的历史学家，对宋朝都有着这样的高度评价呢？

其实，这么多历史学家赞誉宋朝，绝非偶然，这是因为宋朝创造出了中国两千多年封建王朝从未有过的先进文明。我们从各种中国人自己撰写的资料当中，看到的往往是宋朝武备废弛，遭受辽国、大金以及蒙古的入侵。所以，在表象上来看，自然是积贫积弱的。事实上，宋朝在经济、文化、教育等方面取得了辉煌的成就，举世瞩目，至今都为人们津津乐道。

商业发达是宋代城市的显著特征。美国学者L.S.斯塔夫里阿诺斯这样形容宋朝的商业：宋朝时期值得注意的是，发生了一场名副其实的商业革命，对整个

1《中国大历史》。
2《亚洲史》。
3《康桥插图中国史》。

欧亚大陆有重大的意义。商业革命的根源在于中国经济的生产率显著提高。技术的稳步发展提高了传统工业的产量……中国首次出现了主要以商业，而不是以行政为中心的大城市。[1]

在中国历史的长河中，历朝历代都非常注重农业，对工商业一般都采取打压的政策，重农抑商是历朝历代的基本国策。但宋朝是中国历史上唯一一个不打压商业的朝代。宋朝大力推行"通商惠工"政策，推进工商业的发展，加快城市化的进程，城市文明得到了空前发展。在中国历史上，从来没有一个城市，如东京汴梁那样繁荣。孟元老的《东京梦华录》不过是他南迁后，回忆曾经在汴京生活时，写出的一本小册子，但里面记载的东京汴梁的繁华程度，已经能与今天的城市相媲美。而《清明上河图》则是直观地将东京汴梁的繁荣，展示给了今天的我们。

当时，整个汴京已经打破了唐朝时期的坊市制度，商业渗透到大街小巷。人们穿梭其间，或交易，或逛街。"凡饮食、时新花果、鱼虾鳖蟹、鹑兔脯腊、金玉珍玩、衣着，无非天下之奇。其品味若数十分，客要一二十味下酒，随索目下便有之。其岁时果瓜、蔬茄新上市，并茄瓠之类，新出每对可直三五十千，诸阁纷争以贵价取之。"[2]大相国寺，成了贸易的聚集区，开封人整日在大相国寺外游荡，流连于各种琳琅满目的商品中，忘却了回家的时辰。

街坊贸易的兴起，也打破了原来整个城市贸易的时间限制。汴京城内到处都有早市、日市、夜市等，通宵达旦，热闹非凡。"茶坊每五更点灯，博易买卖衣服图画领抹之类，至晓即散。"[3]这种市场化的发展，也刺激了商品生产的发达。在宋朝的大街小巷，各种各样的商品，让人目不暇接。很多如今市场上的商品，在宋代已经出现。

为了更进一步地刺激经济，宋代实施了一整套政策，释放百姓做商贸的天性。他们可以随时移居各处，而不需要各种烦琐的身份证明，这也是宋代城市繁华的主要原因之一。宋真宗的宠妃刘娥本是蜀中人，听闻汴京的繁华之后，便和

1《全球通史：从史前史到21世纪》。
2《东京梦华录》。
3《东京梦华录》。

丈夫到了汴京，两人最终离婚，而刘娥也遇到了他的真命天子宋真宗，成为宋代著名的皇后，辅佐宋仁宗很多年。

城市商业的巨大发展，带来了各行各业的兴旺。就连人民消遣娱乐的地方，都出现了非常可观的景象。当时在汴京，出现了勾栏瓦舍。"瓦舍者，谓其'来时瓦合，去时瓦解'之义，易聚易散也。"[1] 瓦舍简单来说，就是大型的娱乐区，里面设有各种娱乐场所，被称为勾栏。一个瓦舍里，有很多勾栏，这些勾栏里，可以从事各种娱乐活动。宋朝最大的瓦舍里，可以容纳数千人，即便是今天的各种大剧院，规模也不过如此。勾栏里面的各种演出是不间断的，从早上一直演到晚上，从春天演到冬天。

> 中瓦子莲花棚、牡丹棚，里瓦子夜叉棚、象棚最大，可容数千人。不以风雨寒暑，诸棚看人，日日如是。[2]

宋代的城市里，社会医疗救助系统也非常全面，得病之人外出就诊非常方便，京城里到处是药铺和医院，施药局、慈幼院、养济院、漏泽园等一应俱全。

商业的发展，也让很多人脱离了土地，从事各种手工业。汴京城里的很多百姓，已经不再依靠土地而生活。社会分工非常多，很多人都从事其他行业，加上生产技术发展显著，产品的种类、数量、质量大为增加和改进。

除城市商业发达之外，宋代的造船业也远超前代。宋代有非常发达的河运业，这也催生了造船业的高度发展，数以百吨的物品，都可以被大船装下，这是以前和以后的朝代望尘莫及的景象。宋代已经很好地将指南针和罗盘运用在航海技术上，这为后世的航海业做出了巨大的贡献。印刷业更是蓬勃发展，活字印刷术成了宋代的一个符号。还有火药的运用，也成为当时的亮点。

商业的发展，也催生了货币的发展。宋代的钱币分为铁钱和铜钱两类。宋代时因为铁和铜的采掘技术不断进步，这两种矿物得到了很好的利用。当时，钱以

1《梦粱录》卷十九。
2《东京梦华录》卷二。

贯、缗等为单位，一贯钱大概是一千个铜板。但这种钱财使用起来非常不方便，一般百姓尚且不说，对于做生意的商人而言，钱财的搬运成了困扰他们的主要因素。为了改变这种情况，在四川首先出现了纸币——交子。后来宋朝还制定了"钱引"，充当市场流通的货币。"崇宁四年令诸路更用钱引，准新样印刷，四川如旧法。"[1]有了交子和钱引的试验，宋朝专门制定了官方"小钞"，作为朝廷货币的流通。"崇宁五年，诏当十钱惟京师及陕西两河许行，诸路并罢，令民间于诸县镇寨送纳，给以小钞，自一百至十贯止，令通用行使，如川钞引法。"[2]这些措施极大地刺激了经济的发展。

宋朝之所以大力支持商业发展，也是为了税收。朝廷在全国各地设置场、务等机构，专门征税。宋代国库的很多收入，不是来自农业税，而是来自商业税。仅这一点，就将宋代与其他朝代区分开来。宋代已经有了现代国家的萌芽。

当然，除了商业的繁荣。农业也得到前所未有的发展。这是一个大解放时代，农业生产也已经改变了传统的模式，很多人都利用先进的技术从事农业生产。从事农业劳动的人口数量也大增。农民除了租赁地主和各种官员的土地，还可以自己开垦土地。他们想各种办法扩大耕地面积，在山坡、江畔、海边开垦农田，增加农作物的收成。土地的有效利用率，也大大提高了。在唐代的时候，全国土地面积约800万顷～850万顷，可到了宋代，几乎增长了一倍，有1400万余顷。

同时，农民还通过自身的努力，改变传统种植模式，大力发展经济作物。比如茶叶、水稻、棉花、麻以及种桑养蚕等，尤其是茶叶和占城稻的发展，让农业繁荣了起来。

宋代茶叶享誉中外，有专门种植茶叶的人。茶叶的品种，多不胜数。甚至在宋代兴起了斗茶之风，风靡于大街小巷。这些茶叶除了自己享用，有一部分随着贸易发展传播到了海外。这让海外的人，对宋朝充满了向往。汴京城里穿梭着各种肤色的生意人，也实现万国来朝的局面。

1《宋史·食货志》。
2《文献通考》。

占城稻则解决了宋代人的温饱问题。这个占城稻是引进的产品，产于中南半岛，有着高产、早熟、耐旱的品质，北宋时被引入中国，并迅速在江南地区推广。美国学者 L.S. 斯塔夫里阿诺斯说："水稻早熟品种的引进，使作物在过去只能一季一熟的地方达到一季两熟，从而促进了农业发展。此外，宋朝兴修的水利工程，大大扩大了水田灌溉面积。据估计，11 至 12 世纪，水稻产量增加了一倍。"[1]

除了商业和农业的发展，文化的发展繁荣，也成为一道亮丽的风景。可以说宋代是一个百花齐放、百家争鸣的时代，出现了各种学术领军人物，张载的"为天地立心，为生民立命，为往圣继绝学，为万世开太平"，便是新儒学的一种号召。另外范仲淹、欧阳修等人，在宋代文艺革新上，都做了很多工作，引导了宋代文艺发展。石介、胡瑗、孙复、邵雍、周敦颐、张载、程颢、程颐等人，成为宋代学术思潮的中坚力量，而朱熹则将宋代的理学发展到了前所未有的高度。

宋代文学艺术的发展空前繁荣。宋词更是宋代文学的代表，引领风骚。柳永对词创作进行改革，为宋词的成型奠定了基础。宋代的官员们，大多是填词写文的高手，晏殊、欧阳修、王安石、苏轼等人物，引领了一个时代的风潮。各种潮流门派，也将宋代文学艺术推向高峰，比如豪放派、婉约派等。书法方面，蔡襄、苏轼、黄庭坚、米芾四大家的书法，已然成了一种符号。宋代的历代君王，都擅长书法，宋徽宗则更是书法绘画方面的顶尖人才。绘画到了宋代，也发展迅速，独树一帜。宋代民间绘画、宫廷绘画、士大夫绘画各自形成体系。朝廷还专门设置书画院，由国家供养绘画人才，创作出了一大批较好的作品，如郭熙的《早春图》《关山春雪图》，张择端的《清明上河图》，王希孟的《千里江山图》，李唐的《采薇图》，马远的《踏歌图》等。宋代的史学也超过了前代。官方对史学的重视，是宋代史学不断发展的基础。当时朝廷设立多个修史机构，组织人员进行史记编纂工作。司马光主编的《资治通鉴》、史学家袁枢的《通鉴纪事本末》、朱熹的《通鉴纲目》、郑樵的《通志》，都对后世了解历史提供了很好的

---

[1]《全球通史：从史前史到 21 世纪》。

依据。

　　总之，宋代是一个在政治、经济、文化、科技等方面都尤为发达的社会，被称为"中国的文艺复兴时代"。日本文史家内藤湖南曾说："唐代是中国中世纪的结束，宋代则是中国近代的开始。"这些论断在今天看来，也不无道理。

后　记

　　这是我写的第三部宋史著作。之所以选择这样一个年份，还是为了实现自己的一个心愿。在写《宣和四年》的时候，我就已经萌生了要写三部以某一年为题材的历史书的想法。

　　《宣和四年》穿插讲述了两宋、辽、金、蒙古等国的兴衰，并未按照宣和四年一年的历史资料来展开叙述。这种写法，是一种系统的记述手法，需要了解方方面面的历史知识点，对写作者的考验比较大，写作者需要找各种材料相互印证。这种写法，因为人物多，线索不止一条，对读者阅读考验也较大，容易让人思维混乱。那时候心里想的就是历史不能似是而非。

　　到了第二部《景德元年》和第三部《建隆元年》的时候，基本上遵循了沿着历史记载的脉络去写作。我常用的一本参考书就是《续资治通鉴长编》，此书按照编年的脉络来记述历史，为本书的写作提供了原素材。

　　这部书稿的写作过程，对我来说，已经算是"轻车熟路"。在很多节奏的把握上，我也完全有自己的认识。相对于《宣和四年》，这本书的写作上，要显得更加"文气"一些。但也有别于刻板的历史专著——总是板着脸讲道理。我个人认为，历史读物的写作和阅读，首先要有趣，要摆脱原来枯燥无味的教科书感觉，让读者在阅读时，能被趣味性吸引，进而喜欢这本书。当然，有趣不是唯一的目的，有趣是为了引导读者读下去。阅读轻松也是一个重要因素，所以在处理轻松这一问题上，我基本将史料"白话化"。这样做的目的是：读者不再看繁冗的史料原文便知道历史发展的脉络。不过，需要强调的是写历史还需要认真对待，不能信口开河，妄加揣测。如何在有趣轻松流畅与真实之间建立一种平衡，对于写作者来说，是一种很大的考验。

历史书好写也不好写，好写是因为有既定的史籍资料，这可以为写作者提供原素材。不好写的原因是，这些原素材并不是现成的，一切都需要在瀚海的历史中一点点去寻找，如捉迷藏一样，让人充满好奇。而将这些资料转换成白话文，再加入自己的思想见解，就更让人充满好奇。正是因为有这些原素材，就要求写作者的每一次落笔都要符合历史事实，尽管这种史籍资料中的历史事实可能是被遗漏、修改、涂饰和虚构的[1]。写作的过程，就是向历史真相靠拢的过程，如此才不会贻笑大方。

当然，要将一年发生的事写一本书，本身就有难度。宋史尽管资料丰富，但依然有很多的资料没办法查阅到，会让人一时陷入恐慌当中。我对历史素材的采撷，有自己挑剔的眼光。一般那些世所公知的素材，我会慎重使用。即便是同一件事，我也希望通过不同的解读，展现出不一样的历史场面。对于现代学者的研究，我更注重于那些名家的研究成果。在宋代历史研究领域，吴钩是通俗历史研究的人才，他的很多书籍都值得阅读。另外北京大学的邓小南、赵冬梅两位教授的宋史研究成果，也是很好的参考资料。

我不是专业性历史方面的作者，我的写作更多的是体现历史的通俗性，内容老少皆宜，所有人都能读懂，这是我写作的初衷。力求用最简单的方式，将某一历史事件讲出来，让读者在轻松阅读中，了解历史事件的脉络，这也是我写作的一个基调。在今天碎片化和快速阅读的时代，尽量用简单的方式讲述历史，是时代的趋势。

本书是我在生活的夹缝中写出来的。除去大量的谋生时间，留给我真正写作的时间不多，每天只能"挤"出一点点时间来写作。稍显麻烦的是每天各种非写作事件会导致我思维很混乱，每每抽出时间来写作时，只能通读之前写过的章节，让自己从感情上续接前文，然后慢慢酝酿。

需要说明的是，艺术创作是最沉重的劳动之一，需要静下心来慢慢打磨。写作的过程，其实就是磨炼自己心志的过程，至少对我而言是这样的。

1《大明王朝的七张面孔》后记。

　　最后，感谢东方出版社的王莉莉热情地接过了这本书稿，并让它能及时与读者见面。这本书虽然写完了，但是书中依然有不尽如人意的地方。请读者朋友们在阅读时，留下宝贵的意见。我将按照读者朋友们的意见，不断修正自己的创作，力争给大家带来更多的作品。

参考书目

1.（元）脱脱等：《宋史》，中华书局，1985年。

2.（宋）欧阳修：《新五代史》，中华书局，2011年。

3.（宋）司马光撰，邓广铭、张希清点校：《涑水记闻》，中华书局，1989年。

4.（宋）司马光撰，萧放、孙玉文点注：《资治通鉴》，中国友谊出版公司，1996年。

5.（清）毕沅：《续资治通鉴》，岳麓书社，2008年。

6.（宋）李焘：《续资治通鉴长编》，中华书局，2016年。

7.（汉）司马迁：《史记》，中华书局，2006年。

8.（宋）王巩：《闻见近录》，北京图书馆出版社，2004年。

9.（宋）苏辙：《龙川别志》，《全宋笔记》第一编第九册，大象出版社，2003年。

10.（宋）陶毅：《清异录》，上海古籍出版社，2012年。

11.（宋）朱弁：《曲洧旧闻》，中华书局，2002年。

12.白寿彝：《中国通史第五卷·中古时代·三国两晋南北朝时期》上册，上海人民出版社，2004年。

13.（宋）王明清：《挥麈录》，上海书店出版社，2009年。

14.（宋）李攸：《宋朝事实》，中华书局，1955年。

15.（宋）叶绍翁、陈世崇：《随隐漫录》，上海古籍出版社，2012年。

16.（宋）陆游：《避暑漫抄》，《全宋笔记》，大象出版社，2017年。

17.（宋）王巩：《随手杂录》，《王文正公遗事·清虚杂著三编》，中华书局，2017年。

18. 赵明奇:《徐州府志》,中华书局,2001 年。

19. 王国轩、王秀梅:《孔子家语》,中华书局,2014 年。

20.(宋)刘安撰,陈广忠译:《淮南子》,中华书局,2012 年。

21.(战国)吕不韦:《吕氏春秋》,吉林文史出版社,2004 年。

22.(宋)欧阳修:《新五代史》,中华书局,2015 年。

23.(宋)孟元老:《东京梦华录》,中国书画出版社,2013 年。

24.(宋)王君玉:《国老谈苑》影印版,商务印书馆,1936 年。

25.(宋)马端临撰,上海师范大学古籍研究所、华东师范大学古籍研究所点校:
    《文献通考》,中华书局,2011 年。

26. 钱穆:《国史大纲》,商务印书馆,2015 年。

27.(宋)吴自牧:《梦粱录》,浙江人民出版社,1980 年。

28. 熊武一、周家法:《军事大辞海》下册,长城出版社,2000 年。

29. 长治市地方志办公室:《潞安府志》,山西古籍出版社,2006 年。

30.(元)陶宗仪:《南村辍耕录》,中华书局,2004 年。

31.(宋)薛居正:《旧五代史》,中华书局,2015 年。

32. 陈显泗:《中外战争战役大辞典》,湖南出版社,1992 年。

33.(元)佚名撰,李之亮点校:《宋史全文》卷一,中华书局,2016 年。

34.(南朝宋)范晔:《后汉书》,三晋出版社,2008 年。

35.（清）吴任臣撰，徐敏霞、周莹点校：《十国春秋》，中华书局，2010 年。

36.［英］安格斯·麦迪森：《中国经济的长远未来》，新华出版社，1999 年。

37.［美］L.S. 斯塔夫里阿诺斯：《全球通史：从史前史到 21 世纪》，北京大学出版社，2006 年。

38.（清）顾炎武：《日知录》，崇文书局，2017 年。

39.（后唐）马缟等撰：《古今注附中华古今注》，中华书局，1981 年。

40. 黄仁宇：《中国大历史》，九州出版社，2015 年。

41. 金铮：《科举制度与中国文化》，上海人民出版社，1990 年。